Gianluca Tartarelli

La Terza Ondata

Racconto

S'i' fosse foco, arderei 'l mondo;
s'i' fosse vento, lo tempesterei;
s'i' fosse acqua, i' l'annegherei;
s'i' fosse Dio, mandereil' en profondo; (...)
(Cecco Angiolieri, Rime, LXXXVI, ca. 1288-1304)

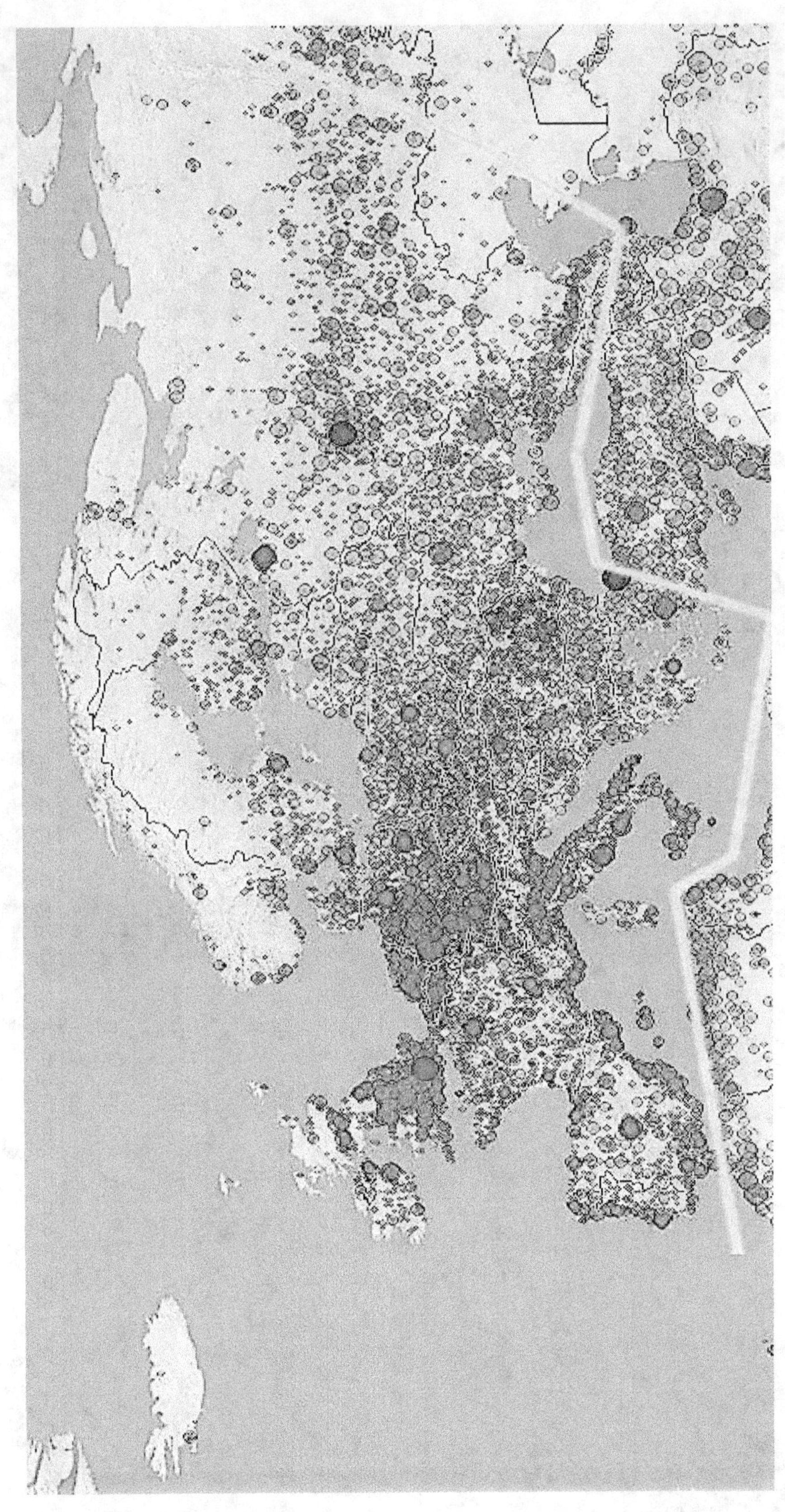

**La formazione delle città-stato durante le successive
ondate di pandemia nell'arco di oltre 50 anni- tab.a**

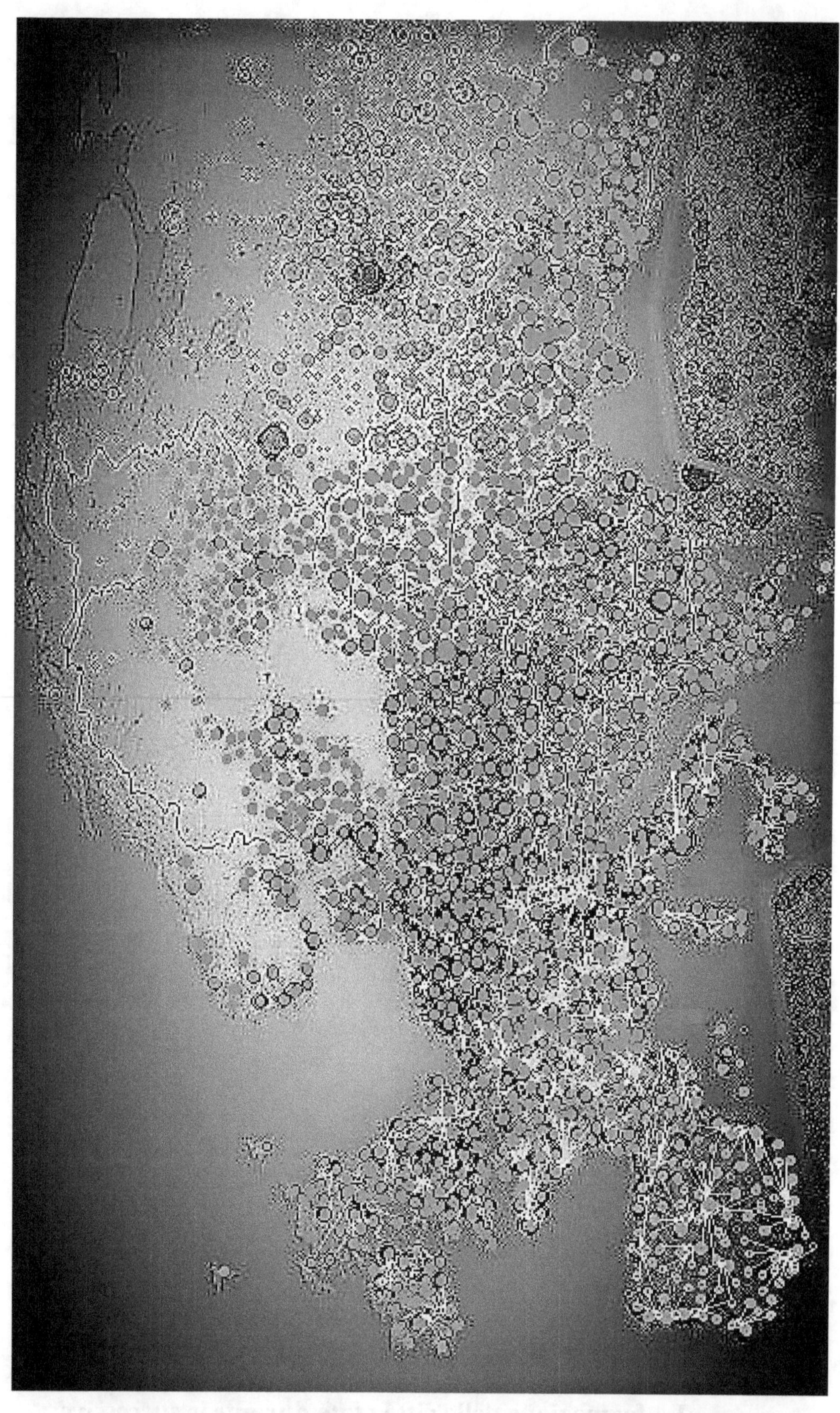

La formazione delle città-stato durante le successive
ondate di pandemia nell'arco di oltre 50 anni e reti di comunicazione-tab. b

La formazione delle città-stato durante le successive ondate di pandemia nell'arco di oltre 50 anni e ulteriore sviluppo delle reti di comunicazione-tab.c

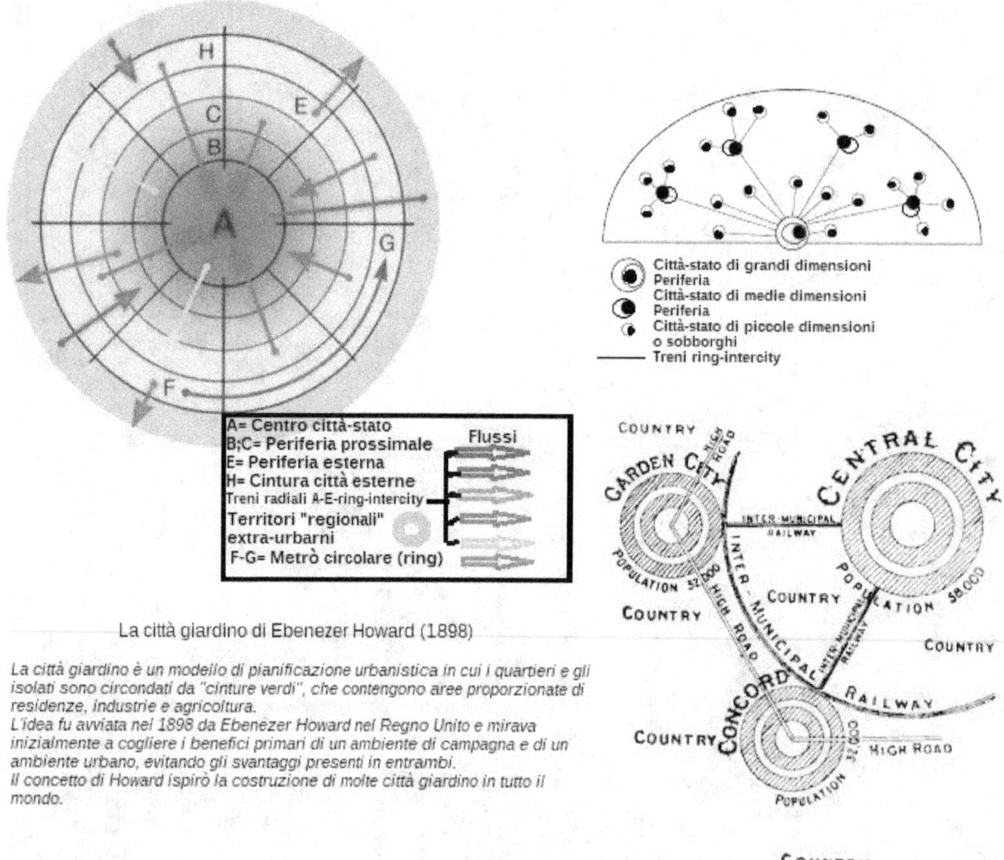

La città giardino di Ebenezer Howard (1898)

La città giardino è un modello di pianificazione urbanistica in cui i quartieri e gli isolati sono circondati da "cinture verdi", che contengono aree proporzionate di residenze, industrie e agricoltura.
L'idea fu avviata nel 1898 da Ebenezer Howard nel Regno Unito e mirava inizialmente a cogliere i benefici primari di un ambiente di campagna e di un ambiente urbano, evitando gli svantaggi presenti in entrambi.
Il concetto di Howard ispirò la costruzione di molte città giardino in tutto il mondo.

In alto a sx: Modello città-stato con trasporti circolari e radiali e vari flussi di percorrenza
In alto a dx: Modello di trasporto tra città-stato e sub-metropolitane attraverso 'ring' successivi
Sotto: Modello della città giardino di Ebenezer Howard (1898)

(tab. d)

Premessa

"Avremmo dovuto essere più preparati perché, anche culturalmente, infatti, avevamo sempre vissuto circondati da catastrofismo apocalittico in HD-Dolby Surround e c'era già stata la fine del mondo, con scenari da guerra post nucleare, impatti meteorici di portata estintiva, super-vulcani e naturalmente pandemie su scala mondiale, con o senza l'esercito di zombies accalcati e famelici.

Allora vivevamo in una società molto diversa, avevamo vissuto a lungo senza un nemico, la Guerra fredda era finita da un pezzo e anche il terrorismo islamico era grossomodo scomparso all'orizzonte.

Giovani e meno giovani avevano vissuto in uno stato di sospensione emotiva improntata alla catastrofe che preannunciava una realtà che conoscevamo, ma purtroppo divenuta del tutto diversa.

Il concetto di un'imminente catastrofe aveva sempre fatto parte dell'inconscio collettivo, dall'epopea di Gilgamesh all'apocalisse di Giovanni e al diluvio universale nella Genesi, gli esseri umani erano perseguitati dall'idea della fine.

Al cinema costituiva genere a sé, tema d'intrattenimento popolare per quelli come noi che, cresciuti con la minaccia del riscaldamento globale e le crisi finanziarie, stavamo lì seduti, stupefatti ed incantati a guardare sullo schermo la nostra civiltà estinguersi a ripetizione, e tra la messa in scena di un trauma e un desiderio, ci abituavamo all'idea che il nostro futuro potesse cancellarsi e che non ne sarebbe rimasto nulla, non potendo fare nemmeno molto a riguardo.

Una volta il fantastico dello schermo si coniugava con la giovanile e fantastica inconsapevolezza, più tardi quelle paure furono sostituite da altre più tangibili, e solo allora ci siamo accorti che erano così reali come volevano sembrare e come avevamo sempre sentito fossero dentro di noi.

Il COVID-19 cambiò tutto all'improvviso, l'immenso cambiamento spaventoso, il cataclisma per cui niente sarebbe tornato alla normalità, alla fine arrivò.

Fu diverso da come ce lo eravamo immaginati e, almeno all'inizio, non ci saremmo mai aspettati di affrontare questo genere di eventi indossando calzettoni antiscivolo e vestaglia, cercando di non andare nel panico e desiderando ardentemente una tazza di tè come si doveva.

(…) Questa apocalisse era poco Danny Boyle e molto Douglas Adams.

(…) Era più facile immaginare la fine del mondo che la fine del capitalismo, recitava uno slogan in voga in tutto il mondo dieci anni fa, attribuito a S. Žižek, fra giovani attivisti, ragazzi come noi che avevano passato la vita a vedere New York, Londra, Washington e Tokyo esplodere e bruciare sullo schermo ma che non avrebbero mai immaginato un futuro che includesse decenni di stenti per ripagare debiti contratti a vita, ciò era quello che richiedeva il capitalismo.

Il capitalismo non riusciva a immaginare un futuro al di là di se stesso che non fosse un massacro totale perché era sempre stato un culto della morte.

Per settimane dai suoi pulpiti aveva fatto capire che un certo numero di decessi fosse quasi un prezzo ragionevole da pagare per proteggere il sistema finanziario di allora, costringendo magari persone malate e contagiose a tornare al lavoro per salvare Wall Street, che altrimenti ci avrebbe messo tutti in pericolo, come l'idea così infantile di una certa destra che sperava in un'Armageddon salvifica che cancellasse istantaneamente tutte le parti scomode della modernità.

La stessa speranza dei gruppi eco-fondamentalisti che come estremisti religiosi vedevano nel COVID-19 una rivincita della natura sull'umanità.

Gli Stati Uniti si stavano arrabattando per sostentare tre milioni e mezzo di lavoratori che in una settimana avevano chiesto il sussidio di disoccupazione.

Nel Regno Unito il sistema sanitario nazionale era rimasto a corto di materiali protettivi per medici e infermieri e il governo era stato troppo lento a rifornirlo.

Nella cultura pop catastrofista, la maggior parte delle nostre visioni collettive post-apocalittiche avevano in comune un mondo che diventava più piccolo, i nostri eroi, uomini bianchi, etero, con una famiglia tradizionale da proteggere, erano isolati dal resto del mondo, invece, ora il mondo sembrava più grande, non più piccolo, con più di un terzo della popolazione confinata a casa e il pianeta intero alle prese con la stessa crisi.

Nei momenti più bui, sembrava che non sarebbe mai finito, ma lo sarebbe stato, sarebbe venuto il giorno in cui ne avremmo parlato e ci sarebbe stato un 'prima del COVID-19' e un 'dopo il COVID-19', un momento che avrebbe richiesto sacrificio e la consapevolezza che il mondo sarebbe stato più grande di noi e del nostro ruolo in esso, un momento che ci avrebbe fatto capire che le nostre azioni avrebbero potuto avere conseguenze sulla vita o sulla morte di coloro che ci circondavano, un momento che ci avrebbe costretto a trovare nuovi modi di ritrovarci.

Queste avrebbero potuto essere le lezioni più preziose da apprendere dalla pandemia, come la rivelazione che l'economia globale presentava grandi responsabilità, era l'effetto farfalla della comunicazione e connessione umana.

Un senso accresciuto di reciproca appartenenza poteva essere esattamente ciò di cui avevamo bisogno come cittadini del mondo, per iniziare a costruire le nostre difese contro le successive grandi minacce globali.

Dire che apprendere questa lezione avrebbe dato dignità all'attuale dolore non era esatto, meglio, più umilmente, era l'idea che riuscire a imparare quella lezione non avrebbe resa vana l'opportunità di trovare luce nell'oscurità della malattia.

La pandemia sarebbe stata senza dubbio uno spartiacque nella storia del mondo e avrebbe rimodellato quasi tutti gli aspetti della vita: 'ci saremmo stretti mai di nuovo la mano?', oppure, 'ci saremmo riuniti più in grandi gruppi?'; a volte si aveva quasi la sensazione che la vita durante la pandemia avesse accelerato i cambiamenti già in atto, che la nostra politica fosse cambiata, forse avremmo iniziato ad usare di più il voto elettronico, la gestione di eventi come il COVID-19 sarebbe stato un punto chiave nei programmi elettorali.

Negli USA ci sarebbe voluta forse un po' più di modestia e meno arroganza, ma Trump non era noto per ammettere errori e apprendere da essi, più certi sarebbero stati gli effetti pandemici duraturi sulle attività, sulla vita lavorativa e sul comportamento dei cittadini e consumatori, tutti correlati.

Molti dipendenti e datori di lavoro avrebbero visto che i lavoratori da remoto non sarebbero stati necessariamente un freno alla produttività per l'azienda, anzi, al contrario sempre più lavoratori si sarebbero divisi il tempo tra il lavoro da casa e quello in un ufficio, comportando cambiamenti nel traffico e nei sistemi di trasporto, a beneficio di quelli che avrebbero funzionato in perdita o l'opposto.

Grandi aziende avrebbero pianificato assicurazioni per catastrofi simili, con dati archiviati e distribuiti geograficamente in modo che i lavoratori di una parte del mondo potessero continuare l'attività dove non fosse possibile altrove (...)".

Le piccole e medie imprese avrebbero incentivato l'e-commerce, aumentato del 20% entro tre settimane dalla prima dichiarazione dell'OMS di pandemia globale, l'acquisto di generi alimentari del 110% la settimana stessa. (1)

"(…) Quelli che stavano in prima linea non erano soldati ma guaritori.

(1) computerhistory.org.

Le persone che quasi sempre non erano pagate in modo adeguato erano sempre
quelle di cui avevamo bisogno quando il letame ci arrivava ormai al mento:
infermieri, medici, inservienti e autisti.

Il lavoro emotivo e domestico non aveva mai fatto parte della grandiosa storia
che gli uomini si raccontavano sul destino della specie.

(…) Tutti, a quanto pare, avevano deciso che la cosa migliore da fare quando il
mondo barcollava era imparare a fare il pane: il lievito era introvabile.

(…) Abbiamo vissuto tanti anni in quelli che A. Gramsci chiamava anni dei mostri e
in cui 'il vecchio mondo stava morendo e quello nuovo tardava a comparire', il
nuovo veniva indotto allora di fretta perché dopo tutto quello che stavamo vivendo
niente sarebbe stato più come prima; era la fine del mondo per come lo
conoscevamo e tutto sembrava sottile come porcellana, come vetro, come un filo;
tutto sembrava così sottile e così fragile e così degno di essere salvato". (2)

E fu così che, dopo quegli avvenimenti, quello che fu possibile si cercò di salvare,
forse, il meglio dell'uomo si rivelò, insieme al peggio, alle divisive polemiche e alla
normale tendenza umana nel cercare di speculare anche sulla vita dei propri simili,
oltre a ciò che si era accumulato nel passato, ma più ci pensavo e mi convincevo che
la pandemia e gli accadimenti successivi tirarono fuori il meglio dell'umanità.

Mi trovavo sereno in un luogo bianco di luce ovunque, mura bianche di vernice
lucente e acciaio,come se tutti i nostri peccati fossero stati lavati, in un luogo che
sembrava "nuovo e magico".

(2) internazionale.it.

Introduzione

Se con la "spagnola" dei primi anni del secolo scorso ci furono 10-20 milioni di morti, tra il 2,5 e il 5% della popolazione, perlopiù in 13 settimane, fu per il fatto che, oltre la malattia, gli anziani erano già malandati e non avevano alte aspettative di vita, si moriva in media molto presto e inoltre l'influenza colpiva insieme alla guerra soprattutto giovani nel pieno delle loro forze, mentre i bambini generalmente non riuscivano a raggiungere l'età mediana di 5-14 anni per diverse patologie; a quei tempi il COVID-19 sarebbe stata una delle tante "febbriciattole", tra malaria, colera e tifo, che si aggiungeva alle tante piaghe del momento e sarebbe passata quasi inosservata; con una popolazione mondiale allora tre volte minore, la "spagnola" avrebbe portato oggi, solo per morte diretta, grossomodo da trenta a sessanta volte il numero di quelli avuti nella "prima ondata" di COVID-19 che ci aveva colpiti nel 2020, attualizzando le cifre ma non tenendo conto delle peggiori cure e le condizioni igienico-sanitarie d'allora.

Prima del "secondo contagio" di COVID-19, molti sostenevano avvenne, come durante la "spagnola", una censura causata da una lotta ad un nemico di tipo diverso, così, dopo le prime conseguenze riscontrate nei rapporti economici nazionali ed internazionali nel 2020, era probabile che i medici nei vari Paesi vennero invitati ad abbassare i toni ed a volte omettere notizie "superflue" per non demoralizzare la popolazione e soprattutto "il mercato"; forse, la storia ricalcò i passi fatti nei primi del '900: i tedeschi, minimizzando la malattia, la attribuirono a malati immaginari, chiamandola "pseudoinfluenza", e quasi allo stesso modo fecero i popolosi Paesi di Cina e India, dove solo con un pizzico di propaganda e disinformazione si poteva evitare il panico e la crisi economica disastrosa che altrimenti sarebbe seguita; già con l'Assemblea Nazionale del Popolo cinese, riunita con 2 anni e mezzo di ritardo nel 2020, con motivazioni entusiastiche circa la situazione stabilmente migliorata e la normale vita economica e sociale in ripresa; avevano già predisposto tutto per un'eventualità del genere, e fu così che, come per la "spagnola", non potendo però più nascondere al mondo la nuova minaccia, i vari Paesi si accusarono l'un l'altro di essere i portatori della nuova malattia, non la mutazione più aggressiva riscontrata in USA e Australia, ma un nuovo ceppo vero e proprio.

Giornalisticamente, in Senegal, in luogo dell'"influenza brasiliana" di allora
passarono al "virus africano", in Brasile invece che la "tedesca" di inizio XX
secolo fu il "ceppo mutato Perù-Colombia", i danesi e i Paesi scandinavi nel
significato intrinseco non cambiarono molto, passando dal "male del sud" al
"ceppo sud-europeo" e i polacchi, invece, dell'anacronistica "malattia
bolscevica", si limitarono, per così dire, a definirla "mutazione russo-caucasica".
I persiani a quei tempi diedero la colpa ai britannici, mentre oggi, invece, avrebbero
incolpato solo ed esclusivamente Trump, causa di ogni male al mondo e l'avrebbero
chiamato anche "Agente Arancio" se questo nome non fosse legato a tristi fatti del
passato, i cui responsabili erano comunque altri americani; a Tokyo in quei tempi se
la presero con i lottatori di Sumo, tra i primi disgraziatamente ad essere colpiti, oggi
la colpa sarebbe di Pechino ed era la convinzione anche di molti altri Paesi, mentre
per molti altri ancora, non sarebbe solo verso Pechino la richiesta di risarcimenti,
quasi a catena, come fossimo in un grande tamponamento stradale, quando poi ci si
accorse che le vie legali non erano quelle praticabili. [3]

La maggior parte dei politici nazionali riconobbe i traumatici costi associati al
COVID-19 in termini economici e umani e lo scenario peggiore previsto dai Centers
for Disease Control prevedeva che 160-210 milioni di cittadini americani sarebbero
stati contagiati entro il mese di dicembre del 2020, fino a 21 milioni di persone
avrebbero dovuto essere ricoverate e le vittime in un anno avrebbero potuto essere
comprese fra 200.000 e 1,7 milioni, mentre dei ricercatori di Harvard pensavano che
il 20-60% della popolazione globale avrebbe potuto essere contagiato e la loro stima
conservativa era che 14 di questi 42 milioni di persone avrebbero potuto perdere la
vita; la quantità di decessi che avrebbero potuto prevenire sarebbe dipesa dalla
velocità con cui i Paesi sarebbero riusciti a ridurre i nuovi contagi, isolare i malati e
mobilitare i servizi sanitari, nonché il periodo di tempo necessario a prevenire e
contenere le nuove ondate; in assenza di un vaccino il COVID-19 sarebbe stato un
elemento di enorme destabilizzazione per anni, la pandemia avrebbe danneggiato in
modo particolare le comunità più povere e più vulnerabili all'interno di molti Paesi,
ponendo in evidenza i rischi associati alla crescente disuguaglianza.

In USA il 60% di adulti sarebbero stati affetti da una patologia cronica e con 1/8
di cittadini al di sotto della soglia di povertà, ¾ non sarebbero arrivati a fine mese.

---

3 corriere.it.

In America oltre 44 milioni di persone non avrebbero goduto di alcuna copertura sanitaria e le difficoltà sarebbero state ancora più plateali in Africa, Sudamerica e Asia Meridionale, dove i sistemi sanitari sarebbero stati molto più deboli.

Questi rischi latenti sarebbero stati aggravati dal fatto che in Brasile, leader come Bolsonaro o Narendra Modi in India, non avrebbero preso sul serio sufficientemente la questione.

Le ricadute economiche del COVID-19 sarebbero state drammatiche ovunque, la gravità degli impatti sarebbe dipesa dalla durata della pandemia e dalla risposta internazionale dei governi, ma anche nella migliore delle ipotesi, avrebbe superato notevolmente la crisi economica del 2008 in termini di portata e di conseguenze a livello mondiale, con perdite superiori ai 9.000 miliardi di dollari, pari a oltre il 10% del PIL globale.

Erano decenni che gli esperti davano l'allarme riguardo all'accelerazione delle epidemie, dal 1980 ne erano state documentate oltre 12.000 nel mondo e avevano contagiato e ucciso decine di milioni di persone, spesso molto povere.

Dal giorno della dichiarazione di pandemia dell'OMS, il sistema internazionale di risposta non era stato all'altezza della sfida, il G7, il G20 e le Nazioni unite, avevano prodotto tardivi e scarsi risultati, e ancor prima mostrato seri limiti nella capacità previsionale, persino il World economic forum (Wef) nel suo annuale Global risks report del 15/01/2020 escludeva il rischio pandemia, anzi, tra i dieci maggiori eventi catastrofici occupava l'ultimo posto.

La maggiore preoccupazione per il 2020 era il rischio ambientale.

Qualche economista avrebbe detto che sarebbe stata "come la guerra", in realtà, altri ci avrebbero spiegato che dalle guerre ci si risolleva molto più in fretta, invece, nelle grandi epidemie, dalla peste medievale ad oggi, le conseguenze si sarebbero trascinate anche per decenni.

In area euro differenze di previsioni annuali di PIL, riviste 3 volte al ribasso, in media dal 3-6%, per fare un paragone col 2009, l'anno culmine della recessione precedente, il PIL europeo calò del 4,3% considerando che la situazione del 2006, quando venne elaborato lo studio della Commissione Europea, era molto diversa da quella odierna e che lo studio venne fatto utilizzando nel modello i dati economici di 15 anni prima.

In altre parole il COVID-19 stava colpendo un continente molto più "prostrato" di quanto immaginato.

Unica consolazione i tassi di interesse, anormalmente bassi perché avrebbero reso meno costosi i massicci interventi necessari a stimolare la ripresa, fornito liquidità necessaria per pagare debiti e fornitori, ed evitare che fallissero o che si fosse costretti a licenziare, inoltre, a mantenere i redditi delle famiglie con la cassa integrazione nel caso dei lavoratori dipendenti o con sussidi diretti nel caso degli autonomi.

A proposito di tassi di interesse, inoltre, il modello di criticità precedente avrebbe previsto che la BCE avesse tagliato i tassi di interesse di un punto percentuale quando il costo del denaro era sopra il 4%.

Nel momento in cui ci si trovava, però, quel tasso di interesse era a -0,5% ed era ritenuto impossibile abbassarlo ulteriormente, la BCE avrebbe potuto utilizzare solo altri strumenti.

Qualcuno, inoltre, non se la sarebbe sentita di rischiare e aspettare la fine della propria carriera e dei risparmi di una vita e smise la quarantena prima del previsto, ma se avesse conosciuto un po' di storia, senza essere un virologo, avrebbe saputo che nell'anno della "spagnola", in America, città come St. Louis che adottarono più rapidamente le misure di quarantena più aggressive, non solo ebbero meno morti, ma ripartirono prima e più in fretta di città come Philadelphia che lasciarono l'epidemia estendersi e corrodere il tessuto socio-economico.

In un momento nel quale la fiducia nella democrazia si trovava al livello più basso degli ultimi decenni, il deterioramento delle condizioni economiche avrebbe avuto implicazioni per la stabilità politica e sociale, alcuni responsabili politici stavano lanciando segnali contrastanti e i messaggi ricevuti dai cittadini erano discordanti, rafforzando la loro mancanza di fiducia nei confronti delle Autorità pubbliche e degli "esperti".

Tale mancanza di fiducia avrebbe reso difficile dare una risposta alla crisi a livello nazionale, minando la risposta globale alla pandemia.

Le Nazioni Unite lanciavano appelli a favore della cooperazione multilaterale, ma sul fronte delle iniziative concrete erano ancora inesistenti essendo state messe al margine dalle grandi potenze negli ultimi anni.

La World Bank e il Fondo monetario internazionale, che avevano promesso di iniettare nelle economie migliaia di miliardi come risposta alla crisi, avrebbero dovuto intensificare le proprie attività per avere un impatto significativo.

Non era il momento di recriminare, era il momento di agire, governi nazionali e amministrazioni comunali, imprese e cittadini dovevano fare ciò che potevano.

La priorità era far appiattire immediatamente la curva epidemica seguendo
l'esempio di Singapore, Corea del Sud, Hong Kong, Hangzhou e Taiwan.
Era inutile dire che le complessità associate alla globalizzazione non sarebbero
state risolte dagli appelli a favore del nazionalismo e della chiusura delle
frontiere, occorreva far fronte alla diffusione del COVID-19 mediante uno
sforzo internazionale altrettanto coordinato per trovare vaccini, mettere a
disposizione scorte di medicinali e, quando l'emergenza fosse passata,
assicurarsi di non dover affrontare mai più una patologia che a quel punto
avrebbe potuto essere stata ancora più letale.
Le economie più importanti, quelle del G7 e del G20, sembravano non avere
una rotta chiara da seguire sotto la rispettiva leadership, malgrado avessero
promesso di prestare attenzione ai Paesi più poveri e ai rifugiati, e l'esito del loro
recente vertice era nella categoria del "troppo poco, troppo tardi".
Non si poteva permettere, però, che questo avesse frenato altri ad attenuare
l'impatto del virus.
La portata e la ferocia di questa pandemia richiedeva proposte audaci ed alcuni
governi europei iniziarono coll'annunciare misure volte a impedire che le
rispettive economie si fermassero: migliaia di miliardi di dollari per coprire salari
e lavoratori autonomi, nonché fondi di soccorso alle imprese, cifre precedentemente
impensabili; il G20 dopo l'ultimo vertice si sarebbe impegnato a fornire 5.000
miliardi di dollari: la pandemia stava segnando un punto di svolta nelle questioni
nazionali e globali dimostrando la nostra interdipendenza e che quando sorgevano
dei rischi, era ai nostri governi, non al settore privato che ci rivolgevamo in cerca
di salvezza.
La risposta economica e medica senza precedenti alla quale stavamo assistendo nei
Paesi ricchi non sarebbe stata alla portata di molti Paesi in via di sviluppo.
I progressi fatti sui fronti della democrazia in molti stati africani, sudamericani
e asiatici, sarebbero stati annientati, come quelli sulla situazione climatica e altri
rischi ancora, accrescendo la disuguaglianza fra i diversi Paesi e al loro interno.
Nelle comunità povere sarebbero vissuti a stretto contatto, bisognosi di andare a
lavorare per nutrirsi, sarebbe stato difficile, anzi, impossibile, l'isolamento sociale
e man mano che le persone perdevano le proprie fonti di reddito, avevamo un
aumento del numero di affamati e senzatetto nel mondo, la "supply chain" si sarebbe
spezzata, con lavoratori in quarantena e consumatori che non avrebbero potuto
comprare prodotti diversi dai generi alimentari.

Non si sarebbero svolte attività sociali e non ci sarebbe stato spazio per introdurre stimoli di bilancio, mentre gli Stati avrebbero dovuto fornire nuovi redditi di base a tutti coloro che ne avevano bisogno, per assicurarsi che la crisi non avesse fatto ulteriori vittime anche per la mancanza di cibo.

Se solo mesi prima il concetto di un reddito di base sarebbe sembrato utopico, ora sarebbe dovuto essere al centro del piano d'azione di ogni governo.

Si sarebbe dovuto evitare di ripetere gli errori commessi in tutto il XX e inizio XXI Secolo, effettuando profonde riforme all'interno dei vari Paesi con diverse priorità per i cittadini, e a livello internazionale un nuovo ordine mondiale, sarebbe stato il momento di iniziare a gettare i giusti ponti e le fondamenta necessari per il futuro; la seconda guerra mondiale fu il fallimento dei leader chiamati ad apprendere le lezioni del conflitto del 1914-18; la creazione dell'Onu e delle istituzioni concordate durante la conferenza di Bretton Woods diedero qualche motivo di ottimismo spento dalla Guerra fredda e dalle rivoluzioni volute da Reagan e Thatcher negli anni '80 riducendo la capacità degli Stati di far fronte alla disuguaglianza mediante la tassazione e la redistribuzione della ricchezza così come per la fornitura di assistenza sanitaria e altri servizi.

Si perse la capacità di regolamentare la globalizzazione nel momento esatto in cui sarebbe stato più necessario, gli anni fino al Duemila ebbero un rapido incremento di movimenti di merci, capitali e persone, diminuendo la povertà nel mondo come mai prima, e invece di conferire potere alle Nazioni Unite si preferirono Paesi divisi ognuno per la loro strada, senza lasciare risorse e autorità alle istituzioni create per salvaguardare il nostro futuro.

Mano a mano che il mondo diventava più connesso, anche l'interdipendenza al suo interno aumentava con il cosiddetto "difetto farfalla", la crisi finanziaria del 2008 dimostrò la negligenza di esperti e autorità di fronte alla complessità del sistema, lasciando spazio ai populisti, e sarebbe ancora andata peggio quando tutto ciò avrebbe portato al capolinea la globalizzazione, con i Paesi che, cercando l'autosufficienza, avrebbero permesso oltre al populismo il ritorno di nazionalismi e una seconda Guerra fredda tra superpotenze.

Forse non sarebbe stata la morte della globalizzazione, forse una contrazione o una deglobalizzazione passeggera, perché in seguito, con l'aumento dei redditi in Asia, i due terzi della popolazione mondiale avrebbero ripreso la propria traiettoria sperando in meglio.

Ci sarebbe stato, per paura che in casi simili si potesse rischiare la perdita dei mezzi di produzione, un rientro dell'eccessivo fenomeno di delocalizzazione produttiva, dalle manifatture ai call center, ponendo interrogativi sul futuro del lavoro ovunque, soprattutto per i Paesi poveri e giovani come l'Africa, 100 milioni di lavoratori nei successivi dieci anni resi ora ancora più "precari".

La persistenza del Coronavirus, dunque, non sarebbe stata la causa dell'arresto delle filiere del commercio internazionale, ma una metamorfosi che avrebbe rivelato l'inesistenza del feticcio della globalizzazione e la formazione di "supply chains" strutturate su accordi bilaterali più che multilaterali.

Forse il virus fu solo l'avvisaglia di un "crash" ancora più grande.

Žižek avrebbe sostenuto che, fine del mondo a parte, il virus stesse assestando un colpo mortale al capitalismo evocando un oscuro comunismo e credendo persino che avrebbe portato alla caduta del regime cinese, forse si sbagliava.

Tutto questo non sarebbe accaduto, la Cina avrebbe venduto il proprio modello di "Stato di polizia digitale" come un successo nella lotta all'epidemia.

La Cina avrebbe dimostrato con orgoglio la superiorità del proprio sistema.

Dopo l'epidemia il capitalismo avrebbe proseguito con foga ancora maggiore.

I turisti avrebbero continuato a calpestare a morte il pianeta.

Il virus non avrebbe rallentato il capitalismo, lo avrebbe trattenuto soltanto, lasciandoci tutti in uno stato di sospensione nervosa.[4]

Ci si preoccupava che nel periodo della crisi economica post-COVID-19 si fosse innescata un'ondata di suicidi, la punta d'iceberg di uno sconvolgimento psicologico delle nostre società che non sarebbe eccessivo considerare epocale, diceva N. Ferrigni, Professore associato di Sociologia Generale alla Link Campus University, che da anni stava monitorando l'evoluzione delle società.

Purtroppo era molto, molto preoccupato degli effetti che l'inevitabile crisi economica avrebbe avuto sul rischio suicidi come esito di un drammatico scenario in cui debiti, fallimenti, licenziamenti, mancata retribuzione, paura, rassegnazione e disoccupazione sarebbero diventati il movente di stragi, accompagnati da motivazioni "emozionali" come senso di colpa, vergogna e sfiducia.[5]

---

4   avvenire.it.
5   lindro.it; investireoggi.it; repubblica.it; businessinsider.com.

Capitolo 1

1.1§ (Il virus e il contenimento)

La diffusione del COVID-19 del 2020 non fu altro che un test di efficienza per verificare le reazioni dei sistemi sanitari di parte della Cina e del Sudest asiatico nei confronti di una innocua epidemia virale controllata e circoscritta a quei Paesi per saggiare, inoltre, la cooperazione di quei governi e i rapporti fra questi con l'OMS che, da molto tempo ormai, chiedeva progressi in quel settore, verificando cosa fosse stato fatto nel caso di quell'eventualità.

Questo si seppe molto più tardi naturalmente e ci furono diversi motivi per i quali l'accaduto sarebbe stato insabbiato, che non riguardavano solo la semplice reputazione di singoli Stati.

Quando mio figlio e poi mio nipote vennero a sapere dai testi scolastici che la Storia da lì in poi sarebbe stata diversa, ormai grandi, sembrò loro così inverosimile che avrebbero stentato a crederci, tuttora, mentre ne stavo scrivendo.

Da giovani tendevano a gridare al complotto, infatti, uno spirito critico ancora non maturo e una memoria storica alla quale non si era mai stati lontani come allora, a volte, spingevano a cogliere aspetti della realtà che avrebbero più a che fare con la fantasia e il dietrismo che con l'evidenza.

Anche se dovevo ammettere che all'inizio, almeno per me, quasi sicuramente di complotti non ce n'era stata traccia, altrettanto sicuramente potrei dire che questi, invece, avrebbero caratterizzato palesemente le fasi successive a quell'evento.

Se poi i miei avessero saputo che a quei tempi il problema pandemia non era nemmeno tra le priorità e le emergenze da prendere in considerazione, fra quelle prospettate dalle varie Organizzazioni intergovernative, sarebbero stati ancora più increduli e critici.

Tuttavia, la comunità scientifica internazionale di allora, sosteneva che l'aspetto pandemia, pur non urgente, non doveva essere preso alla leggera e una simulazione con un fenomeno reale sarebbe stata più soddisfacente per numero di dati acquisiti.

Avrebbero assicurato Stati e Organismi sanitari nazionali e sovranazionali, in stretta collaborazione, che si sarebbe trattato di una piccola influenza sparsa qua e là, con un ceppo virale del tutto innocuo scelto apposta.

Anche gli USA, naturalmente, sarebbero stati a conoscenza del test e non si sarebbe spiegato il successivo atteggiamento contro la Cina e l'OMS di Trump se non come volontà di iniziare una corsa al vaccino nel contesto di una lotta geopolitica, economica e industriale, approfittando del necessario e concorde insabbiamento dei fatti dei governi per evitare reazioni dell'opinione pubblica.

> "All'inizio della simulazione parve che alcune parti d'Asia sottoposte al test stessero gestendo l'epidemia molto meglio di altrove, non tenendo nemmeno in considerazione, se non come 'danni collaterali' gli sporadici casi dell'Europa; a Hong Kong, Taiwan e Singapore ci furono pochissimi contagiati, Taiwan ne dichiarava 215, Hong Kong 386, il Giappone 1.193, in Italia e USA, invece, poco dopo, si erano già infettate oltre centomila persone in un arco di tempo molto inferiore; la Corea del Sud si era lasciata il peggio alle spalle, idem per il Giappone, persino il paese da cui si era originata l'epidemia, la Cina, stava tenendo la situazione sotto controllo."

La situazione, inizialmente, non era considerata fuori dalla norma e nella totalità della simulazione persino per l'Italia e altri Paesi si parlò non di nuovi "ceppi" virali, forse per rassicurare i governi, com'era in effetti, ma di mutazioni previste e non preoccupanti per i leggeri sintomi di cui erano portatrici, e né Taiwan, né la Corea avevano vietato di uscire di casa o di far chiudere negozi e ristoranti, e anche se le Autorità dei vari Paesi ospitanti invitavano a non preoccuparsi per l'"esperimento" sarebbe iniziato l'esodo spontaneo degli asiatici dall'Europa e dagli Stati Uniti.

> "I cinesi e i coreani volevano tornare in patria perché là si sentivano più sicuri, nonostante i prezzi dei voli fossero schizzati alle stelle ed era ormai impossibile trovare biglietti aerei; l'Europa incespicava e i numeri dell'infezione aumentavano e sembrava che non riuscisse a controllare l'epidemia."

Forse si sarebbe trattato di sfortuna in quanto il SARS-CoV-2, precedentemente 2019-nCoV, anche 2019 nCoV-ARD, Coronavirus di Wuhan o Coronavirus COVID-19, si sarebbe dovuto comportare diversamente dagli altri tipi di virus, proprio come l'influenza stagionale, anzi, con probabilità di incorrere in mutazioni e poi sviluppare nuovi ceppi addirittura dieci volte inferiore; in effetti, all'inizio, si era parlato negli Stati Uniti della scoperta di un nuovo ceppo del Coronavirus, più diffuso di quello originario, e tale da avere reso il virus più contagioso.

> "In realtà la ricerca citata dal Los Alamos National Laboratory (New Mexico) non parlava di un nuovo ceppo ma di una mutazione diffusasi in Europa e negli Stati Uniti. Una bella differenza per chi avesse conosciuto il distinguo tra mutazione e ceppo e che in ogni caso non avrebbe dovuto essere stata sottovalutata; purtroppo, sostenere in termini di comunicazione troppo alla leggera che un virus fosse mutato e avesse portato

a un nuovo ceppo, cosa difficile da stabilire in tempi ristretti persino per gli scienziati,
avrebbe avuto conseguenze nelle decisioni politiche.
I governi dei Paesi in cui un'epidemia non fosse tenuta adeguatamente sotto controllo
avrebbero potuto scaricare parte delle loro responsabilità su queste mutazioni.
Avrebbero sostenuto che il mancato controllo dei contagi sarebbe dovuto a cause esterne
alle politiche per il contenimento che avevano applicato."

Come moneta cattiva avrebbe scacciato la buona, le decisioni politiche rischiose
dei governi dei Paesi piegati dalla crisi economica e non confermate dalla
scienza sarebbero divenute azzardate e si sarebbero moltiplicate lasciando
campo libero alla diffusione del contagio; in seguito si sarebbe parlato meno
alla leggera di "ceppo virale" se non come generazione di virus con marcate
differenze rispetto all'originario; le differenze principali consistevano nella sua
nuova capacità di diffondersi, la sua nuova virulenza, la sua nuova resistenza ai
farmaci e la sua nuova capacità di eludere le difese immunitarie.

"Tutto aveva a che fare con la mutazione delle 'microscopiche estremità' del Coronavirus,
le superfici proteiche che eludendo le nostre membrane cellulari consentivano al virus di
iniettare ilproprio codice genetico e replicarsi; ebbene la mutazione D614G nella versione
senza (D) era quella di Whuan, mentre la variante (G) sarebbe stata quella emersa a
febbraio-marzo 2020 in Europa, Nordamerica e Australia, e ipoteticamente più trasmissibile;
sfortuna si diceva all'inizio, infatti, varianti di quel virus, che lo avrebbero reso pericoloso
sarebbero sparite banalmente se gli individui infetti fossero restati nello stesso luogo o
avessero avuto scarsa vita sociale, al contrario avrebbero finito per pericolosamente
Modificarsi, solo perché presenti in contesti con maggiore socialità o densità abitativa." [6]

Non sempre la mutazione di un virus sarebbe positiva per il virus stesso,
per alcuni di loro sarebbe una condanna, lo dimostrano in maniera paradossale i
più letali, l'Ebola per esempio, che essendo così bravo ad uccidere, non riuscirebbe
a sopravvivere a lungo, una volta circoscritto naturalmente, poiché non troverebbe
più nessuno da infettare morendo così rapidamente senza avere il tempo di mutare.
Furono pubblicate relazioni elaborate da esperti scientifici, economici e politici
dei paesi coinvolti originariamente nel test, coordinati dall'OMS, WTO, ONU e
World Bank; si trattava di un ampio studio sugli ultimi accadimenti in merito
all'emergenza Coronavirus che aveva mutato e investito in maniera non prevista
così tanti Paesi, con specifiche linee guida da seguire per uscire dalla crisi e
applicare al meglio un successivo insieme di misure che sarebbero andate sotto
il nome di "Alarm 2" prendendo anche in considerazione diversi scenari che
avrebbero potuto svilupparsi nel futuro prossimo.

---

6   ilpost.it.

"Le ipotesi sull'evoluzione dell'emergenza COVID-19 erano quattro, individuate a seconda della durata della minaccia epidemiologica e intensità delle sue ripercussioni sociali ed economiche; per ciascuna venivano descritti gli effetti sulla coesione sociale, le istituzioni e il tessuto produttivo; si andava dallo 'scampato pericolo', con un rapido ritorno alla normalità, diffusione di un senso di ottimismo, aumento della fiducia dei cittadini e un forte rimbalzo della produzione economica, fino al radicale 'cambio di paradigma'; questa situazione avrebbe visto uno sfaldamento del tessuto socio-economico e della tenuta istituzionale.

L'individuazione dei diversi scenari era propedeutica all'ideazione di una strategia d'intervento adattiva; per delineare la strategia e le mosse consigliate dagli esperti era stato preso in considerazione uno scenario intermedio di sostanziale tenuta ma fortemente condizionato dalla necessità di introdurre massicce innovazioni a livello amministrativo, sociale e imprenditoriale; se nel migliore dei casi, nello scenario di 'Pericolo scampato' la vita fosse tornata in breve tempo alla sua normalità con un diffuso ottimismo, la faccenda sarebbe cambiata drasticamente analizzando lo scenario peggiore, il cosiddetto 'cambio di paradigma' dove si immaginava una durata della crisi lunga e con un impatto grave; tenendo presente che quest'ultimo scenario sarebbe stato del tutto ipotetico, gli esperti avrebbero previsto un aumento dell'antagonismo tra centri urbani, aree rurali e montane, con diffusi scoppi di violenza e aumento dei pregiudizi verso le minoranze contestualmente all'incremento dell'individualismo.

Di pari passo sarebbe aumentata la tendenza a compiere scelte impulsive e rischiose fino al diffondersi di 'tendenze di gregge' con un calo drammatico dei servizi; sul fronte istituzionale la situazione sarebbe precipitata con Paesi che avrebbero lasciato Organizzazioni internazionali e regionali, nonché organismi associativi vari, dalle produzioni al commercio e alla finanza; da questo punto di vista gli esperti parlavano di 'abbandono probabile' fino al tentativo di stampare nuova moneta nazionale con inflazione fuori controllo già nel medio termine; allo stesso tempo il problema del debito pubblico avrebbe imposto scelte dolorose sui dazi commerciali e sulla tassazione, ciò avrebbe comportato continue polemiche tra governi e sedi centrali di Istituzioni intergovernative e regionali, rendendo la collaborazione impossibile; fra le ipotesi avanzate c'era quella che vedeva governi perdere il controllo politico, senza strategia e interventi contraddittori con la conseguente perdita di fiducia dei cittadini nel sistema e mancanza della disponibilità delle parti sociali a collaborare tra loro; danni terribili anche sui mercati locali, nazionali e internazionali in 'crisi strutturale', con eccessi di capacità produttive; la crescita si sarebbe interrotta perché non ci sarebbero state risorse per l'innovazione e i salari avrebbero perso il loro valore aggiunto; molti i fallimenti uniti al crollo degli arrivi internazionali, sarebbe entrato in crisi il settore manifatturiero per le difficoltà di approvvigionamento e per la fatica a spostarsi su nuovi mercati, l'inflazione elevata dei prezzi dei prodotti alimentari avrebbe spinto molte persone ad affidarsi all'agricoltura di sussistenza; questo ci si poteva attendere dallo scenario peggiore qualora l'emergenza avesse dovuto prolungarsi; fortunatamente, secondo gli esperti, nei mesi iniziali successivi ci si sarebbe trovati ad affrontare uno scenario intermedio di sostanziale tenuta, allo stesso tempo, però, avrebbero messo in guardia dicendo che il quadro delle ipotesi delineate mostrava l'importanza, in termini di impatto determinante, delle misure di intervento degli organi preposti e della capacità di reazione collaborativa della popolazione; era dall'efficacia delle iniziative e dalla coesione sociale che sarebbe dipeso lo svolgersi degli eventi nel quadro degli scenari delineati." 7

---

7   ildolomiti.it.

Capitolo 1

1.2§ (Un "qualunque" 29 aprile)

Trovai un ricordo risalente all'inizio di tutta questa storia che mi trasmetteva
ancora paura e incertezza, sebbene non facesse presagire nulla o quasi di tutto quello
che sarebbe successo, una pagina di un giornale con data 29 aprile 2020:

"Con oltre 3 milioni di casi di COVID-19 nel mondo, un terzo negli Stati Uniti e più di
130 mila morti solo in Europa, secondo il bilancio della Johns Hopkins University, i
decessi sarebbero stati 217.183 negli Stati Uniti con 1.012.583 casi segnalati, seguiti da
Spagna e Italia, con rispettivamente 232.128 e 201.505 casi'; secondo la France Presse,
la Gran Bretagna sarebbe stato il terzo Paese al mondo per morti, 26.097, dopo Usa e
Italia; il Brasile avrebbe superato la Cina con oltre 5 mila morti, il primo Paese del
Sudamerica a registrare un caso di COVID-19, e 71.886 contagi, in Cina stando ai dati
ufficiali, i decessi sarebbero stati 4.643; 'non faccio miracoli', avrebbe detto Jair
Bolsonaro il presidente del Brasile, da settimane al centro delle polemiche per le sue
posizioni sul lockdown che egli avrebbe ritenuto eccessivo, il nuovo ministro della
Sanità, Nelson Teich, che avrebbe proposto di allentare le misure avrebbe ammesso
un drastico peggioramento della situazione, il suo predecessore e fautore di
una rigida applicazione del lockdown, Luiz Henrique Mandetta, sarebbe stato rimosso e
il Tribunale Supremo avrebbe autorizzato un'inchiesta su Bolsonaro; dopo la Spagna e
la sua ora d'aria concessa ai più piccoli, in Svizzera l'Autorità sanitaria avrebbe
affermato che i bambini sotto i 10 anni avrebbero potuto riabbracciare i nonni perché
questi ultimi non potrebbero trasmettere loro il virus, semplicemente perché i bambini
non lo hanno o non lo trasmettono, non avendo i recettori per la malattia, la nuova
raccomandazione avrebbe riguardato solo i bambini piccoli che non ne avessero già i
rari segni, ma non tutti gli esperti però avrebbero condiviso tali conclusioni.
Gli 'esiliati' di Parigi sarebbero potuti tornare in città alla fine del blocco in Francia l'11
maggio ma non tutti in una volta, chi avrebbe lasciato la capitale era stato accusato,
infatti, di poter diffondere il virus nelle aree dove avevano case per le vacanze,
mettendo in evidenza anche le differenze sociali ed economiche; Francia 'Fase 2':
dall'11 maggio sarebbero stati riaperti i negozi, sarebbe slittato in parte il ritorno a
scuola; il corrispondente di Euronews, Oliver Mio, avrebbe scoperto che una dozzina di
paesi dell'Ue stavano chiedendo alla Commissione europea una sospensione temporanea
dei diritti dei passeggeri per i rimborsi dei voli cancellati a causa dell'epidemia
all'industria aerea in crisi, col crollo dei viaggi internazionali; la Spagna avrebbe registrato
un totale di 24.275 casi: lo avrebbe reso noto il ministero della Sanità del Paese,
secondo quanto riporta El País, allo stesso tempo, le persone guarite sarebbero a un
buon livello ma 'Siamo in una situazione economica e sociale gravissima', avrebbe
commentato questa mattina il premier Pedro Sánchez; le autorità di una cittadina
costiera dell'Andalusia avrebbero disinfettato la locale spiaggia con mille litri di una
soluzione al 2% di candeggina lungo oltre due chilometri di spiaggia, i responsabili di
questa aberrazione in una zona di nidificazione avrebbero ammesso che si era trattato di
un errore e avrebbero assicurato che non si sarebbero opposti a un'eventuale multa.
La Svezia avrebbe superato i 20.000 casi di Coronavirus, lo avrebbe reso noto l'agenzia

di Salute pubblica, i morti sarebbero stati 2.462, guariti 1.005 pazienti; 'la pandemia è
ben lontana dall'essere finita' avrebbe detto il ministro tedesco della Salute Jens Spahn
presentando alla stampa il secondo pacchetto di leggi per la protezione della salute dei
cittadini che avrebbe rispecchiato la 'complessità della pandemia', difficile da affrontare
e molto differenziata nei diversi Land; negli Stati Uniti oggi 2.200 morti, i casi
sarebbero stati 1,01 milioni, Trump avrebbe firmato il decreto con il quale avrebbe
ordinato agli impianti di lavorazione della carne di restare aperti per i timori alle
forniture alimentari; in Russia il decreto che avrebbe vietato agli stranieri di entrare nel
Paese, introdotto a metà marzo sarebbe dovuto scadere oggi ma il primo ministro
Mikhail Mishustin l'avrebbe esteso fino a nuovo avviso, secondo un rapporto riportato
da Afp, nel Paese sarebbero stati registrati un totale di 99.399 casi, le vittime avrebbero
raggiunto oggi le 972; l'Assemblea Nazionale del Popolo, il parlamento cinese, si
sarebbe riunita in sessione plenaria per i lavori annuali dal 22 maggio prossimo.
Il ministero della Sanità colombiano avrebbe reso noto ieri sera che il numero dei
contagiati sarebbe stato il più alto registrato in un giorno da quando sarebbe scoppiata la
pandemia, 269 il totale generale dei deceduti; allarme Fao per l'aumento della fame e
della povertà nei paesi dell'America latina in seguito alle restrizioni legate alla
pandemia da Coronavirus; i Paesi dell'America latina e dei Caraibi (Celac) avrebbero
visto peggiorare la sicurezza alimentare negli ultimi anni e questa nuova crisi, forse,
avrebbe avuto un impatto particolarmente grave su alcuni paesi e territori, in particolare,
secondo la Fao l'allarme avrebbe riguardato Venezuela, El Salvador, Honduras,
Guatemala, Nicaragua e Haiti, dove la crisi sanitaria sarebbe diventata una crisi
alimentare per le madri in età fertile e i bambini di età inferiore ai cinque anni.
Sarebbero oltre mille (1.007) i morti legati alla pandemia registrati in India, lo ha
comunicato il ministero della Sanità di Nuova Delhi, i contagi un totale di 31.332 casi.
Il Consiglio di sicurezza delle Nazioni Unite avrebbe chiesto che venisse osservata una
'tregua umanitaria' di 90 giorni nei conflitti del mondo intero, sarebbe quanto
risulterebbe da una bozza di risoluzione anticipata dall'agenzia France Presse, per ora
non sarebbe stata fissata una data per il voto poiché l'aspetto più spinoso della
risoluzione, quello riguardante il ruolo dell'OMS, dovrebbe ancora essere definito,
duramente criticata dagli Stati Uniti che avrebbero anche interrotto i finanziamenti,
in polemica con il suo presunto atteggiamento filocinese; già lo scorso 23 marzo il
segretario generale dell'Onu, Antonio Guterres, avrebbe fatto un appello all'immediato
cessate il fuoco globale ma finora in paesi come lo Yemen, la Libia e il Sud Sudan la
guerra sarebbe continuata, mentre in Colombia l'esercito di liberazione nazionale
avrebbe annunciato la ripresa delle ostilità per il primo maggio."8

8   Repubblica.it, 2020, April 29, by Daniele Mastrogiacomo

Capitolo 1

1.3§ (La vittoria del "bene comune")

Il bene comune dettava da sempre il modo di vivere insieme in comunità e gli obiettivi etico-morali per cui ci si batteva e lavorava, con i vantaggi e gli oneri che ne conseguivano e si condividevano per una sana vita, giusta e dignitosa.
In quei tempi l'ulteriore "distanziamento sociale" forzato per la mia famiglia, un obbligo che era la cosa più giusta e sicura da fare nell'immediato, anche con il peso che ne derivava, per fortuna era stato da tutti e subito accettato, visto che ormai il "ci siamo dentro tutti insieme" non era più sufficiente per nessuno a farti integrare nelle nuove comunità; si pensava a far bene il proprio compito delegando il resto alla nostra non più tanto vituperata sanità o a quella fantomatica solidarietà sociale sulla quale ora speravamo tutti, in attesa che i sicuramente tardivi ammortizzatori sociali sortissero il loro effetto, al chiuso dell'individualismo delle nostre piccole case.
Personalmente ricordavo che quelle restrizioni non avevano pesato più di tanto su di me, non uscivo spesso e la vita domestica mi calzava alla perfezione.
Il mio pensiero e le mie preoccupazioni andavano a mio figlio, allora giovane e che aveva abitudini diverse dalle mie, e a tutti coloro che per bisogno urgente o necessità dovevano quotidianamente spostarsi per lavoro o motivi familiari.

"Quello che rendeva vuoto l'appello alla causa comune, almeno all'inizio, era quando si sentiva parlare di 'immunità di gregge', soprattutto in Gran Bretagna, lasciare cioè che il virus avesse fatto il proprio corso per curare i più gravi e ritornare alla normalità sociale ed economica più velocemente possibile; probabilmente si sarebbe raggiunto lo scopo creando questa massa critica, ma sarebbe stato 'un approccio spietato' che avrebbe ricordato il darwinismo sociale e l'idea di sopravvivenza del più forte, che avrebbe permesso al contagio di mandare al collasso le unità di terapia intensiva degli ospedali e di portare via i più vulnerabili; questo approccio, puramente utilitaristico, sarebbe stato lontano dall'ideale di solidarietà che avrebbe richiesto di mostrare tanta preoccupazione per chi era debole e vulnerabile, quanto per chi era forte e importante; anche lavoro ed economia sarebbero stati 'questione di salute pubblica', in fondo, specialmente se dalla loro tassazione andassero risorse in maniera equa e bastevole per la sanità e la cassa integrazione degli stipendi; se ci fossero state milioni di persone, inoltre, che avessero perso l'azienda costruita in una vita o i risparmi maturati nell'esistenza, si sarebbe avuta un'escalation di suicidi, disperazione e dipendenza da oppiacei che avrebbe fatto impallidire le perdite dovute al COVID-19, tutto sarebbe stato più facile senza falle nella salute pubblica; si sarebbe dovuto fare un compromesso tra salute medica ed economica? No, non necessariamente, tutto sarebbe dipeso dalla possibilità di iniziare a riorganizzare l'economia in modo da promuovere il 'bene comune'.

Era chiaro che ciò avrebbe richiesto un'economia che avesse garantito l'accesso
di tutti all'assistenza sanitaria, agli ammortizzatori sociali per tutti i lavoratori, e un
sostegno economico a coloro che avessero perso il lavoro, sia a causa della pandemia
che delle nuove future tecnologie, o di altre circostanze al di fuori del loro controllo".

Con il metodo del distanziamento sociale sembrava avessimo raggiunto una momentanea tregua e i primi timidi segnali di ripresa delle attività facevano ben sperare.

Mentre tutti sarebbero stati ancora a pensare al recente passato e al presente, si sarebbe prospettato un futuro che già in molti avrebbero iniziato e tentato di definire e anticipare, sentendo che il profetico messaggio del "non sarà mai più come prima" ci riguardava profondamente.

Dentro di noi avevamo iniziato ad intuire potenzialità che non credevamo di avere, o almeno sulle quali avevamo cominciato a ragionare, di altre a scoprirne degli aspetti fondamentali.

"Benché prematura, ogni riflessione sul mondo che sarebbe seguito alla fine della
pandemia di COVID-19 avrebbe dovuto fare i conti, non tanto con i semi di futuro
presenti nell'oggi ma con la nostra visione del domani; mai come in quel momento il
passaggio dal futuro prevedibile al futuro preferibile era indispensabile, era facile
immaginare che, cessata l'emergenza e trovati i mezzi per contenere i cicli pandemici
futuri attraverso vaccini, terapie o pratiche di salute pubblica, tutto fosse potuto tornare
alla normalità; la crisi, però, ci aveva colti di sorpresa per l'ampiezza del contagio e la
velocità con cui aveva stravolto radicalmente le nostre esistenze, era difficile sostenere
che avremmo potuto prepararci diversamente, non esistevano piani condivisi e avevamo
visto la comunità scientifica dividersi sulle misure da intraprendere. Per il fatto che un
virus era pur sempre un agente biologico e come tale dotato, pur nella sua semplicità, di
elementi di imponderabilità rispetto a un fenomeno fisico, un contagio in una società
complessa come quella globale in cui vivevamo, che era per definizione un 'sistema
complesso', sfuggiva a leggi e modelli di previsione; l'innovazione tecnologica ci
aveva messi nella condizione di ammortizzare in parte i danni di quella crisi, per cui era
assolutamente necessario proseguire su quel percorso affinché il futuro non ci avesse
colti impreparati; dove l'innovazione digitale era stata pienamente sviluppata, se una
persona anziana era in grado di vedersi versata la propria pensione su un conto bancario
online ed era in grado di avere altre tipologie di servizi, dal pagamento delle bollette
all'acquisto della spesa attraverso un'"app", avrebbe avuto meno necessità di mettere
seriamente a rischio la sua salute in una coda alle poste o al supermercato, rendendo
minimo anche il disagio che le misure di distanziamento sociale comportavano.
Ancor di più, una persona anziana che avesse usato in modo maturo e responsabile i
social network e i canali di comunicazione online con i propri cari e il resto del mondo,
avrebbe avvertito in misura minore il disagio della solitudine; in una simile società, era
anche più facile per il governo introdurre misure di sostegno ai redditi, perché chiunque
sarebbe stato in grado di presentare domande online e ricevere i soldi direttamente sul
proprio conto, senza doversi mettere in fila in banca o alla posta o all'ufficio di
previdenza sociale; tutto ciò doveva convincerci dell'esigenza di superare le naturali

ritrosie all'analfabetismo digitale per realizzare una società più "smart" e in grado di gestire in remoto la stragrande maggioranza delle sue funzioni, senza che nessuno restasse indietro; se c'era qualcosa che la crisi che vivevamo ci insegnava era che il progresso non coincideva con l'innovazione; affinché l'innovazione tecnologica e scientifica avesse prodotto vero progresso occorreva che si fossero potenziati i legami tra esseri umani, l'autentico progresso che percepivamo stava nell'empatia che ci spingeva a sacrificare l'interesse di oggi per il benessere del futuro, la vita del giovane per la sopravvivenza del più anziano, in un approccio transgenerazionale, l'unico possibile per costruire un futuro che non fosse stato a detrimento dei più deboli. Le tecnologie, da questo punto di vista, ci tornavano straordinariamente utili, dal momento che non avremmo potuto ottenere tutto ciò senza l'automazione dei processi produttivi, la digitalizzazione dei servizi, la smaterializzazione della burocrazia e neppure senza gli strumenti che ci permettevano di aumentare la nostra sfera sociale costruendo nuove reti di interazione." [9]

Assaporare i momenti che prima correvano veloci e rendersi conto delle proprie debolezze sarebbero stati traguardi che altrimenti non avremmo reputato tali. Goderci la vita da un punto di vista saggio e salutistico e non irresponsabile e frenetico, fidandosi della tecnologia e usarla per vere necessità incombenti erano anch'esse conquiste importanti; lo stesso avremmo potuto dire della ricerca di inutili estetismi nell'arte e nella moda, che, come già in passato avremmo definiti decadenti, dopo esserci visti a casa su Internet in maniche di pigiama senza sentirsi molto differenti dagli altri; in poche parole non era più accettato ciò che ci veniva dato di superfluo come necessario, nel caso avremmo sempre ringraziato, pensando anche a chi non aveva ricevuto nulla e a come fossimo stati fortunati ad ottenerlo, magari non meritandolo.

All'improvviso ecco che i nostri corpi si sarebbero accettati per come erano e nelle nostre giornate avremmo preso il giusto tempo per ogni cosa.

Qualcuno avrebbe potuto dire che questa esperienza insegnava come sarebbe potuto finire il mondo con le sue storture e i suoi difetti.

Ciò che contava davvero, soprattutto, era che ci saremmo sentiti anche un po' fieri di noi, per come la gente in prima linea aveva combattuto e per come avevamo tutti risposto con forza, restituendoci consapevolezza che la stessa cosa potesse essere fatta anche con altri grandi problemi come questo, perché era stata un grande sfida quella con cui ci eravamo confrontati, per la prima volta nella nostra generazione e in maniera effettiva.

Anche la politica, che aveva prima toccato i minimi storici di popolarità, avrebbe mostrato la forza di sapersi riorganizzare, come fossimo usciti da un meccanismo vecchio, a volte rotto o inceppato e lo scoprissimo funzionare ancora.

---

9   futurimagazine.it.

Tutto ciò ci avrebbe reso capaci di intendere cosa si dovesse veramente scegliere, tutelare e programmare, per anticipare le emergenze e non subirle passivamente.

"(...) Avevamo capito che il futuro era in mano nostra e questa non era una cosa scontata, il futuro dipendeva dalle nostre azioni collettive e individuali, e il nostro futuro era quello degli altri; non dico che terminata l'emergenza tutte le cose positive di quei mesi si sarebbero sempre mantenute, ma simbolicamente l'epidemia era stata l'occasione, ad esempio, per la politica di assumere importanza per la vita dei singoli e l'agire collettivo; ora appariva un po' meno vero che il mondo 'andava come andava' e che 'nessuno poteva farci niente'; appariva un po' meno vero che i singoli da soli potevano anche senza gli altri, il futuro era aperto, dipendeva da noi, e questo suonava un po' più vero. La storia dell'uomo non era data perché era prima di tutto una storia sociale e culturale e si muoveva in base a come le comunità decidevano che andasse (...).
(…) Il Coronavirus era una tragedia che aveva aiutato a capire, forse, che avevamo bisogno gli uni degli altri, che avevamo sempre bisogno di un'organizzazione sociale e che la capacità politica di una comunità serviva a tutti, anche ai forti (…)." 10

---

10 vita.it; firstonline.info; Pandemia e Resurrezione di G. Sapelli, Guerini e Associati/goware, 2020.

Capitolo 1

1.4§ (Cambiamenti e decrescita economica)

I cambiamenti relativi al post COVID-19 di cui tutti avrebbero parlato, o meglio le dinamiche che si sarebbero create di lì a poco e che avrebbero influenzato per sempre la vita di tutti modellando la nostra società su di queste, sarebbero stati raggiunti lentamente e perfezionati fino ad arrivare ai giorni di questa narrazione quando insieme a mio figlio e poi mio nipote, comprese le rispettive famiglie, in una grande comunità, avremmo assistito all'applicazione pratica dei nuovi modi di concepire l'economia, l'urbanistica e la politica, la sanità e l'ambiente, avrei detto di certo "rivoluzionari" per quei tempi, inoltre, a un passo dalla nostra città d'origine.

"Altrove, la possibilità che il COVID-19 potesse essere sfruttato come punto di accesso per normalizzare il controllo dei dati da parte di governi e aziende sarebbe stata resa reale in diversi Stati dichiarando che il monitoraggio dei cittadini attraverso le 'app' sarebbe stata la chiave per gestire la pandemia, fatto che sarebbe stato a sua volta un rischio, poiché un giorno sarebbe diventata la norma, con implicazioni 'tra cui la privacy e l'integrità dei dati'; nuove ondate di collaborazione online di massa avrebbe portato a condividere documenti in rete al prezzo irrisorio pagato dai siti di editoria accademica. La sanità sarebbe stata un diritto dei lavoratori non come in precedenza, considerata solo una questione sindacale, avrebbe subito mutamenti per la manifestata inadeguatezza con dei sistemi centralizzati, attraverso I.A. (Intelligenza artificiale) e il Machine Learning (capacità delle macchine di apprendere autonomamente le informazioni); i governi piuttosto che riparare semplicemente i fallimenti del mercato quando si sarebbero presentati, avrebbero dovuto spostarsi verso la formazione attiva e creazione di mercati che avessero promosso una crescita sostenibile e inclusiva, nonostante il panorama internazionale fosse rimasto pieno di casi nazionalistici; il Coronavirus avrebbe messo inoltre in evidenza problematiche urbane di redistribuzione della popolazione e capacità abitativa marginale nascoste in molte città del mondo da sfruttare in caso di altre crisi sanitarie; i governi avrebbero lavorato per introdurre stimoli economici interni anticrisi. Nuove opportunità per proporre piani competitivi che non dipendessero da combustibili fossili; il mondo sarebbe diventato diventato un grande alveare sociale, interconnessione della società, con le nostre interdipendenze e il bisogno di comunità, cambiando il corso delle conversazioni tradizionali; persino il nostro rapporto con il tatto e i germi verrebbe riscritto, così come con il rifornirsi di cibo fuori casa, menù elettronici presso i ristoranti, robot al posto dei camerieri, consegne a domicilio strutturali e strutturate. Prendersi cura della famiglia e degli anziani sarebbe avvenuto in un ambito senza contatto, purtroppo, sapendo che 'siamo forti solo quanto il nostro anello più debole', e quindi al via esperimenti globali di telelavoro e homeschooling; la transizione online avrebbe potuto rendere più inclusivo l'ambiente lavorativo per persone con disabilità e diminuire notevolmente inquinamento e incidenti stradali supportando interventi di infrastruttura digitale per evitare che le forme di 'digital divide' si fossero amplificate. Altre conseguenze del COVID-19 avrebbero riguardato gli spazi condivisi, come bar

Quello sarebbe stato "il momento" fondamentale per riflettere e re-immaginare la
conservazione e la protezione della flora e della fauna selvatica, rispettosamente
ricostruendo i confini infranti che ci avrebbero portato, anche indirettamente, i disagi
patiti fino ad allora; tra le questioni emerse dall'epidemia globale ci sarebbe stata
anche quella del rapporto tra virus e inquinamento ambientale:

Chiusi in casa davanti alla finestra, senza poter uscire, ci si sarebbe chiesti a cosa
fossero serviti armadi di vestiti, scarpiere, l'automobile ferma, oggetti a migliaia
che ci avrebbero circondato; si sarebbe potuto vivere con meno e la scala dei valori
sarebbe stata messa in discussione come le nostre priorità.
L'ambiente, le amicizie, l'arte e la cultura, la vicinanza delle persone alle quali
volevamo bene sarebbero state più importanti delle merci accumulate.
La vicinanza al dolore e alla morte avrebbe scoperto la falsità del sistema nel quale
eravamo cresciuti e che avrebbe generato e allevato un consumismo spietato,
irresponsabile ed egoistico.

diversi, non solo vicini o concittadini, ma migranti, profughi, poveri e senza tetto; l'altra
azione sarebbe stata la ristrutturazione, la conversione della produzione da materiale a
immateriale, lo spostamento del lavoro verso un'economia 'green', il perseguimento di
una più equa distribuzione del reddito e infine la redistribuzione della terra, toglierla alla
speculazione edilizia e all'agricoltura intensiva e restituirla ai contadini e all'agricoltura
biologica; un'altra azione sarebbe stata la rilocalizzazione, ovvero l'intensificazione
della produzione e della distribuzione dei prodotti locali, dell'autoproduzione, anche
energetica con i gruppi di acquisto solidale, le banche del tempo, le comunità solidali e
gli eco-villaggi; l'ultima azione avrebbe richiesto, infine, minori consumi per produrre
minori quantitativi di rifiuti e sprechi, riutilizzando e riciclando gli oggetti a
disposizione; la pandemia mondiale ci avrebbe obbligati a pensare a un'economia e una
società diversa; i cittadini si sarebbero dovuti considerare come in una crisi imminente,
in un periodo di cambiamento e transizione verso un futuro sostenibile e un mondo di
prosperità in una prospettiva nuova di crescita." [11]

Anche la connessione tecnologia-ricerca scientifica si faceva sempre più stretta
e indispensabile.

Per come si stavano mettendo le cose, iniziare ad imbracciare un computer, far
tesoro della mia formazione e mettere in pratica ciò che mi avrebbe insegnato
mio figlio nell'applicare particolari software che potevano tornare utili in campo
agricolo fu un'intuizione che mi venne dal profondo e che non si dimostrò affatto
sbagliata; svolgendo mansioni totalmente diverse nella "vita precedente", in un
periodo di crisi come quello, sarebbe stata un'ulteriore opportunità di rendermi utile,
specie nel settore primario, che avrebbe dato più di altri certezza di trovare una
proficua collaborazione.

L'Accademia dei Georgofili, per incentivare nuove soluzioni produttive post-covid
aveva avviato un programma di studio e ricerca al quale partecipai, per divulgare
adeguati strumenti per la ripresa, raccogliendo le innovazioni mature per il
trasferimentoin agricoltura, dirette principalmente alle piccole e medie imprese
agricole per consolidate filiere produttive ma anche sistemi colturali, meccanica e
meccanizzazione, sistemi per la difesa dalle avversità, genetica e biotecnologie,
tecnologie alimentari ed economia e mercati; tra le proposte più interessanti: i
biostimolanti microbici per accrescere la sostenibilità delle colture erbacee di
pieno campo, alcune in particolare, la concimazione azotata a rateo variabile
nel frumento, la genotipizzazione ad alta resa per il breeding assistito nelle
specie arboree da frutto, la predizione delle contaminazioni da micotossine
mediante analisi di immagine, lo sviluppo di fitofarmaci innovativi a basso
impatto ambientale e ridotta tossicità.

____

11 libertas.sm; asvis.it

Avrei poi continuato con seminari sulla diagnosi delle malattie delle piante
mediante digital droplet pcr, il sequenziamento ad alta prestazione per la
diagnosi di patogeni delle piante, la piattaforma informatica web di gestione
dati per agricoltura di precisione sull'olivo e quella web open per la community
Agricoltura 4.0, le tecnologie digitali nelle lavorazioni del terreno e la
costituzione e selezione di nuovi portainnesti di vite.

" 'Agricoltura come garante dell'approvvigionamento alimentare nazionale' era
l'impegno che il settore primario aveva portato avanti durante il lockdown.
L'agricoltura metteva in evidenza il suo ruolo più che mai strategico; i consumi di cibo
e bevande erano stati, infatti, tra i pochi che avevano segnato delle variazioni positive
dimostrandosi anticiclici rispetto alle altre filiere secondo un report Cia-Agricoltori
Italiani; 'il Covid aveva avuto effetti drammatici, secondo il presidente Cia, Scanavino,
sulla tenuta socioeconomica del Paese e aveva rimesso in discussione tutti i modelli di
crescita ma aveva reso chiara la centralità del settore primario'; se si guardava al
periodo febbraio-maggio, nella Gdo la voce grocery aveva registrato un +13%, a
trainare le vendite alimentari gli ingredienti base (farina, lievito, burro e uova) che
avevano messo a segno un 42%, seguiti da pasta (+17%), ortofrutta (+15%), vini e
alcolici (+11%); lo stacco rispetto ad altri prodotti era ancora più evidente nelle vendite
al dettaglio che, al contrario della distribuzione organizzata erano andate giù del 10%, a
fronte del +5% dei prodotti alimentari; l'e-commerce, dal canto suo, aveva registrato
un'esplosione, progressivamente l'incremento era stato del +120%; tuttavia, non era
bastato a compensare le perdite dovute alla chiusura di bar, ristoranti, alberghi e
agriturismi, con ricadute negative anche sull'agroalimentare nazionale con perdite di
almeno 2 miliardi; il timore di contatti, unito alla necessità di uscire il meno possibile,
aveva portato gli italiani a privilegiare ancora i negozi di vicinato; altra voce in perdita
era l'export: complessivamente il food&beverage italiano era sceso dell'1% mentre era
riuscito a tenere nel primo quadrimestre 2020 a +8,9%; il blocco degli spostamenti in
Italia e verso l'esterno, insieme allo stop delle attività non essenziali aveva consolidato
alcuni valori alla base degli acquisti di prodotti alimentari italiani tranquillizzando il
consumatore per sicurezza e qualità; il cittadino italiano, durante la crisi pandemica era
più attento al Made in Italy (26%), alla tutela dell'ambiente (22%), alle tipicità del
territorio (16%), alla salute (15%) e alla convenienza (14%); l'e-commerce avrebbe
giocato un ruolo importante per il futuro: il 95% degli italiani credeva che l'acquisto
web di prodotti alimentari sarebbe aumentato e il 92% degli italiani credeva che questa
modalità era più utile per poter acquistare i prodotti dei piccoli produttori, specie in
zone interne e difficili da raggiungere; i nuovi trend dovuti al Covid si innestavano su
un lungo periodo (cambiamenti demografici, socioeconomici e climatici) e avrebbero
modificato la nostra agricoltura; gli over 66 erano 13,2 milioni, nel 2050 sarebbero
diventati 18,9 milioni, mentre i 'millennials' sarebbero passati da 13,6 milioni a 11,6
milioni; una popolazione più vecchia consumava di meno e per certi prodotti il calo
avrebbe potuto essere rilevante; rispetto a 10 anni prima erano aumentati i
consumi di verdura (+59%), frutta (+48%) e olio (+18), a fronte del calo di pasta
(-24%), carne (-38%) e salumi (-45%); dopo 30 anni si prevedeva un aumento del
consumo di cibo bio (+44%), mentre sarebbero diminuiti i consumi di vino rosso
(-22%) e carne rossa (-45%); oltre all'evoluzione della popolazione per età, la presenza
di stranieri (+30% in 10 anni), nuove modalità di lavoro, l'evoluzione dei redditi e le

differenze nell'acquisto/consumo, la tenuta dei territori e lo sviluppo di città intermedie quali motori di crescita avrebbero influenzato i consumi futuri; affinché potesse esistere sostenibilità economica anche per imprese situate in aree marginali sarebbero occorsi interventi infrastrutturali (digitale) e organizzativi (reti di imprese e di sistema) in grado di cogliere opportunità che andrebbero perse (export, turismo) con l'introduzione di attività secondarie (energie rinnovabili, agriturismo, produzioni di nicchia); un altro asset su cui puntare era anche il turismo agricolo che nel 2018 aveva registrato 3,8 milioni di arrivi: 53% di stranieri Vs 47% di italiani, crescendo del +131% in 10 anni gli stranieri; poi l'ammodernamento della rete dei trasporti, sviluppo di una sanità territoriale e di scuole decentrate, percorsi di aggregazione all'interno delle filiere per sistemi produttivi territoriali integrando l'agricoltura con l'enogastronomia di qualità."[12]

Non solo il settore agricolo avrebbe beneficiato di questo periodo di crisi, infatti, la persistenza del primo Coronavirus non essendo stato tanto causa dell'arresto delle filiere del commercio internazionale quanto una metamorfosi mondiale, che più che trasformare avrebbe controllato le supply chain; esse si sarebbero allineate con la realtà del commercio internazionale, strutturato su intrecci di accordi bilaterali più che sull'apertura di accordi multilaterali su scala globale, com'era da decenni almeno (G. Sapelli, 2020).

"Le condizioni stesse della shut-in economy erano in verità globali ed era così proprio sotto l'intensificarsi del primo contagio del COVID-19, ad esempio, la multinazionale italiana Tecnocap, terzo produttore mondiale di imballaggi metallici: chiusure metalliche per contenitori in vetro e plastica e di bombole aerosol e bottiglie di alluminio aveva siglato a febbraio 2020 una joint-venture con il gruppo indiano produttore di imballaggi in metallo e plastica Oricon Enterprises costituendo "Tecnocap Oriental Pvt" con sede a Mumbai detenuta per il 75% dal Gruppo Tecnocap e per il 25% da Oricon; i suoi oltre 900 dipendenti più di 1/3 in Italia, rendevano il gruppo una realtà produttiva strutturata sulla sostenibilità, la responsabilità sociale e la trasformazione digitale; infatti, per il gruppo, "sostenibilità e innovazione digitale erano i pilastri di ogni processo decisionale strategico"; i suoi prodotti, erano essenziali per la filiera non soltanto dell'agro-alimentare ma anche di quella farmaceutica, inclusa la cosmetica e la nutraceutica e grazie all'attività dei centri di ricerca diventavano un elemento chiave dell'economia circolare arrivando ad essere 100% riciclabili, abbattendo così notevolmente l'impatto in termini di energia impiegata e quindi dell'entropia sistemica; la joint-venture con Oricon rappresentava un capitolo importante della loro strategia di crescita internazionale realizzata attraverso la diversificazione del business e l'espansione verso mercati ad alta crescita." [13]

---

12 gamberorosso.it.

13 businessinsider.com.

Capitolo 1

1.5§ (Situazioni ad alto rischio)

Anche in quei difficili periodi era risaputo che i media, almeno quelli non prestigiosamente ufficiali, sembravano provassero piacere nel "non rassicurarci" più dello stretto necessario, ma quello che mi colpì particolarmente allora, era stato che, oltre al fatto che più di 50 Stati in tutto il mondo erano stati fortemente colpiti inizialmente dal primo Coronavirus, anzi, in alcuni non accennavano a diminuire i casi, sia per numero di nuovi infetti che per decessi, Israele, e soprattutto i Territori palestinesi non facevano eccezione, ma nessuno diceva che, però, erano come laboratori ad alto rischio di contaminazione, dove se fosse esplosa la bomba ad orologeria del contagio, come per altri paesi del Terzo e Quarto mondo, il microorganismo si sarebbe potuto replicare in maniera tale che non sarebbero bastati nemmeno gli attuali mezzi di contenimento e forse neppure quelli che sarebbero seguiti in un immediato futuro.

"Il Governo israeliano, nel tentativo di arginare il più possibile il contagio dopo che il numero di persone positive era salito a 50, aveva esteso la quarantena a tutti i passeggeri in arrivo nel Paese mentre l'Autorità Palestinese aveva isolato Betlemme dove più di 20 cittadini avevano già contratto il COVID-19; il sospetto era che a portare il virus nella West Bank fosse stata la delegazione proveniente dalla Corea del Sud che avrebbe visitato Betlemme, Gerusalemme, Jerico ed Hebron tra l'8 e il 15 febbraio 2020, ma la più grande preoccupazione tanto dell'autorità palestinese quanto di quella israeliana era un'altra: la diffusione del virus nella Striscia di Gaza; nella prima fase della diffusione del virus molti articoli definivano Gaza il luogo più sicuro in cui trovarsi elogiando i risvolti positivi che le restrizioni alla libertà di movimento per e dalla Striscia imposte da 13 anni da Israele avevano avuto finora sul contenimento del COVID-19, ad un mese dall'inizio del contagio le valutazioni sulla Striscia sarebbero molto cambiate: adesso la diffusione del virus nell'exclave palestinese sarebbe stata descritta dalla Sicurezza israeliana come uno scenario da 'Che Dio ci aiuti'; fino a quel momento non ci sarebbero stati ancora casi di contagio nella Striscia ma l'Egitto avrebbe imposto dei controlli ancora più rigidi al valico di Rafah dove sarebbe stata anche predisposta una struttura per i pazienti ritenuti positivi e Israele avrebbe valutato il ritiro dei 7mila permessi concessi di recente ai gazawi per uscire dalla Striscia; lo stesso Hamas avrebbe deciso se imporre a sua volta un'ulteriore restrizione ai movimenti dei cittadini di Gaza, ben consapevole degli effetti disastrosi che la diffusione del virus avrebbe avuto nel territorio sotto il suo controllo; uno dei primi fattori che avrebbero aumentato la rapidità del contagio sarebbe stato da ricercare nell'alta densità di popolazione: nella Striscia sarebbero vissute quasi 2mln di persone racchiuse in uno spazio di soli 365kmq; il vero problema avrebbe riguardato la sanità e le condizioni igieniche scarse che avrebbero caratterizzato la Striscia a cui né le autorità israeliane o palestinesi, né la Comunità internazionale, avrebbero mai trovato una soluzione; secondo i dati del WHO il 97% dell'acqua di Gaza non sarebbe pulita, per cui sarebbe stato difficile per i medici e il personale sanitario anche solo rispettare le normali norme igieniche e riuscire a lavarsi mani e faccia come avrebbero raccomandato in tutti gli altri Paesi in cui si sarebbero registrati dei contagi; a ciò si sarebbe aggiunta la mancanza cronica di medicine e prodotti sanitari di base, senza contare l'inadeguatezza delle strutture sanitarie in caso di ricoveri in terapia intensiva e un sistema già al collasso da mesi; a gennaio 2020, infatti, l'ONG B'Tselem avrebbe pubblicato un report in cui evidenziava la difficoltà degli ospedali della Striscia nel curare le centinaia di persone rimaste ferite durante le manifestazioni al confine con Israele; per cercare di elaborare una risposta adeguata alla possibile propagazione del virus a Gaza, l'Autorità nazionale palestinese e il direttore per la Palestina del WHO si sarebbero incontrati a fine febbraio 2020 per elaborare un piano di azione, ma il margine di manovra sarebbe stato molto ristretto; considerando le disastrose condizioni di vita della popolazione della Striscia, considerata dall'Onu oramai inabitabile, la situazione in cui avrebbe versato il sistema sanitario o anche solo la mancanza di acqua pulita e di energia elettrica, nessun piano avrebbe potuto evitare un elevato numero di morti nel caso in cui il COVID-19 fosse davvero arrivato a Gaza."

Un altra possibile "bomba virale" nel mondo sarebbe potuta essere quella dovuta alla condizione delle carceri, infatti, anche se le condizioni al loro interno fossero tenute sotto controllo stabilmente, e nonostante molti avrebbero voluto poco umanitariamente che "si fosse lasciato alla malattia fare il proprio corso" visto il risentimento verso alcuni degli ospiti dei penitenziari per i crimini di cui a volte si sarebbero macchiati, la situazione sarebbe potuta diventare incontrollabile. Non sarebbe escluso, infatti, che senza una completa sanificazione dei locali e di chi li occupava, se il problema fosse stato portato per le lunghe sarebbe stato molto probabile che il virus avesse potuto tendere a subire la pressione selettiva che i nostri stessi sistemi immunitari gli avrebbero potuto fornire riuscendo così a rinforzarsi.

"Solo negli USA sarebbero 200mila ogni settimana i nuovi detenuti ad entrare nelle prigioni e solo in quelle di contea, altrettanti ad uscirne; i tassi di contagio sarebbero arrivati ad essere nove volte superiore rispetto alla media delle città; a farne le spese, inoltre, sarebbero gli operatori interni, guardie, medici e insegnanti, oltre a familiari, avvocati e religiosi in visita; in teoria abbassare la percentuale di contagio era semplice, sarebbe bastato ridurre la densità della popolazione dei carceri riducendo gli ingressi e velocizzando i rilasci; il problema sarebbe stato che solo ai giudici spetterebbero queste decisioni, diverso se fosse stato per gli agenti di polizia, come sarebbe accaduto per iniziativa degli sceriffi in alcune città, capendo se fosse stato il caso di arrestare una persona o limitarsi a spiccare un mandato, o addirittura lasciar perdere chiudendo un occhio per i reati minori, fatta eccezione per la guida in stato di ebbrezza e la violenza domestica; ci sarebbe stato poi il rilascio compassionevole, migliaia di persone con cauzioni basse o bassa pena residua, detenuti in età avanzata e altri in attesa di processo; sarebbero stati fatti passi in avanti come l'allontanamento dalla prigione con l'uso di un programma di cauzione che avrebbe consentito a coloro che potevano, di

pagare un importo programmato ed evitare la detenzione attraverso arresti domiciliari.
La pena naturalmente sarebbe stata così 'scontata' almeno fino a quando le acque non si
sarebbero calmate; tutti i processi, inoltre, sarebbero stati realizzati in videoconferenza
riducendo così l'esposizione personale non necessaria a tutti i soggetti coinvolti.
Una sofisticata tecnologia di monitoraggio del detenuto e rieducazione per problemi di
salute mentale e droghe avrebbe permesso al carcere di riacquisire il suo carattere
correttivo e rieducativo di istituzione sociale." [14]

---

14 insideover.com; jurist.org; internazionale.it.

Capitolo 1

1.6§ (Il lockdown)

Ricordavo con precisione, avendone avuta esperienza diretta e dal sentire comune,
che nel periodo subito successivo al primo Coronavirus era frequente avvertire per
gli altri e dagli altri un'esasperata diffidenza ed estraneità, persino ogni volta che si
incontrava di fretta qualcuno per le strade deserte, anche se già visto e con la sua
rassicurante mascherina di protezione; una percezione alla quale in genere non si
faceva caso subito ma che ti faceva passare per la testa il pensiero di come avessero
fatto, appena poco più di un secolo prima, circa, a salutarsi tutti per strada anche
non conoscendosi, togliendosi tanto di cappello.
Allora il solo sentire la presenza di qualcun altro in strada risultava fastidiosa come
se avessero camminato nel vialetto della tua proprietà privata o nel giardino di casa,
mentre si sarebbe trattato solo di un altro poveraccio come te, forse obbligato ormai
a sgranchirsi le gambe frettolosamente, a spasso col proprio cane al guinzaglio, e
senza neanche più con il piacere di una volta.
L'individualismo di oggi, rispetto al secolo passato, sarebbe sopravvenuto, forse, in
anni e anni di "involuzione" della nostra cordialità, la naturale espansività, o reale
comunicatività, terminata quando l'uso di salutare indistintamente divenne obsoleto.
Come se quel fenomeno fosse avvenuto di nuovo, giusto il tempo della nostra
quarantena, ci avesse spiazzati quasi tutti, acuendosi come per una sbronza, avendo
fatto avanzare le lancette del tempo troppo velocemente e arrestarle d'improvviso; in
alcune parti del mondo, questa chiusura all'altro per acquisita abitudine,
accompagnata da una vaga tristezza, avrebbe assunto i connotati di forme depressive
note con il nome di "Corona blue".

"I sociologi introdussero il termine 'disattenzione civile', l'incontro in strada con un
estraneo, apparentemente una forma di relazione tra le più anonime e fugaci, avrebbe
rappresentato un concentrato molto più denso di messaggi, un'interazione assai
complessa, una sorta di rituale che non consisteva in maniera semplice nell'ignorarsi a
vicenda ma che mettevamo in atto per evitare interazioni precludendo nuove relazioni
sociali; nella società che si sarebbe ricostruita in quei giorni, cioè quella post-COVID-19,
la 'disattenzione civile' non sarebbe stata più un semplice evitare relazioni per non darsi
disturbo reciproco ma qualcosa di più e sarebbe potuta diventare una vera e propria
elusione, con il rischio di rafforzare una cultura dell''io' contrapposto all'altro diverso
da me."

Le istituzioni avrebbero dovuto rispondere alle categorie più deboli e a rischio, altrimenti il pericolo sarebbe stato quello di contribuire ad una rabbia repressa dovuta alla incomunicabilità, che a sua volta avrebbe prodotto esasperazione e rivolta verso l'"io" contrapposto, se la risposta non fosse stata immediata.

"Nei 20 anni che avevano preceduto la crisi, in molti Paesi del mondo, Italia compresa, erano stati perpetrati tagli a sanità, ricerca, scuola, università e innovazione. Costituivano 'Un substrato strutturale debole rispetto a questo enorme, esorbitante e inatteso evento, che avrebbe comportato un ribaltamento delle tematiche prioritarie: la salute, l'ambiente e il cibo sano per chi si sarebbe occupato del nostro benessere'; oltre al lutto per le singole vittime ci sarebbe stata una forma più 'collettiva' del lutto, quello sociale, e forse saremmo stati più umani; ri-ascoltandoci stavamo riacquistando un ritmo temporale a misura d'uomo, le relazioni familiari con il nostro partner e con i nostri figli, avremmo potuto parlare anche di morte perché non saremmo dovuti essere perfetti, senza paure e senza limiti umani; ci saremmo interrogati anche se quello prima del virus fosse potuto essere definito 'normale', e in futuro se fosse mai potuto essere accaduto davvero; alla lotta per la sopravvivenza avremmo contrapposta la preoccupazione per il viver bene, altrimenti la vita dopo l'epidemia sarebbe stata ancora più orientata ad una lotta per il più forte, finendo per essere come il virus, questo 'non morto' che si sarebbe limitato a moltiplicarsi, a sopravvivere senza vivere; inoltre, la reazione di panico dei mercati finanziari all'epidemia sarebbe stata espressione di un terrore che avrebbe covato già dentro di loro; gli estremi fenomeni di rigetto tipici dell'economia globale l'avrebbero resa molto vulnerabile, malgrado il costante aumento degli indici borsistici di quegli ultimi anni, la rischiosa politica monetaria delle banche avrebbe prodotto una forma di panico represso che avrebbe atteso uno sfogo, e il virus sarebbe stato forse solo la goccia che avrebbe fatto traboccare il vaso; il panico dei mercati finanziari avrebbe messo in rilievo, più che la paura del virus, la paura di se stessi, il 'crash' avrebbe potuto verificarsi anche senza virus; nella società, invece, in periodi di stress e malattia, essere privati della connessione sociale avrebbe potuto creare ancora più paure, secondo i ricercatori del Center for the Science of Social Connection dell'Università di Washington, che si sarebbero occupati della crisi psicologica che si sarebbe scatenata nelle nostre società iper-connesse dopo il Coronavirus COVID-19."

La realtà avrebbe confermato ogni giorno quella "paura", strade vuote con figure che si aggiravano bardate da guanti e mascherine, simbolo di quei tempi. Il timore di toccarsi e incontrarsi era visibile nei volti di tutti, i comportamenti, il modo di vivere ai tempi del 'lockdown' avrebbero avuto un forte impatto sulle nostre future relazioni sociali.

"Il dramma globale di questa pandemia avrebbe messo in discussione i principi scientifici della comunicazione sociale e quelli dei segni verbali di E. Hall, 'la prossemica', basati su udito, vista e olfatto (…). Come per "gli arabi" la percezione olfattiva, ad esempio, sarebbe stato uno dei meccanismi con cui veniva stabilita la distanza dall'altro e parte del sistema di comportamento, "l'uomo occidentale" combinava attività e relazioni consultive e sociali nel personaggio e i tipi di relazione (intima, personale, sociale e pubblica) mentre il 'linguaggio silenzioso' era fatto di contenuti 'paraverbali' all'interno di una conversazione; il punto di partenza nelle relazioni sarebbe la 'faccia', cioè quel qualcosa che ci sarebbe dato e che, a vicenda,

avrebbe determinato un nostro input di risposta, di adesione, individuando una
percezione di 'solidarietà', conseguentemente il 'contatto' espresso attraverso il
comportamento osservabile (…)."

Cosa sarebbe potuto succedere, d'altra parte, se non ci fossimo accorti che queste
espressioni cresciute con l'uomo stesso e rimaste chiuse con noi in casa o in città
semi-deserte, disimparando (come se ce ne fosse stato bisogno) quegli equilibri di
"comunicazione e comportamento" o tipi di relazione socio-comunicativa acquisiti a
fatica durante tutta una vita con chi avevamo avuto sempre vicino e che ci
caratterizzavano, improvvisamente fossero rimaste inutilizzate per il distanziamento
e per i dispositivi di protezione che ne avrebbero rubato il calore, con le nostre
caratteristiche personali come vere e proprie maschere di scena.

"Sociolinguisti ci avrebbero ammonito in quel periodo e i sociologi avrebbero cercato,
un tempo, di metterci in guardia riguardo l'universalità dell'uomo, tra le realtà minori
'glocali' e la globalizzazione, con la crisi della comunità, il cui posto sarebbe stato preso
da un individualismo sfrenato dove nessuno sarebbe compagno di strada ma antagonista.
Il soggettivismo avrebbe minato la base della modernità rendendola fragile e senza
riferimenti se non l'immagine, liquida e bulimica per il consumismo non appagante.
La bulimia sarebbe anche quel modo d'essere, nello scenario della linguistica politica
geo-globale e governativa per tutti i gusti, fatto di critiche e di "bastian contrari"
tenendo lontano sempre dalla focale il bene della comunità tutta."

Già dopo le festività natalizie 2019, ancora nel pieno del nostro compulsivo
atteggiamento consumistico, guardavamo in Tv la questione "glocale" di
Whuan con superficialità, scherno e atteggiamenti quasi razzisti di distacco.

"In quello scenario le nostre classi politiche, senza distinzioni alcuna di casacca,
avrebbero recitato squallide pantomime dove tutto era il contrario di tutto, trascinando
nei palinsesti Tv una comunità scientifica, interrotta nei punti salienti dalla pubblicità, con
proclami sul 'si tratta di una semplice influenza', sul bisogno di considerare 'l'immunità
di gregge' e dei numeri della conta, fino al delirante finale che 'le mascherine non
servono a chi non è infetto': una comunicazione incosciente che, forse, ci avrebbe
portato a una ecatombe."[15]

L'Italia come altri Paesi, con tutti i suoi difetti e iniziative criticabili sul piano
della tempestività ed esaustività, tra mille polemiche, stava di fatto che tutta la
popolazione avrebbe aderito senza disquisire ad un atto amministrativo per alcuni
liberticida e difficile da perseguire pur di salvaguardare il nostro futuro.

---

15 avvenire.it; lindro.it; altalex.com; ilrasoiodioccam-micromega.blogautore.espresso.repubblica.it.

Capitolo 1

1.7§ (Una nuova concezione urbanistica)

Fu sempre nel periodo post-Covid19 che sarebbero state poste le basi di una
nuova concezione urbanistica che avrebbe successivamente rivoluzionato la
struttura di città medie e grandi; molto spesso questa trasformazione non
avrebbe rispecchiato i canoni unitari complessivi delle città da sempre sognate e
teorizzate dai grandi architetti e urbanisti contemporanei nel tentativo di
strapparle da quella modernità che le stava uccidendo.

Vuoi per le circostanze, specialmente quelle che sarebbero avvenute in seguito, vuoi
le necessità che si rispecchiavano in quell'umanizzazione urbana tanto desiderata, i
cambiamenti che seguirono furono molto più veloci di quello che avrebbero mai
potuto immaginare i teorici del passato, in anni di lento adeguamento, e iniziarono a
modificare il modo di abitare in base al modo di vivere degli abitanti; era stato infatti
il puro caso, misto all'estrema necessità e alla spinta del panico,che insieme ci
portarono ad iniziare la costruzione del miglior tipo di città possibile, e ripensandoci
in cuor mio, mi sentivo parte di quella rivoluzione e di quella che l'umanità intera
stava compiendo contemporaneamente, a dimostrazione del fatto che i modelli
sociali ed urbanistici non potevano essere solo dettati dall'alto e che si costruiva in
base alle proprie necessità e senza sapere quasi nulla di ciò che accadeva nel mondo,
il nostro modello si stava adattando a quello di ogni città, in ogni parte del pianeta,
tanto quanto i nostri bisogni e le paure fossero diventati simili.

> "Se il compito delle città era stato ed era quello di garantire la sicurezza dentro il loro
> perimetro, oggi il virus ci avrebbe imposto di prendere atto che il perimetro si era
> spostato al mondo intero, e le 'considerazioni puramente nazionali avrebbero portato le
> nazioni alla rovina'; la ricerca di un vaccino ci avrebbe costretti a comprendere che il
> successo di un ricercatore, ovunque esso si fosse trovato, sarebbe diventato quello di
> tutti perché cittadini di 'cosmopoli'."

In Italia il virus avrebbe trovato terreno più fertile in Lombardia, la città
infinita, per la sua densità insediativa e la presenza di una capitale economica come
Milano, che l'avrebbero resa più permeabile al contagio.

Più resistente si sarebbe rivelata la disposizione reticolare delle città venete,
articolata in città capoluogo di massimo 300mila abitanti.

A questi capoluoghi si aggiungevano cittadine medie e paesi che facevano da contrappunto al tessuto territoriale, in una maglia che assorbiva anche la campagna.

> "Le grandi città viste dall'alto in volo con la rete dell'illuminazione pubblica apparivano essere omomorfiche alle reti neuronali, (...) estranee alla polis greca. Già scrittori e registi di fantascienza, in modo rabdomantico, avevano avvertito qual'era il tallone d'Achille delle metropoli, la loro vulnerabilità al più antico dei nemici dell'umanità, il virus, perché la sua diffusione sarebbe stata favorita dalla politica urbanistica propria di un universo economico che avrebbe trasformato il profitto in fine e l'uomo in mezzo: insomma eravamo stati chiamati a fare i conti con la singolarità dell'urbanismo contemporaneo che avrebbe negato quel canone umanistico che avevano le città storiche europee, che assicurava le piazze per i mercati e la frequentazione, gli edifici simbolicamente eloquenti al sacro e al politico e conservava una misura umana nella dimensione dell'abitare; non che mancassero i difetti ma la sproporzione di questi col presente alimentava quella nostalgia."

L'ansia procurata dall'immersione negli spazi della reclusione domestica imposta dalle autorità per il contagio avrebbe potuto far emergere psicosi latenti, o regalare il piacere del tempo ritrovato per la famiglia, le letture, la meditazione e la preghiera per chi stava soffrendo.
Ci sarebbero stati concessi solo il pensiero, i sentimenti e le idee: il virus ci avrebbe restituito forse la saggezza obbligandoci a fare i conti con l'imprevedibile, la morte e il sacro, che avrebbero imposto solidarietà fra comunità interrogandosi sulla città futura.

> "La riflessione sarebbe stata necessaria e urgente tra sostenitori della città di grattacieli e quelli della città giardino come soluzione all'inquinamento e alla insalubrità, essendo però facce della stessa medaglia incapaci di guardare all'urbanizzazione come fenomeno che mette in gioco salute, lavoro, ambiente, beni culturali, trasporto, residenza, servizi e spazio pubblico e privato; i grattacieli erano affascinanti per sfida tecnologica ed estetica ma disumani per le relazioni sociali e la mancanza di rapporto con la natura e con i contesti storici; la città giardino bella sulla carta con casette nel verde disposte intorno alla città, ma quando applicata diffusamente si trasformava nell'incubo delle città americane con ore di trasporto giornaliero e impressionanti autostrade urbane per raggiungere il lavoro; la soluzione sarebbe stato lo sviluppo urbano storico europeo, articolato in città di medie dimensioni, organizzate in quartieri e in borghi circostanti. Forzato questo modello si sarebbe creato un ibrido insediativo con gli aspetti peggiori della residenza diffusa sul territorio (sprawl), il consumo di suolo e la concentrazione dei servizi di alto rango, tralasciando quelli a scala di quartiere e di nuclei minori con chiuse strutture sanitarie e socio assistenziali decentrate."

Enormi centri commerciali nelle periferie sarebbero riusciti a distruggere il piccolo commercio locale allontanando ancor più i cittadini dal centri storici.

Avrebbero incentivato l'uso dell'auto, autostrade e parcheggi, tralasciando il trasporto regionale e interregionale su ferro e il trasporto pubblico locale.
In una ipotetica mappa delle farmacie e dei supermercati di qualsiasi grande città, questi si sarebbero distribuiti ad anello intensificandosi verso i lembi per diminuire e farsi più piccoli e radi man mano che ci si sarebbe avvicinati al centro, dove interi quartieri avrebbero potuto contare solo su pochissimi servizi di prima necessità e lo stesso valeva per panifici, fruttivendoli e macellerie.

> "L'unico motivo per uscire di casa sarebbe stato quello che a Londra avrebbero chiamato 'buy to live' e la città sarebbe sembrata meno familiare, estranea e quasi pericolosa, indecisi quasi se si fosse stati in centro o periferia mancando i riferimenti che si adottavano di solito come numero di persone, locali aperti e il loro genere; gli investitori stranieri poi ci mettevano del loro comprando case nei centri urbani come forma di investimento o per abitarle solo per brevi periodi e contribuendo così ad aumentare il valore immobiliare e allo spopolamento dei quartieri, con la conseguente chiusura delle attività commerciali; anche i quartieri della 'movida', prosciugati del loro tessuto sociale e delle piccole realtà commerciali sarebbero diventati interminabili sequenze di bar, ristoranti e appartamenti per studenti sospesi in un'attesa immobile."

Un problema diffuso, che il sindaco di Parigi avrebbe proposto di risolvere con il progetto "la città dei 15 minuti", mettere tutti i quartieri parigini nella condizione di offrire ai loro abitanti ciò di cui avrebbero avuto bisogno: parchi, caffè, negozi, case e scuole a portata di pedone; la soluzione era stata già applicata con successo a Utrecht e Copenhagen.

> "Passata l'emergenza, forse, si sarebbero ristabiliti ordini e gerarchie, ma nel frattempo si sarebbe potuto approfittare della situazione per provare a riscoprire le centralità dei nostri quartieri, sia per i servizi che per gli spazi in cui si sarebbe dovuta costruire la comunità; invertire la tendenza non sarebbe stato facile, ma iniziare a rendere più umano il territorio sarebbe stato possibile; il quartiere e il borgo, come nuovi centri Urbani, ripristinando il legame di residenza e lavoro con scuola di quartiere, aprendo strutture sanitarie intermedie e riqualificando spazi pubblici, giardini, centri di incontro, case per anziani e le residenze per studenti; 'un quartiere non era solo un insieme di edifici ma anche una rete di relazioni sociali, un ambiente in cui sentimenti e simpatia potevano prosperare'; il telelavoro avrebbe insegnato a ridurre gli spostamenti, gli incentivi a salvare le attività artigianali, produttive e commerciali, piccole e medie, di quartieri in pericolo per l'epidemia; muoversi a piedi e in bicicletta, quartieri studiati per permettere ai bambini di andare a scuola a piedi, in sicurezza, l'ambulatorio e il centro civico a scala di quartiere; pedonalizzare piazze e strade, percorsi in sicurezza per pedoni e ciclisti a costi contenuti pianificando in modo multidisciplinare, riaccorpando norme e saperi, riducendo la frammentazione e la burocrazia amministrativa a scala locale che avrebbe dimostrato tutta l'inconsistenza operativa a fronte della crisi sanitaria; una città 'giusta', condivisa, sostenibile e responsabile socialmente."[16]

---

16 salviamoilpaesaggio.it; elledecor.com; urbanisticainformazioni.it.

Capitolo 1

1.8§ (La situazione economica e finanziaria)

Sfogliando i giornali di quel periodo, ricordavo, come fosse ieri, il "nodo" del futuro del mondo economico e finanziario a breve termine del mio Paese, per il quale, come risaputo, avendo accumulato nei trent'anni precedenti alla pandemia un debito che non eravamo stati capaci di ridurre neanche in un contesto mondiale di tassi di interesse negativi, visto dalla parte dei nostri creditori, alcuni giornali come il Washington Post avrebbe scritto di noi:

> "La pandemia avrebbe portato ad una forte riduzione del PIL, al collasso di settori come turismo e trasporto aereo, e ad una recessione a due cifre, sotto l'eloquente titolo: 'Se il Coronavirus dovesse portare un'altra crisi finanziaria potrebbe cominciare dall'Italia'; l'articolo del giornalista americano sarebbe iniziato proprio immaginando il fallimento di una grande banca italiana che si sarebbe trascinata dietro il sistema finanziario del nostro Paese con un aumento dello spread, una riduzione dei rating e un'impennata dei costi dell'indebitamento delle nuove emissioni del Tesoro e l'improvviso dissesto che avrebbe potuto contagiare i mercati ancora più velocemente del COVID-19."

Quello che sorprendeva nell'analisi dell'articolo era la valutazione sulla crisi nel nostro paese, dove all'inizio prevaleva un senso di solidarietà e poi si sarebbe passati a toni anti-italiani, così come per varie parti del mondo, dal blocco dell'ingresso in alcuni paesi, all'esclusione dei nostri connazionali come a New York.

La paura che l'Italia non sarebbe stata più in grado in un futuro non troppo lontano di ripagare i debiti vecchi e nuovi avrebbe fatto riemergere il vecchio fantasma del "default".

> "La crisi italiana avrebbe avuto un effetto domino anche per l'Europa che si sarebbe vista costretta ad un maxi salvataggio finanziario di oltre mille miliardi di euro; in altre parole, gli americani pensavano che l'Italia avrebbe rischiato di percorrere le strade umilianti dell'amministrazione controllata; qualcuno avrebbe detto che 'gli italiani non se lo sarebbero meritato', e anche se avevamo dato una lezione di serietà e disciplina con l'estensione della Zona Rossa a tutto il Paese, anche questo all'estero non sarebbe stato percepito così, negli Stati Uniti il 'caso Italia' verrebbe visto in senso peggiorativo, cioè come conferma che ci sarebbero stati ritardi, confusione e preparazione insufficiente del sistema sanitario, estendendo la crisi a livello nazionale ed esportarla all'estero.
> Tale giudizio non sarebbe cambiato molto a Bruxelles, e se la reazione europea non fosse

stata collettiva e condivisa, l'Italia sarebbe stato il Paese che avrebbe avuto meno strumenti per far fronte all'emergenza; 'la sospensione delle regole che stavamo invocando avrebbe permesso agli altri Paesi di gonfiare i loro salvagenti mentre noi avevamo poco fiato per soffiare nel nostro'; se l'Europa non avesse condiviso almeno sul piano finanziario lo sforzo per salvare le economie dagli effetti dell'epidemia, a cominciare dall'approvazione di un bilancio che fosse all'altezza dell'emergenza, l'Italia sarebbe stata quella che avrebbe pagato il prezzo maggiore per la sospensione delle regole europee."

Il CERVED sarebbe stata la società che da oltre quarant'anni avrebbe analizzato i bilanci di tutte le imprese italiane e avrebbe diffuso una prima ricerca con due possibili scenari.

"In quello meno pessimistico avrebbe rischiato di fallire il 10% delle imprese, un tasso doppio del normale, molto grave, ma avrebbe lasciato la speranza di una ripresa che sarebbe arrivata comunque nel 2021, l'altro sarebbe stato una catastrofe; il primo scenario prevedeva che l'emergenza sanitaria fosse finita a maggio 2020, e con inizio 2021 le imprese italiane avrebbero bruciato un giro d'affari di 275 miliardi di euro, rispetto alle previsioni anteriori allo scoppio epidemico; le cifre peggiori si sarebbero avute con un'emergenza che fosse durata fino a dicembre 2020 con completa chiusura delle frontiere dei mercati europei e ritorno alla normalità dopo altri sei mesi, nel biennio 2020-2021 si sarebbe registrata una perdita dei ricavi complessivi per circa 650 miliardi di euro, 470 nel 2020 e quasi 180 nel 2021."

Non sarebbero stati sufficienti in quel momento gli strumenti a disposizione a livello europeo per coprire i deficit prodotti dagli Stati per rispondere al COVID-19, "un prestito dal Mes non avrebbe giovato e neanche il prestito con un comune Corona-bond", fondi che, prima o poi, avrebbero dovuto essere ripagati e non facendo altro che aggravare il circolo vizioso del debito-deficit-aumento del debito, poiché i finanziamenti sarebbero stati prestiti.

"La sola cosa che avrebbe potuto fare una differenza sarebbe stata il prestare a se stessi in comune creando fondi per dare, e non prestare, ai governi; come un'assicurazione sulla calamità si sarebbe coperto l'aumento del deficit contratto spendendo per lottare contro il virus e la sua ricaduta economica di tutti i governi nazionali membri; la quota verrebbe calcolata in base alle previsioni sul reddito 2020 effettuate pre-Coronavirus, che significava che se il reddito dovesse scendere del 10%, il fondo avrebbe dovuto coprire circa 1200 miliardi di euro; negli Stati Uniti si stava preparando la 'più grande operazione anti-crisi della loro storia dopo il New Deal', stanziando 2000 miliardi di dollari per difendere tanto la domanda quanto l'offerta, dai disoccupati ai lavoratori stagionali e interinali, sino alle imprese e le banche, ed era stato possibile solo per l'indissolubile binomio tra stato imprenditore ed una banca centrale indipendente che mancava all'Europa; 'Gli ordini mondiali tendevano a cambiare gradualmente e poi all'improvviso' come nel 1956 col canale di Suez sarebbe iniziata la decadenza della potenza britannica e la fine del del potere globale del Regno Unito, col COVID-19 gli USA avrebbero dovuto riconoscere che se non si fossero dimostrati all'altezza della situazione, la pandemia avrebbe segnato un altro 'momento Suez' e in questo scenario sarebbero stati gli USA a perdere lo scettro con questo contesto; su Foreign Affairs si descriveva una depressione ai livelli di quella del '29, con perdite nei consumi fino a 3000 miliardi di dollari per l'arresto di gran parte delle attività commerciali e soprattutto il calo dei consumi, causa il social distancing, che avrebbe rallentato la produzione e quindi degli investimenti; perciò avrebbero invocato l'adozione del Defense Production Act, con il quale la presidenza avrebbe potuto sospendere le leggi anti-trust per far collaborare i grandi gruppi privati e pubblici di ricerca e produzione farmaceutica, per arrivare a sintetizzare il vaccino in modo più efficiente, senza essere rallentati dal regime di libera concorrenza; in seguito avrebbero coperto le perdite al 100% di tutte le attività che si erano fermate a causa del virus mantenendo i salari all'epoca pre-crisi; infatti, ciò che la crisi avrebbe colpito sarebbe stato in primo luogo l'economia reale, fatta di merci, prodotti e consumi, nonché componentistica per macchine ad alto tasso tecnologico, quindi le politiche monetarie non sarebbero bastate: per questo motivo, l'unica via sarebbe stata affrontare il problema del virus cooperando per far avanzare la ricerca e aumentare la produzione locale di tutto il necessario per affrontare la crisi sanitaria e l'investimento diretto pubblico il cui ritorno sarebbero state le tasse solo una volta ripresa l'economia."

In alcuni contesti la crisi sarebbe stata anche terreno fertile per il dilagare di comportamenti illeciti e facilitati dalla semplificazione e distensione dei controlli che spesso avrebbero accompagnato l'emergenza.
Spesso nel mondo si sarebbero avute condanne per reati commessi in situazioni di crisi generate da eventi naturali catastrofici come per l'uragano "Katrina" quando il sindaco di New Orleans sarebbe stato condannato a dieci anni di reclusione per corruzione negli appalti per la ricostruzione.

"Gli effetti criminogeni della crisi sanitaria, economica e sociale che attraversavamo erano già sotto la lente di ingrandimento di molte Procure italiane per turbative d'asta e manovre speculative su merci; le proporzioni globali del fenomeno non sarebbero sfuggite al Gruppo di Stati contro la corruzione (Groupe d'États contre la corruption, o GRECO) del Consiglio d'Europa, che avrebbe pubblicato linee guida per prevenire la corruzione durante la crisi sanitaria del COVID-19, dovuta a concentrazioni di potere, semplificazioni burocratiche e procedurali e ingenti somme di denaro immesse nel circuito economico per alleviarla; il rischio corruzione nel settore sanitario, pubblico o privato, avrebbe potuto riguardare il sistema di aggiudicazione degli appalti, i servizi legati al settore medico, la ricerca e sviluppo di nuovi prodotti e nuovi farmaci, e la commercializzazione di dispositivi medici per la protezione da COVID-19.
Così come era fondamentale accertarsi che il lavoro da remoto, sempre più largamente adottato nella fase della ripartenza, non avesse compromesso il rispetto delle procedure aziendali, come le necessarie verifiche su fornitori o le approvazioni aziendali; in questo modo si sarebbe assicurata piena operatività anche in remoto dei sistemi di 'whistleblowing' e indagini interne, in un momento storico eccezionale in cui le imprese si sarebbero confrontate non solo con le difficoltà della pandemia ma anche col rischio corruzione, queste avrebbero dato un contributo e proteggersi con più attenzione." [17]

---

17 lincontro.news; linkiesta.it; medium.com/@marioxmancini.

Forse non sarebbe stata solo la minaccia della sanzione che avrebbe spronato le imprese a farsi parte attiva nel contrasto alla corruzione, ma l'attenzione verso la collettività insieme a un maggiore senso civico che sarebbero diventati gli strumenti sociali per combattere il COVID-19 e un terreno fertile in cui impiantare valori di trasparenza e responsabilità.

"Se l'evento Coronavirus fosse stato percepito come un trauma da intere popolazioni avremmo dovuto ugualmente pensare che il lavoro che ci sarebbe stato tolto per decreto era già messo maluccio prima del Coronavirus, poiché nell'immediato, l'alternativa alla situazione sarebbe stata cedere a chi non vedeva l'ora di rispedirci tutti sul posto di lavoro, almeno quelli che il lavoro ancora ce l'avevano, non potevamo dunque farci illusioni: il capitale non si era mai commosso di fronte ai suoi 'effetti collaterali' (…). Se lo Stato fosse richiamato in causa nelle vesti dismesse di angelo custode di politiche economiche espansive si sarebbe trattato di una piccola pezza a fronte di un'emorragia dalle proporzioni bibliche, senza dimenticare che la funzione principale dello Stato moderno erano assecondare la competizione di mercato, non certo quella di promuovere cooperazioni internazionali o comunitarie, eppure, dicevamo che l'incepparsi della catena di montaggio del capitalismo avrebbe aperto un piccolo squarcio nella coltre ideologica che ci rendeva complici di un meccanismo divenuto tossico; non era attraverso la sottrazione a un determinato ordine di cose che il nuovo, anche solo come semplice intuizione di un futuro radicalmente diverso, poteva germogliare? Solo grazie a un trauma potevamo svegliarci dal sonno ideologico che rendeva le nostre vite appendici di un anonimo dispositivo plusvalore che distruggeva tutto e se stesso; il regime di libertà vigilata in cui eravamo costretti ci mostrava quanto passiva fosse in realtà la nostra febbrile partecipazione a un modello socio-economico lanciato speditamente verso il proprio collasso; in altre parole, il virus ci offriva l'immagine del nostro potenziale affrancamento dal dover godere e che era sempre un dover godere per conto del capitale; 'Le rivoluzioni non erano sempre la locomotiva della storia mondiale, ma lo era anche il freno d'emergenza del genere umano in viaggio su quel treno' (W. Benjamin)."

Qualcuno avrebbe detto che il COVID-19, accelerando la morte del capitalismo globale, ci avrebbe aperto gli occhi all'interno della sua "sterile dialettica" e che il virus che oggi ci paralizzava tutti avrebbe incarnato il "grado zero" della nostra condizione; "ci consegnava un oggetto raro nella nostra epoca, ovvero quel tempo in parte liberato dal conformismo che ci legava al nostro mondo, dovendo sottrarci agli 'aperitivi categorici' che regolavano le nostre vite, obbligati a fermarci e ad ascoltare il silenzio di un mondo che, almeno per ora, non ci apparteneva più."

"Se la preoccupazione principale della politica era quella di far ripartire la locomotiva produttiva globale, l'impasse di quel momento ci sollevava almeno dal dover partecipare a tutti i costi, anche per chi si fosse posto in maniera critica nei confronti del capitalismo e avrebbe potuto farlo in quei giorni così drammatici per non lasciarsi sfuggire l'opportunità di una riflessione a tutto campo; in questo senso, non si può dire che le reazioni da sinistra alla crisi da Coronavirus fossero mancate, potendole riassumere in quattro categorie: la risposta biopolitica, per cui il pericolo sarebbe la limitazione delle libertà personali attraverso l'esercizio dello stato di emergenza; la risposta anti-liberista, per cui il nemico sarebbe il capitalismo finanziario appoggiato da formazioni politiche che nel corso degli ultimi decenni avevano smantellato lo stato sociale, in particolare la sanità pubblica; la risposta apocalittica, per cui il virus non avrebbe fatto che accelerare la tendenza implosiva della globalizzazione, anticipando scenari sempre più cupi, e la risposta rivoluzionaria per cui la crisi aprirebbe la transizione al socialismo; per quanto vi fossero opinabili gradi di plausibilità in queste posizioni vi sarebbe una diretta correlazione tra lo stato straniante di sospensione ontologica in cui ci trovavamo e il cuore di un modo di produrre ormai ritenuto obsoleto; il virus ci starebbe rivelando i biechi proposti di regimi biopolitici per il controllo totalitario delle vite umane (…); il neoliberismo affermato negli ultimi 40 anni, e che tutto sommato funzionava, avrebbe subito una deviazione perversa dalla finanziarizzazione dell'economia, la risposta necessaria del capitale alla crisi di profitto che dagli anni '70 cominciò a minare le basi dell'economia reale rivelando il suo gioco: denaro che magicamente creava altro denaro; il capitalismo era la mediazione istituzionalizzata di denaro che comprava lavoro, lavoro che produceva valore per creare altro denaro che a sua volta comprava altro lavoro per produrre altro valore, in una spirale teoricamente infinita; questa dialettica veniva dissolta dai mercati finanziari bypassando il lavoro (…); il capitale sempre più sprovvisto del sostegno socio-simbolico dell'astrazione-lavoro sarebbe arrivato a coincidere con sé stesso, con la contraddizione interna evidenziata dalla deriva finanziaria nelle nostre società, non sarebbe affatto errato affermare, quindi, che attraverso il suo agghiacciante silenzio COVID-19 ci diceva la verità sul lavoro sottraendocelo in modo così brusco; il virus avrebbe portato alla luce la reale inconsistenza e l'astuto espediente speculativo su cui continuava ostinatamente a sostenersi il nostro mondo reale."[18]

---

18 ilrasoiodioccam-micromega.blogautore.espresso.repubblica.it.

Capitolo 1

1.9§ (I Big Data e il "Manifesto")

Mentre in Italia ed altri Paesi, ricordavo, morivano ogni giorno centinaia
di persone e i pazienti più anziani venivano staccati dai respiratori per
aiutare i più giovani, in Asia andava molto meglio facendo massiccio ricorso
alla sorveglianza digitale, almeno si sentiva dire; credevano, a buona ragione,
di trovare nei "Big Data" un enorme potenziale contro l'epidemia, e si sarebbe
potuto dire che in Asia le epidemie non venivano combattute solo da virologi o
epidemiologi ma anche e soprattutto da informatici ed analisti di dati.

"Un metodo integrato che l'Europa non aveva preso in considerazione, i Big Data,
salvava vite, avrebbero detto gli apologeti della sorveglianza digitale; in Asia la
coscienza critica per la sorveglianza digitale era inesistente e della protezione di dati
non si parlava, persino in paesi liberali come il Giappone o la Corea del Sud non si
opponevano alla raccolta dati delle autorità, la Cina aveva introdotto un sistema a
punteggio, impensabile per gli europei, che consentiva valutazioni dei cittadini, ognuno
in base al comportamento, nessun momento passava inosservato e si controllava ogni
clic acquisto, contatto e attività sui social; passare col rosso, frequentare persone
critiche verso il regime o postare commenti critici sui social faceva perdere punti e la
vita poteva diventare dura, comprare cibi sani via internet o leggere giornali di partito
faceva conquistare punti; con un punteggio congruo ottenevi visti di viaggio o mutui a
condizioni vantaggiose, chi precipitava a un certo livello rischiava di perdere il lavoro;
in Cina questa sorveglianza era possibile per lo scambio dati tra provider Internet,
servizi mobili e le autorità, in pratica non vi era alcuna protezione dei dati personali e il
concetto di privacy non era nel vocabolario dei cinesi; in Cina con 200mln di
videocamere di sorveglianza, a volte dotate di dispositivi di riconoscimento, era
impossibile sfuggire; queste videocamere animate dall'A.I. osservavano e valutavano
i cittadini nei luoghi pubblici, negozi, strade, stazioni e aeroporti; l'infrastruttura di
sorveglianza digitale si rivelava efficace nell'arginare l'epidemia, chi arrivava alla
stazione di Pechino veniva ripreso da una videocamera che misurava la temperatura
corporea e incrociando i dati in possesso con quanti più ne erano reperibili, in casi gravi
venivano informati via cellulare coloro che avevano condiviso il vagone con quella
persona, mentre sui social si parlava di droni impiegati nella sorveglianza della quarantena
e a chi usciva di nascosto veniva intimato di tornare in casa, una situazione distopica per
gli europei."

Questo forniva un quadro della situazione a quei tempi, mentre dalle mie parti
nessuno pensava o avrebbe ancora minimamente cercato di indagare se le
sensazioni che sentivamo dentro fossero state interiorizzate o metabolizzate in
ciascuno di noi, anzi, per qualcuno era come se non fosse mai accaduto nulla.

Solo alcuni particolari comportamenti, non episodi isolati, da parte di persone più sensibili ci dicevano che la "giostra" su cui giravamo vorticosamente si era arrestata per tutti all'improvviso e tutti avevamo accusato il contraccolpo, chi più, chi meno ed in maniera diversa uno dall'altro.

"Non vi era alcuna coscienza critica nei confronti della sorveglianza digitale o dei Big Data; la digitalizzazione era una sorta di ebbrezza collettiva e c'era un motivo culturale: in Asia dominava il collettivismo e mancava un individualismo spiccato; i Big Data erano in tutta evidenza più efficaci nella lotta al virus rispetto alla chiusura delle frontiere, ma in Europa per via della protezione dei dati personali un'analoga lotta al virus non era praticabile; i provider cinesi di servizi Internet condividevano i dati sensibili dei clienti con le autorità sanitarie e di sicurezza; sapevano quindi dove trovare chi incontravo, cosa facevo e dove andavo, e in futuro oltre la temperatura corporea, forse, sarebbero stati controllati anche peso e valori glicemici, una biopolitica digitale che sarebbe andata di pari passo con una psicopolitica digitale, influenzando emozioni e pensieri; a Wuhan si sarebbero formate molte squadre investigative digitali alla ricerca di potenziali contagiati sulla base di dati tecnologici e grazie ai Big Data avrebbero scoperto chi erano i potenziali infetti, chi continuare a osservare e chi andava messo in quarantena; in termini epidemiologici il futuro era nelle mani della digitalizzazione e non solo in Cina ma anche in altri Stati asiatici vi era un impiego massiccio della sorveglianza digitale per arginare l'epidemia; a Taiwan o in Corea del Sud lo Stato inviava a tutti i cittadini un sms per rintracciare contatti o informare circa i luoghi e gli edifici frequentati da persone infette e incrociava dati di diversa natura per rintracciare i contagiati sulla base degli spostamenti; in Corea chi si avvicina a un edificio in cui si era trattenuta una persona contagiata riceveva un avvertimento con una 'app' che registrava i luoghi visitati dagli infetti e non si faceva caso alla protezione della privacy, le videocamere erano installate in ogni piano, in ogni edificio, ufficio o negozio, ed era impossibile muoversi in pubblico senza essere ripresi; questo, con i dati del telefonino, consentiva la ricostruzione integrale degli spostamenti di una persona contagiata, dettagli che erano anche resi pubblici, con buona pace delle relazioni clandestine."

Personalmente, quando iniziarono i fatti del 2020 avevo avvertito una forte sensazione di impotenza e mancata rassegnazione al contempo, e nel momento della prima concessione di libertà, dopo il termine del "lockdown", la stessa sensazione non era rivolta al pericolo sanitario, piuttosto nei confronti della vita di tutti i giorni e il ritorno alla normalità che non ti rendevano mai sazio.

"Il panico nei confronti dell'epidemia di COVID-19 era smisurato e tutti parlavano di guerra e di nemico invisibile da sconfiggere, avevamo a che fare col ritorno di un nemico in un'epoca in cui la società organizzata in chiave immunologica era contraddistinta, come nella Guerra Fredda, da confini e steccati che non impedivano però la circolazione delle merci e del capitale; la globalizzazione abbatteva queste soglie immunologiche per spianare la strada al capitale e allora i pericoli non venivano dalla negatività del nemico, bensì dall'eccesso di positività che si esprimeva in sovraprestazione, sovrapproduzione e sovracomunicazione, con questa società che faceva guerra prima a se stessa; il virus irrompeva in una società indebolita dal capitalismo globale e come reazione allo spavento le soglie immunologiche venivano di nuovo alzate e chiudevano frontiere; il nemico era di nuovo tra noi, la guerra non la facevamo più con noi stessi ma con un nemico invisibile da fuori; il panico sconfinato dinanzi al virus era una reazione immunitaria 'sociale globale' a un nuovo nemico, una reazione immunitaria di rara intensità poiché avevamo vissuto molto a lungo in una società senza nemici, in una società della positività, e ora il virus veniva percepito come terrore permanente; c'era anche un ulteriore motivo per questo panico smodato e aveva di nuovo a che vedere con la digitalizzazione che smontava la realtà, e nell'epoca delle fake news o dei deep fake nasceva un'apatia nei confronti della realtà; il virus reale, quindi non informatico, scatenava uno shock e la realtà tornava a farsi sentire come virus ostile, e la reazione di panico violenta ed esagerata andava ricondotta a questo shock di realtà; il panico dinanzi al virus rispecchiava soprattutto la nostra società della sopravvivenza in cui tutte le energie venivano impiegate per allungare la vita e la preoccupazione per il viver bene cedeva il passo all'isteria della sopravvivenza, avversa al piacere; la reazione di panico di fronte al virus svelava questo fondamento esistenziale della nostra società e se la sopravvivenza era minacciata, ecco che avremmo sacrificato volontariamente tutto ciò che rendeva la vita degna di essere vissuta; ci piegavamo allo stato di eccezione senza opporre resistenza, la limitazione dei diritti fondamentali veniva accettata senza colpo ferire, l'intera società sarebbe stata messa in quarantena, per alcuni variante liberale del lager; il campo di lavoro si chiamava 'home office' era solo l'ideologia della salute e della sopravvivenza a distinguerlo; nel corso della pandemia virale la società della sopravvivenza mostrava un volto inumano, l'altro, soprattutto, era un potenziale portatore di virus da cui bisognava prendere le distanze." [19]

Percepivo e ricordavo che tutto questo covava in ciascuno di noi, non occorreva nemmeno tanta fantasia per immaginare che qualcuno avesse organizzato azioni di cui il web, censurato, parlava in continuazione; alcuni su come sfogare in una maniera non ben precisata la rabbia verso la presunta l'incostituzionalità di certe norme che ci erano state imposte e altri su come effettuare una rivendicazione, a sentir dire loro, dei propri diritti fondamentali soppressi con la quarantena, con un ritorno ad uno Stato che avesse priorità completamente differenti da quelle attuali, con l'uomo posto al centro di tutto il sistema politico, sociale ed economico; effettivamente lo shock sarebbe stato molto più forte di quello che io pensavo e che forse pensavamo tutti, infatti, quando ormai credevamo di esserci lasciati tutto alle spalle, d'un tratto, nelle piazze di tutto il mondo dalle metropoli ai paesini di campagna trovammo affissioni che mettevano in dubbio tutto o quasi degli ultimi accadimenti:

"A nostro modesto avviso, non esistono pandemie, guerre o altro che possano legittimare il pensiero unico, la verità di Stato né della medicina "ufficiale". Il diritto alla critica e al dissenso non può conoscere deroghe, sospensioni, limitazioni.

---

19 avvenire.it.

Anche per chi non condivide il pensiero anarchico, crediamo, ci sono limiti non valicabili che di questi tempi sono stati ampiamente superati.
Nella piena coscienza dell'eccezionalità della situazione, ma anche nel solco della nostra critica libertaria al potere, vogliamo continuare a rappresentare l'insopprimibile pulsione alla libertà individuale e sociale, con la consapevolezza che l'attuale pandemia è anche e soprattutto il frutto di scelte economiche, politiche e ambientali oppressive da parte dei poteri che oggi vogliono apparire i difensori della salute pubblica, dopo averla trascurata e spesso contrastata per decenni". [20]

Un manifesto che iniziava in questo modo e che faceva chiaramente intuire che mentre me ne stavo a casa a pensare a chissà cosa, qualcuno non era stato solo a pensare, ma aveva agito a livello internazionale creando un "Movimento" (così lo chiamavano i giornali) di protesta e proposta globale; dichiaravano che "non si sarebbero aggiunti al frastuono generalizzato, ma senza pretendere di essere depositari di verità su complotti e soluzioni immediate e miracolose per uscire dall'attuale situazione, avrebbero denunciato tutto ciò che non avesse funzionato nella 'tragica gestione del pianeta', dall'inquinamento alla crisi ecologica e al riscaldamento globale.

Non ultima la denuncia di gravi atti di ingiustizia delle politiche del lavoro, specialmente quando la controparte sarebbero stati i settori più poveri e indifesi di quel mondo, e ancora quello del non-lavoro: migranti, irregolari e precari di ogni tipo.

Per finire con la pandemia e la spaventosa accelerazione e messa in atto di tutte le tecniche e tecnologie di controllo individuale e sociale, con la scomparsa di qualsiasi concezione di 'privacy' e di diritto personale alla riservatezza. [21]

---

20 Editoriale di maggio 2020, arivista.org.
21 Ibidem.

Capitolo 1

1.10§ (Il "Movimento" e il nuovo sistema sociale)

Ripensandoci ora, che cercavo di ricordare scrivendo, nessuno avrebbe mai immaginato che il "Movimento", con le sue parole a tratti ragionevoli e condivisibili, seppur "rivoluzionarie", anche essendo la notizia del giorno dei notiziari di gran parte del mondo, avesse potuto cambiare così tanto i fatti futuri, infatti, a parte qualche sporadico proclama, da quel momento non ci fu altro. Nessuno seppe come effettivamente avvennero i fatti del 17 agosto 2020, forse, le buone intenzioni del Movimento erano state male interpretate, forse, qualcuno stava approfittando del Movimento per favorire i propri interessi, o, forse, poteva essere avvenuta una spaccatura interna di correnti, che avrebbero determinato venissero attuati differenti modi d'agire rispetto alla base. In ogni modo, ad un certo punto, nelle principali capitali europee e mondiali, iniziarono episodi di protesta civile con superamenti dei limiti di sicurezza imposti per legge, tanto che fu impossibile fermare il fenomeno se non in alcuni grandi centri dove i raduni erano concentrati e avrebbero potuto essere dispersi con la forza, mentre altrove furono spezzati persino i cordoni sanitari.

Sicuramente avrebbero avuto un loro ruolo anche i partecipanti a quella che fu chiamata la "guerra dei vaccini", alla quale avrebbero partecipato nazioni, potenze economiche e finanziarie, organizzazioni di diverso tipo e colossi farmaceutici, che sarebbero stati capaci di destabilizzare alcune fazioni interne al Movimento verso una deriva ideologica. [22]

---

[22] Oltre questo, in diversi blog cospirazionisti venivano rilanciati alcuni articoli presi da testate americane, presentati tutti come fonti autorevoli, facendo leva sulla leggerezza dei lettori in modo da giocare sulla idea suggestiva di un complotto mondiale, volto a costruire una emergenza sanitaria esistente solo nei media; in sostanza, secondo i complottisti, la stampa americana avrebbe fatto trapelare, dati alla mano, che il COVID-19 non sarebbe stato più pericoloso della comune influenza stagionale, la quale avrebbe causato molti più morti; chiamando in causa il New York Times e Washington Times, giocando sulla confusione dei nomi nei propri lettori di riferimento tra il secondo, nota fonte cospirazionista e il primo; vantando l'autorevolezza delle fonti senza ben distinguerle; gli autori di questi contenuti non avrebbero fornito una corretta informazione ai propri followers e avrebbero preso per oro colato le fonti del Washington Times non cogliendo la differenza tra tempi e contesti diversi, facendo un paragone del tutto campato per aria tra influenza stagionale e COVID-19 e dicendo che il SARS-CoV-2 da una certa data avrebbe ucciso 56.749 americani, sempre meno della stagione influenzale 2017-2018 nella quale sarebbero morti oltre 80.000 persone; quando si parlava di mortalità per influenza si sarebbero intesi decessi attribuiti alla malattia sulla base di modelli, non facendo il tampone a tutti quelli che sarebbero morti; quegli 80mila americani, infatti, non sarebbero tutti confermati, ma ritenuti attribuibili, senza contare che si sarebbe parlato di una stagione influenzale che sarebbe andata da novembre ad aprile; per il COVID-19 ci saremmo trovati invece di fronte ai decessi confermati con isolamento virale nell'arco di due mesi, una misura del tutto diversa.
(open.online/2020/05/08.)

"Come in passato negli USA, quando l'epidemia di spagnola si indeboliva e c'erano i 'no mask' e i 'no lock-down' che consideravano queste precauzioni 'mode' esclusivamente femminili, non volendo rinunciare alla loro virilità tra i cui segni distintivi vi era lo sputare e anche trascurare l'igiene, i negozi riaprirono, ma il virus tornò con una seconda ondata più virulenta della prima, durante l'improvvisa e caotica manifestazione degli attivisti del Movimento, dopo la pubblicazione d'intenti, nell'agosto 2020 vedemmo molte similitudini (a dimostrazione del fatto che per quanto si creda di dare una svolta originale ai fatti, la Storia ti precede e supera).

Le dinamiche tra le due pandemie erano molto simili e 'minimizzate', a volte, anche dalle istituzioni, e il modo e i motivi per cui manifestare erano identici in entrambi i casi, nonostante fosse trascorso oltre un secolo tra un'epidemia e l'altra: le manifestazioni 'no mask', ovvero tutte quelle proteste dei cittadini convinti che la mascherina fosse superflua e inutile, i 'gilet arancioni' a Milano contro l'uso delle mascherine, ma anche contro il lock-down, in nome di una difesa da presunti complotti globali non meglio identificati, come per il Movimento; oltre cento anni fa a San Francisco accadde la stessa cosa, quando l'Influenza spagnola colpì gli USA e il governo si vide costretto a mettere in atto misure affini a quelle applicate col COVID-19, nel 2020 in tutto il mondo. Molti cittadini che non accettarono quelle restrizioni delle proprie libertà, anche se involontariamente, causarono danni non indifferenti soprattutto a San Francisco dove un problema sanitario non catastrofico fu trasformato in tragedia proprio a causa delle proteste anti mascherine e anti lock-down; le accuse nei confronti del governo erano simili: i governanti vennero additati come violatori di diritti e libertà fondamentali dei cittadini; la fiducia nella scienza era poca, quella nelle istituzioni e nel governo era ancora meno; nel novembre 1918 la prima ondata della malattia iniziò a scemare e i commercianti chiesero di togliere ogni restrizione ottenendo quanto chiesto; l'Anti-Mask League iniziò dunque a manifestare in piazza con la convinzione che la mascherina, resa obbligatoria, fosse poco sana, le proteste puntavano inoltre sul fatto che la disoccupazione, aumentata a causa del ritorno dei soldati dalla Grande Guerra, era sicuramente un problema molto più concreto e pericoloso dell'epidemia, dopo poco tempo l'Influenza spagnola tornò a colpire; San Francisco fu travolta dall'epidemia che colpì questa volta 45.000 cittadini uccidendone circa 3.200." [23]

Tutto quello che temevamo, quel senso di insoddisfazione e di impotenza, trovò il suo sfogo, e così ciò che sapevamo essere un nostro "mostro interiore" si palesò in molti, quello che di nascosto temevamo di più divenne realtà mista a panico e follia generali.

La paura di un contagio globale e una eventuale mutazione del virus in una sua forma incontrollabile prevalse.

Nessuno ci tenne più informati su nuovi infetti, decessi o statistiche di vario tipo e non avremmo mai saputo cosa fosse e come avrebbero chiamato il nuovo ceppo di COVID-19 che sembrava, da notizie sporadiche, aver preso piede stabilmente fra noi.

Il mondo si accorse che qualcosa non andava quando i casi, che ormai erano in calo un po' ovunque, iniziarono ad aumentare vertiginosamente.

---

23   meteoweb.eu/2020/06/.

Il virus cominciò ad infierire maggiormente sugli anziani e colpì fortemente anche giovani in buono stato di salute.

Nel momento in cui si registrarono i primi casi anche sui bambini un tremito scosse il mondo.

Partiva anche dall'OMS, infatti, l'allerta su un'infiammazione multi-organo nei bambini, detta "sindrome infiammatoria multisistemica", che coinvolgeva più organi in bambini e adolescenti, e legata ai contagi di Coronavirus.

L'OMS avrebbe fornito questa prima definizione preliminare della malattia, dopo numerose segnalazioni arrivate da Europa e Stati Uniti, con diversi pazienti ricoverati nei reparti di malattia intensiva per una condizione con caratteristiche simili alla Malattia di Kawasaki; tutti si accorsero che, oltre a spegnersi vite innocenti, figli e nipoti, il futuro della nostra specie se ne stava andando con loro; la gente pretese che il fatto destasse preoccupazione in ogni Paese, ma smisero di continuare ad andare avanti seguendo ciecamente i provvedimenti tampone, divenuti tra l'altro anche contraddittori.

La ragione era che provenivano sia da una comunità scientifica completamente spiazzata, sia dalle esigenze economiche dei governi, tutti nella speranza di ritornare alla normalità sbandierando la scoperta di un imminente vaccino che in ogni caso non sarebbe arrivato, almeno al momento.

Al principio, la popolazione stessa cominciò col prendere iniziative: metodi radicali, drastici, quasi autoinflitti, e senza più ascoltare nessuno costituirono una "rete di solidarietà" tra tutti loro.

Isolandosi gli uni dagli altri, estesi gruppi di persone avrebbero stretto un patto, ognuno aiutandosi come poteva, riscrivendo le regole delle città che avrebbero ridisegnato quella che sarebbe stata la civiltà futura.

Molti gruppi, dunque, si allontanarono spontaneamente fino ai più estremi margini dei centri abitati, dalle periferie alle zone più desolate, fino alla campagna con terre e fattorie abbandonate, paesi diroccati, piccoli centri e frazioni lasciati a sé stessi, rinunciando a tutto quello che si era stati o si aveva avuto prima, tutto pur di salvare figli e nipoti.

Queste spontanee migrazioni, dettate soprattutto dalla paura del contagio per i più indifesi, lasciarono anche agli abitanti rimasti nei centri urbani più spazio per un loro maggior distanziamento, mantenendo sempre buoni rapporti con coloro che se ne andarono, in quanto fornitori di prodotti alimentari in cambio di indispensabili servizi che solo la città, ancora embrione della gestione di una futura società poteva offrire.

La popolazione aveva creato dall'inizio la "base" di questa nuova società, la cui forma di aggregazione assumeva, pian piano, vista dall'alto, la forma di doppio anello, quello esterno concentrico a quello interno urbano-periferico precedente, tra questi, inizialmente, una "terra di nessuno" in seguito riconvertita; da vecchio ormai, avrei descritto quel miracolo un sogno: "una ruota luminosa con raggi di luce che la congiungevano al suo perno centrale", ovvero i mezzi di trasporto dal centro alla periferia circolare; pensavo che all'inizio eravamo organizzati in semplici "staffette" con qualsiasi mezzo di trasporto per ogni tipo di bene: latte, alimentari e altri generi di conforto, il necessario per coltivare e allevare, oltre ad un efficiente sistema di corrispondenza, insieme ad Internet che costituiva il motore di tutto questo sistema. Specie nei centri maggiori ormai spopolati, e soprattutto nella periferia intermedia, all'inizio, era stato necessario ancora una volta il coprifuoco e ronde di sicurezza, che presto sarebbero terminati, tutti avrebbero capito che sarebbe stato meglio appartenere a quella debole rete sociale piuttosto che ostacolarla a proprio vantaggio nell'immediato, sapendo che sarebbe stata una salvezza in futuro.
Cosa avrebbero potuto rubare o accumulare da arricchirli, se non quel poco che avevamo di pane, latte o formaggio e che se fosse servito loro, anche avessero avuto dei figli, avrebbero potuto ottenere solamente chiedendo.
Tutto dipendeva da come ci saremmo rialzati dopo la caduta, aprendoci al cambiamento, facendo tesoro di pregresse esperienze, condividendo una profonda e radicale esperienza di dolore, non l'individualismo pre o post primo Coronavirus, ma una libertà scaturita dalla solidarietà, e quindi la manifestazione più alta di essa, quella solidarietà e libertà che avrebbero rappresentato l'elemento più straordinariamente positivo di questa vicenda.
Nei vari Paesi si misero in moto energie straordinarie perché tutti avrebbero capito che per debellare questo nemico invisibile e spietato si sarebbe dovuto lottare con altrettanta forza.
Il Coronavirus oltre ad aver contribuito alla solidarietà nelle città aveva dato anche un'identità sociale alle periferie, in genere marginalizzate e trascurate, identità che avrebbe fatto sua quella solidarietà e che poi si sarebbe estesa a tutto il sistema sociale.

"La pandemia coincideva con un passaggio storico destinato a trasformare le regole del nostro vivere comune e del nostro essere società, il COVID-19 ci aveva duramente colpito mettendo a dura prova le strutture ospedaliere, il personale medico e l'intera popolazione, presentando un conto altissimo in termini di vite umane; le realtà del terzo settore e del volontariato si erano trovate a fronteggiare un'emergenza che da sanitaria era divenuta ben presto anche sociale; per questo erano obbligati a ripensare

approcci e modelli di intervento in uno scenario socioeconomico che sapevamo già essere, in alcune zone, con ogni probabilità il più difficile dai tempi della Seconda guerra mondiale; era sembrato importante dare vita, con la collaborazione dei Centri di Servizio per il Volontariato (CSV), a una ricerca per comprendere ciò che era accaduto a organizzazioni ed enti di terzo settore, per capire quali idee iniziavano a circolare per una possibile ripartenza; in Lombardia il 70% delle organizzazioni era rimasto attivo: 1.062 enti, il 92% dei quali di tipo associativo, organizzazioni di volontariato (55%), seguite da associazioni di promozione sociale (27%) e altri tipi di associazioni, enti filantropici, cooperative, imprese sociali, società di muto soccorso, reti associative ed enti religiosi; il 50% aveva dichiarato di avere svolto attività attinenti l'emergenza, offrendo in prevalenza servizi di consegna di beni di prima necessità come cibo e farmaci, compagnia e vicinanza telefonica e telematica, educazione a distanza, ma anche raccolte fondi, trasporto sociale e volontariato sanitario; i destinatari principali delle azioni messe in atto coincidevano con le fasce più a rischio della popolazione rispetto alla minaccia del COVID-19: anziani seguiti da cittadini in quarantena e poi persone con disabilità e minori, azioni sia straordinarie che ordinarie, dato che il 45% dei soggetti rimasti attivi dichiarava di aver svolto sia attività tipiche, sia nuovi tipi di attività; il 48% delle organizzazioni aveva dovuto fermare le proprie attività, il 23% le aveva dimezzate, il 22% le aveva parzialmente ridotte e solo il 7% le aveva mantenute come prima dell'emergenza; uno dei tratti più salienti di questa nuova stagione del volontariato era sicuramente la collaborazione con i Comuni, con numerose forme di cooperazione avviate con associazioni 'no profit'; sarebbe stato necessario interrogarsi su questa esperienza e su come si sarebbero trasformati questi nuovi legami.
La risposta delle associazioni era stata immediata ma diversi erano stati i problemi, come il reperire personale, infatti, questo era storicamente composto da persone appartenenti a fasce anagrafiche a rischio, costrette a restare a casa; era dell'87% la percentuale di nuovi volontari in sostituzione di quelli ordinari, dato che restituiva anche la dimensione della mobilitazione della cittadinanza restando comunque due punti critici: la carenza di DPI e quella di risorse economiche; la solitudine era un pericoloso elemento di disgregazione da arginare, l'aumento della povertà e difficoltà nella gestione domestica e finanziaria; le organizzazioni immaginavano che dai CSV arrivasse supporto per re-immaginare la ripartenza come punti di riferimento per il futuro, la conferma del ruolo sociale e culturale dei centri di servizio come attivatori e facilitatori di progettualità dentro ai territori; sempre ai CSV si chiedevano approfondimenti delle normative e aiuto per la ricerca di volontari, supporto al 'fund raising' e attività di facilitazione di relazione con le pubbliche amministrazioni.
Una ripartenza era possibile attraverso processi culturali e di sistema che avessero favorito la collaborazione locale tra terzo settore e pubblica amministrazione, dialogo tra cittadini e mondi associativi, ritessere legami e collaborazioni dentro ai territori con ripensamenti anche radicali."[24]

---

24 csvlombardia.it.

Capitolo 2

2.1§ (Le nuove città e i fondi economico-finanziari)

Il nuovo sistema sociale agì contro quell'apparato parastatale o anche statale, che pur non ben distintamente, era inteso come reale capacità di influenzare la politica e l'economia a suo volere, e che sebbene avesse ricevuto un grosso colpo, era sempre in agguato benché leggermente indebolito, non esistevano più, infatti, istituzioni e individui nella catena di comando così accentrati e corrompibili. "Il potere" si trovava momentaneamente senza risorse, in quanto, terminati i fondi per l'emergenza, queste furono redistribuite in maniera così improvvisa a diversi "fortunati" eredi da risultare difficilmente rintracciabili, restando tutti separati secondo un rigido "social distancing" o meglio un imprevisto "urban distancing". Nessuno rimase preda di qualsiasi "establishment", dunque, grazie anche all'efficienza della nostra rete organizzativa solidale, un equilibrio di poteri dovuto alla buona volontà di tutti e all'impossibilità di prevalere gli uni sugli altri tramite un comprovato rapporto che si era instaurato fra territorio esterno e agglomerati urbani ridimensionati che dipendevano reciprocamente gli uni dagli altri, con un abbozzo di nuovo sistema amministrativo al quale ci saremmo rivolti sempre più ogni volta che eravamo in difficoltà, subentrando necessità sempre più complesse, con sessioni a scadenza fissa decisa democraticamente.

La società rivide le sue priorità e si rimodellò dal basso con un suo "carattere specifico" e come in tempi passati la gente ti conosceva come fossi un amico, figlio o nipote di qualcuno, così si cominciò a ri-conoscersi, senza necessità di quel tanto cercato individualismo e anonimato dei grandi palazzi di città di un tempo, senza perfidia o malizia, se non di poco conto, nessuno che giudicava e tutti che contribuivano, poiché non avevamo molto tempo e c'era ancora molto da fare. Sarebbero sempre esistiti brontoloni, burberi, scettici e teste calde, e pur abitando a margine di quella "rete umana", anche fisicamente, erano sempre disposti, tuttavia, a qualsiasi sacrificio per gli altri da quando avevano perso troppe cose e affetti per negarli agli altri; intendiamoci, non proprio tutto del vecchio mondo era scomparso, anche se in genere l'economia e il mercato era divenuti di sussistenza, nelle grandi città non tutto si era fermato.

Nuclei di gestione economico-finanziaria continuavano a muovere risorse.

Ricchezze indirizzate verso investimenti mai finanziati prima, almeno in tal modo, e provenienti da fondazioni, lasciti e proprietà ereditati da chi, purtroppo, giovani e vecchi erano precocemente scomparsi, ed ora passati in mano pubblica.

Investimenti soprattutto etici improntati alla salvaguardia dell'uomo e l'ambiente, mentre altri "nuclei gestionali cittadini", ciò che rimaneva di banche, borse valori, trasporti e logistica delle piccole e medie città continuavano a rimanere un punto di riferimento.

Se noi eravamo la capillare "rete umana" distribuita nel territorio, in questa improvvisa trasformazione e attribuzione di competenze, quel che restava delle nostre città era il centro direzionale, senza intermediazioni da parte di uno Stato centralizzato, per quello che riguardava le istituzioni e l'economia.

In genere quelli che furono consigli e governi locali rifletterono i duplici interessi e priorità di periferie e centro, con un consiglio comune eletto e rappresentanti per ciascuna parte con uguali poteri.

Per quanto riguardava i commerci, le città mantenevano rapporti multilaterali interni e tra città-stato vicine, in un sistema del tutto decentrato, facilitato dal fatto che per il momento tutto stava funzionando a minimo regime, vista la contenuta domanda di beni e servizi un po' ovunque, nell'attesa che la situazione fosse rientrata nell'ambito di una certa normalità; tra i primi gettiti che inaspettatamente i governi locali gestirono, nonostante fossero dovuti a quel drammatico calo di anziani e di lavoratori in fase di ritiro dall'occupazione, fu un sostanzioso surplus pensionistico, che redistribuito, contribuì a far ripartire il volano di economia e finanza, almeno all'inizio, vista la perdita di capacità contributiva successiva da parte dei giovani, per malattia e mancanza di occupazione stabile dovuta ad un ancora inefficiente mercato del lavoro.

Prima che tutto crollasse, sarebbero stati previsti mille miliardi di bit al secondo di traffico Internet, in un normale scenario, quando la nostra vita era scandita da termini come: quarantena, Fase 1 e Fase 2, poi ci accontentammo di molto meno, ma anche in seguito il traffico Internet rimase comunque altissimo, e nelle "zone franche" a normale economia, soprattutto centri di grandi città, anzi aumentò, rimanendo gli unici luoghi a offrire servizi di un certo tipo, e nonostante molte aziende del settore fossero state più che generose in contribuzioni a sfondo benefico, la tassazione per loro aumentò, come per aziende farmaceutiche e alcune aziende alimentari, come a livello locale per farmacie e grandi mercati.

D'altra parte, ci fu una equa e proporzionale distribuzione di risorse comuni verso i centri minori in base alle effettive necessità.

Con la scarsità di figli e la tendenza in atto di non averne, a differenza di come avvenne in passato, quasi a compensare le perdite dovute alle tante patologie a cui i figli erano soggetti un tempo e le scarse possibilità di curarsi, stavamo diventando comunità sempre più vecchie con pesanti ripercussioni sulla già compromessa spesa sanitaria; i bilanci sarebbero diventati insostenibili per le fragili economie delle nuove città-stato, specialmente laddove fossero rimasti piccoli aggregati con economie urbane prevalentemente agricole, e così l'"anello" esterno della città vicina più grande avrebbe inglobato quello della più piccola o sarebbe stati uniti da un raccordo, in modo da darsi reciprocamente più sicurezze e opportunità.

Furono anche alcuni introiti inaspettati a stupire tutti per i vantaggi portati: erano arrivate dopo grande attesa per i difficili avvenimenti, gli ultimi risarcimenti del Recovery Fund da centinaia di miliardi di euro, per l'emissione comune di Bond europei, scelta coraggiosa, ostacolata da Olanda e Austria, che ora erano solo storia.

"Avrebbero potuto contare su 750 miliardi di euro da distribuire ai Paesi membri, a cui si sarebbero aggiunti i fondi del bilancio Ue 2021-2027 pari a circa 1.100 miliardi di euro. I titoli "tripla A" usando il bilancio Ue come garanzia dell'emissione sarebbero stati a lunga scadenza prevedendo che il ripagamento della Commissione non sarebbe avvenuto prima del 2028 e dopo il 2058, in poche parole, a tutti gli effetti un comune indebitamento; i soldi ai Paesi membri sarebbero stati in larga parte contributi e il rimanente prestiti, e in merito a quanto sarebbe stato dato a ciascun Paese membro, la Commissione avrebbe previsto un meccanismo che avrebbe riconosciuto che la crisi da Coronavirus stava colpendo proporzionalmente molto di più i Paesi del sud della Ue. L'Italia sarebbe stato il primo Paese membro in termini di risorse allocate: oltre 81 miliardi di contributi a fondo perduto e 91 di prestiti, somme importanti che in assenza del Fondo, l'Italia avrebbe dovuto reperire sui mercati aumentando l'elevatissimo debito pubblico; riguardo agli obiettivi da perseguire, la Commissione avrebbe identificato tre pilastri: supporto agli investimenti e alle riforme realizzate dagli Stati membri per rilanciare la crescita; incentivo agli investimenti privati e ad aziende in difficoltà nei paesi colpiti maggiormente; prevenzione di epidemie e acquisto di medicine e strumenti medicali. Questa proposta sarebbe stata valutata includendo anche le altre iniziative dell'Ue dall'inizio della crisi: dagli acquisti 'straordinari' della Bce dei titoli di stato, ai crediti del 'Fondo salva-stati', dal Sure sull'occupazione, ai prestiti alle imprese della Bei."[25]

Le Chiese, le confessioni e tutte le tradizioni religiose, modificando le loro priorità, posticipando impegni e prelevando da fondi per la salvaguardia del loro patrimonio artistico-architettonico, liberarono ancor più mezzi e disponibilità dando contributi fondamentali, pur essendo stati sempre presenti per i bisognosi e i più deboli.

---

25 it.businessinsider.com/.

Nonostante la latitanza degli Stati Uniti in termini di leadership internazionale, le città, le imprese e le organizzazioni filantropiche stavano facendo un passo avanti.

"La Cina si era trasformata da nemico pubblico in eroe grazie alla sua risposta alle successive ondate di COVID-19, in parte condividendo con i Paesi colpiti il proprio soft power, sotto forma di medici e apparecchiature; ricercatori sudcoreani, cinesi, taiwanesi, italiani, francesi, spagnoli e di Singapore stavano attivamente pubblicando e mettendo in condivisione le proprie esperienze, oltre a velocizzare gli studi sui farmaci che avrebbero potuto essere efficaci; alcune delle iniziative più interessanti prese finora avevano un carattere non governativo, per esempio, reti cittadine come la US Conference of Mayors e la National League of Cities stavano condividendo in tempi rapidi una serie di buone norme da seguire per evitare la diffusione della patologia infettiva, il che avrebbe dovuto portare a un miglioramento della risposta a livello locale; la Bill and Melinda Gates Foundation donò 100 milioni di dollari affinché le strutture sanitarie locali in Africa e Asia Meridionale potessero accrescere la propria capacità; organizzazioni come il Wellcome Trust, Skoll, le Open Society Foundations, la UN Foundation e Google.org stavano ampliando le proprie attività di supporto; una coalizione creativa di Paesi volenterosi, in partnership con quelli del G20, avrebbe dovuto compiere urgentemente una serie di passi per ripristinare la fiducia non solo di quello che era rimasto dei mercati, ma anche delle ormai quasi impotenti istituzioni globali; l'Unione Europea, la Cina e altri avrebbero dovuto farsi avanti e coordinare un'azione di risposta globale, costringendo gli Stati Uniti a partecipare a varie iniziative, accelerando fra l'altro i 'trial' dei vaccini e garantendo che quando lo si sarebbe trovato, questo sarebbe stato distribuito gratuitamente; i governi di tutto il mondo avrebbero dovuto anche prendere straordinarie misure per realizzare enormi investimenti sulla salute, l'igiene e l'introduzione di un reddito universale, alla fine avremmo superato questa crisi, ma troppe persone sarebbero morte, l'economia sarebbe stata segnata da profonde cicatrici e la minaccia di altre pandemie avrebbe continuato a incombere; la priorità a quel punto non sarebbe stata solo la ripresa, ma anche la creazione di un solido meccanismo multilaterale per garantire che non sarebbe scoppiata mai una pandemia simile a quella o addirittura peggiore." [26]

---

26 businessinsider.com.

Capitolo 2

2.2§ (L'agricoltura delle città)

> "Non potevamo erigere mura sufficientemente alte per proteggerci e se ci fossimo
> ostinati a costruirle avrebbero finito per impedire l'afflusso di tecnologie, persone,
> capitali e soprattutto idee e disponibilità a cooperare di cui avevamo bisogno per queste
> sfide, il cambiamento climatico, la resistenza ad antibiotici e decisioni globali.
> Il mondo dopo il Coronavirus non sarebbe potuto più essere, comunque, lo stesso."

Avremmo continuato a lungo così, finché non ci sarebbe stato un vaccino, anzi, sarebbe stato difficile abbandonare questo nuovo modo di aggregazione sociale, anche se avesse funzionato la cura; G. Lichfield[27] avrebbe avvisato sul MIT Technology Review che sarebbero potuti passare anche un paio d'anni prima che si fosse arrivati ad ottenerlo.

E mentre gli economisti si chiedevano che cosa sarebbe successo in questi due anni ulteriori prima del vaccino, alcuni scienziati escogitavano soluzioni temporanee con la mentalità di chi ancora sperava sarebbe tornato tutto alla normalità, senza mettere il naso fuori dai laboratori e vedere che, proprio fuori, tutto era già cambiato.

> "L'Imperial College di Londra immaginava che la soluzione meno complessa sarebbe
> stata quella di adottare regimi di isolamento alterni a seconda del numero di ricoverati
> settimanali per il nuovo COVID-19, tenendo una soglia critica, oltre i quali si sarebbe
> dovuto imporre il regime di emergenza in social distancing per circa 2/3 del tempo."

A pensarci bene era il sistema che avremmo involontariamente adottato quando molti di noi si spinsero impauriti lontano dai centri abitati che rimasero con popolazioni inferiori alla metà, bastava pensare infatti che nelle megalopoli cinesi con 30mln di abitanti, quasi 1/3 erano concentrati nei quartieri del centro.

Secondo gli scienziati avremmo dovuto adottare dei bizzarri compromessi che ci avrebbero permesso di mantenere una qualche sembianza di vita sociale, i cinema avrebbero dimezzato i posti a sedere, appuntamenti e riunioni si sarebbero tenuti in stanze più grandi con sedie distanti l'una dall'altra, altri luoghi avrebbero preteso prenotazioni in largo anticipo al fine di non creare affollamenti al loro interno, per convivere con una latenza persistente; "Il virus non avrebbe potuto sostituire la ragione", eppure, l'avrebbe fatto, ma avremmo posto rimedio.

---

27 Redattore capo del MIT Technology Review.

Non sarebbe stato proprio possibile, inoltre, che in Occidente avremmo finito per beccarci anche lo stato di polizia digitale su modello cinese, come avrebbe sostenuto Naomi Klein[28], infatti, "lo shock è un momento propizio per il consolidamento di un nuovo sistema di potere".

"Il virus non avrebbe sconfitto il capitalismo, la rivoluzione virale non avrebbe avuto luogo, nessun virus potrebbe fare una rivoluzione, il virus ci isolava.
Non avrebbe prodotto nemmeno un forte senso di comunità perché ognuno sarebbe preoccupato per la propria sopravvivenza; la solidarietà di prendere le distanze gli uni dagli altri non era solidarietà; non potevamo lasciare la rivoluzione al virus.
Sarebbe toccato a noi esseri umani dotati di buonsenso ripensare e limitare drasticamente il capitalismo distruttivo e anche la nostra devastante mobilità senza confini, per salvare noi stessi, il clima e il nostro bellissimo pianeta."

Furono invece le periferie ad essere "limitate", anzi vennero abbandonate, a maggior ragione quelle da sempre marginalizzate dalle amministrazioni, e a dire il vero si espansero con e similmente agli anelli abitativi extra-urbani di cui parlavo prima, allontanandosi dalla periferia originaria, espandendosi proprio come le onde create dai sassi nell'acqua; le città avrebbero iniziato a stabilire con quelle vicine territorialmente delle catene di approvvigionamento in una nuova "globalizzazione regionale" locale, emancipando la nostra esistenza da forme eccessive di consumo che ci obbligavano a regole produttive non sostenibili, un'occasione inedita per immaginare un futuro più solidale oltre la logica del profitto esasperato.

"Questo avrebbe assunto l'aspetto di valore mancante della nostra 'nuova esistenza' iniziando a progettare intorno a essa un nuovo legame sociale e risposte univoche per offrire soluzioni; avremmo ricominciato a vivere organizzando la vita secondo etica e democrazia, ponendo come loro termini la felicità e la bellezza, estensioni del vivere nella ragnatela del 'villaggio globale' reale."

L'agricoltura civica funzionava e batteva il Coronavirus nel confronto col modello intensivo offrendo ottime garanzie sanitarie e ambientali. L'approccio "alternativo" risolveva molti limiti delle coltivazioni industriali ed era più resiliente nelle crisi.

"Una buona agricoltura multifunzionale che si basava su legami di prossimità, solidarietà e sostenibilità era lontana dal modello intensivo, industrializzato e standardizzato prediletto dalla grande distribuzione organizzata; l'agricoltura civica comprendeva cooperative agricole, soggetti dell'agricoltura sociale e esperienze di CSA. Un modello che univa chi produceva e chi consumava, agricoltura 'bio' che promuoveva l'equo compenso, comunità di agricoltori supportate dai cittadini, altra

---

28 (1970-vivente) giornalista, scrittrice e attivista canadese.

forma di sostegno biunivoco tra chi coltivava e chi consumava, un fenomeno di rilievo internazionale, soci lavoratori e fruitori partecipavano alle attività in campo e fuori, prefinanziando le produzioni garantendo un approvvigionamento a lungo termine e vere imprese agricole di comunità, che vendevano i loro prodotti anche a chi socio non era; erano un pilastro anche i gruppi di acquisto solidale e le reti che li alimentavano, anche insieme alle associazioni fondiarie che consentivano a gruppi di cittadini di acquisire 'in prestito' dai proprietari micro-appezzamenti e terreni agricoli incolti o abbandonati, lavorarli e ripristinarli nel rispetto di obblighi paesaggistici, col vantaggio non secondario di prevenire i rischi idrogeologici e gli incendi; di fronte al rischio contagio, i territori della piccola agricoltura tradizionale e talvolta marginali, si comportavano bene con 'questa distanza forzata che stava avvicinando le persone'. L'economia solidale, con la pandemia, rafforzava il suo adattamento nella relazione con l'utenza, e rifornendosi localmente e direttamente dai produttori garantiva un minore passaggio di mani della merce, confortando sul piano della salute; questo pensiero, superando i limiti consueti delle solite comunità, spinse tutti all'etica e a puntare su produzione e distribuzione di prossimità dei beni alimentari; un numero maggiore di persone iniziava a riconoscere il vantaggio di un sistema che promuoveva da sempre 'biologico', rispettoso di clima, paesaggio e legalità nei rapporti di lavoro; un sistema che univa contadini e consumatori in una forma di sostegno sempre più reciproco, producendo impatti economici di rilievo sul territorio. Economia solidale, sviluppo sostenibile, cooperative e agricoltura sociale con attività di welfare, come l'inserimento lavorativo di soggetti svantaggiati, assistenza e cura delle persone, servizi educativi, erano mondi ricchi di professionalità e di peso economico e occupazionale che in quella fase si dimostrarono forti, come già dopo il crollo del 2008; associando agricoltura e servizi socio-educativi, con centinaia di persone in cassa integrazione e realtà economiche dell'agricoltura sociale, si reinventano e reggevano, con 4700 cooperative agricole solo in Italia che registravano 35 miliardi di euro di fatturato; l'economia solidale era basata sulla valorizzazione delle relazioni tra i soggetti, un'equa ripartizione delle risorse, il rispetto e la tutela dell'ambiente, il perseguimento di finalità sociali, sull'esempio di reti straniere in Francia, Spagna, Stati Uniti, nazioni dell'Europa centro-settentrionale e Sud America, già nel 2002 una rete di economia solidale, la scrittura della 'Carta per la Rete Italiana di Economia Solidale', perfino le Nazioni Unite si sarebbero proposte di riconoscere e valorizzare il ruolo dell'economia sociale e solidale nel raggiungimento degli obiettivi dello sviluppo sostenibile con migliaia di persone nel mondo che la praticavano. 'The international network for community supported agriculture' nasceva da gruppi di individui che contadini non erano e che decisero di prodursi il cibo che mangiavano, mettersi a coltivare o stringere un accordo con agricoltori veri, partnership innovative tra cittadini, consumatori, attivisti e attori politici in stretto rapporto con le aree urbane, specie quelle di media-piccola dimensione, dove l'elemento delle relazioni individuali e del passaparola risultava fondamentale; negli USA si facevano analisi del fenomeno ad alto livello, anche in Italia la CSA cominciavano a farsi largo." [29]

Io stesso, con la mia famiglia, trovammo impiego in un'azienda in periferia.

---

29   avvenire.it; valori.it; economiasolidale.net; rainews.it; repubblica.it.

Non avrei mai immaginato che gli studi fatti in passato fossero tornati utili,
come per altre cose che costituivano la mia formazione di base, le Scienze agrarie
infatti, all'inizio nemmeno troppo "approfondite" da parte mia, risultarono
indispensabili in quel nuovo inizio di vita, anche se fino ad allora avevo svolto
compiti totalmente diversi nella società di un tempo che stava velocemente e
radicalmente cambiando.

Capitolo 2

2.3§ (Un nuovo inizio)

Era avvenuto tutto, curiosamente, quasi come nel tempo della narrazione di uno di quei film che avevo sempre amato, dove dalla normalità si passava al moderato timore, e dal timore all'emergenza fino al panico.
La pellicola naturalmente era sempre di quel genere catastrofico-apocalittico, quello, cioè, di cui dicevo all'inizio, a cui eravamo stati vaccinati mentalmente e anche il motivo per cui tutti facevamo battute di spirito all'inizio, come se quello che ci accadeva allora continuasse ad essere solo una normale coincidenza.
C'era stata, però, anche quella svolta politica globale dalle cui ceneri sarebbe sorto un nuovo corso, come fosse stato tutto veramente un brutto sogno, poco
dopo, all'improvviso, sembrò di trovarsi ai tempi della pre-emergenza, quando a Napoli, ad esempio, ma anche altrove, potevi trovare un paniere nei vicoli dei quartieri con la scritta "chi non ha, prenda, chi ha, metta", nel senso puramente solidale del gesto, perché proprio in quei momenti ritornammo a non avere particolari focolai d'infezione e troppe difficoltà nel reperire cibo e scorte.
Di sicuro non avremmo trovato le licenze degli esercizi commerciali ancora in regola, si stava provvedendo ancora a soluzioni temporanee per le tasse e i prestiti a lunghissimo termine, ma sia in città che in periferia potevamo ancora sentire i profumi e il vociare della gente nei mercati, riforniti di vari prodotti, sufficienti quasi per tutti, provenienti da terre e bio-coltivazioni alla periferia, da artigiani e commercianti di media-alta tecnologia, da laboratori e aziende del settore che avevano ripreso a funzionare ma spesso, purtroppo, lontane da noi.
Forse il capitalismo sarebbe rinato, ma per ora mostrava la sua faccia bonaria da mercato rionale.
Come quel capitalismo non sarebbe morto, non lo sarebbe stato nemmeno quel movimento di protesta che in fondo era stato causa di tutto questo, e che per certi aspetti non tutti si sarebbero sentiti di incolpare, forse anche alla luce dei fatti venuti a galla: il test OMS e il suo insabbiamento, e successivamente la lotta oltremodo scorretta per la supremazia geopolitica con la "guerra" dei vaccini.
Questi avvenimenti, opera di Stati e superpotenze sulle spalle e alle spalle della popolazione, non facevano del Movimento, o parte di esso, che un burattino nelle loro mani.

Tutto sommato, però, la gente era quasi serena, ma anche pensare che tutto questo
era avvenuto per un insieme di concause, con un prezzo da pagare troppo elevato in
vite umane, per i fatti che avrebbero portato ad una "quasi rivoluzione" con i suoi
veri martiri, immolati più che in uno scontro fisico in una sprovveduta ed
inopportuna azione di protesta collettiva, era duro da dimenticare.
Il settore alimentare era quello più ampio e importante, cosa che forse sarebbe
potuta accadere in un qualsiasi momento della storia passata quando ci fosse
stato un periodo di rinascita economica, d'altra parte, invece, i servizi ed altri tipi
di merce come computer e tecnologia, per i quali c'era un sottomercato dell'usato
o della riparazione piuttosto sviluppato, era tuttavia sofferente perché i pezzi di
ricambio, per non parlare di esemplari nuovi, scarseggiavano, tanto sarebbe stato
lungo il tempo necessario affinché pervenissero.
Potevate capire, quindi, come ci fosse stata una forte domanda di tecnologia a
fronte di quella alimentare e di come per il commercio dipendessimo dalla
tecnologia stessa, viste le distanze che purtroppo la cautela ci imponeva.
Parlare, scambiare, o fare affari con una persona dall'altra parte del "ring"
cittadino, oppure oltre, non era come farlo con il vicino di casa.
Il centro città offriva soluzioni a tutto, ma logicamente gli scambi erano sempre
meno vantaggiosi e i prezzi più alti, nessuno si lamentava più per questo, era come
andare a fare acquisti nelle lussuose vie del centro di una volta, ma per risparmiare
occorreva arrangiarsi.
Erano questi i problemi che ci affliggevano in quel momento storico, e nelle
assemblee cittadine venivano continuamente messi all'ordine del giorno ma mai
risolti, come per quanto riguardava i trasporti, specie quelli circolari, importanti per
l'estensione del territorio periferico cittadino, e che richiedevano ormai, oltre ai
grandi investimenti per la lunghezza del percorso, quelli per la sua velocizzazione,
senza la quale i tempi di percorrenza sarebbero stati troppo lunghi.
Inoltre c'era il problema della bonifica della periferia intermedia tra centro e anello
esterno, una immensa "no man's land" che, se trascurata, avrebbe potuto costituire
un pericolo per la salute e l'igiene dell'intera città-stato, per non parlare delle
persone che avrebbe potuto ospitare e delle quali spesso non si conosceva
nulla.
Anche questo problema costituiva una spesa enorme, un'area con interi quartieri
da abbattere, palazzi da riqualificare, spazi di verde pubblico a perdita d'occhio,
così sarebbe dovuta essere e come tutti avremmo voluto vederla.

Il parlamento della nostra città-stato, come di altre più grandi, era propenso ad effettuare investimenti su quest'ultimo progetto, sia per l'impatto che avrebbe avuto sulla popolazione, sia perché le "lobby" del centro ne avrebbero tratto vantaggio; di certo anche alla periferia sarebbe piaciuto si realizzasse quell'opera, ma visto che di verde ne avevano fin troppo, era sopratutto dei trasporti radiali, da e per il centro, che non si poteva fare più a meno, mancando mezzi di trasporto ancora ben funzionanti e carburante, e per il momento non la si considerava come una priorità.

Si decise allora che i diversi progetti e lavori, stanziati i fondi, sarebbero stati eseguiti contemporaneamente, accantonando risorse per la costruzione, anch'essa necessaria, delle connessioni dei percorsi circolari periferici ad alta velocità in accordo con le città-stato limitrofe, che avrebbero avuto gli stessi problemi.

Necessariamente, con i "ring" limitrofi ci sarebbero state delle stazioni di scambio nei punti più vicini di contatto o intersezione, che avrebbero favorito la circolazione di persone e merci, e sarebbero stati per tutti l'evoluzione dell'idea di trasporto che avrebbe comportato sviluppi inimmaginabili, aldilà di ogni aspettativa.

Come in tutto ciò che comportava grandi cambiamenti, poteva accadere che la prospettiva attraesse alcuni in maniera fatale e da altri venisse disprezzata.

Al livello politico le forze pro e contro si equiparavano, avevamo le lobbies dei vari centri urbani che non erano poi alla fin fine totalmente contrarie al progetto di trasporto circolare e, solo una volta che questo avesse cominciato a prendere forma, molte di loro avrebbero realizzato che sarebbe stato anche a loro beneficio.

C'era da tener conto, infatti, che il centro-città, anche se in maniera "trasparente", teneva ancora le redini delle nostre finanze, e materialmente custodivano i "server" informatici dove erano memorizzati tutti i nostri documenti, dati e proprietà, e di conseguenza aveva i giusti contatti con persone che avrebbero potuto anche semplicemente "orientare" la politica verso una scelta piuttosto che l'altra.

Inoltre, c'era la componente costituita dai resti del Movimento, che con un suo volto e legittimata all'interno, con la sua fazione più progressista, vedeva di buon occhio il progetto di trasporto e gli accordi come un bene per tutti, mentre quella più radicale sospettava il coinvolgimento di alcuni poteri e il fatto che si fosse trattato di un grande raggiro a spese della periferia e dei suoi abitanti.

All'inizio sembrava quasi impossibile solo immaginare di concepire la portata dell'investimento, per la nostra debole potenza economica in quel momento e in particolar modo per la tecnologia necessaria da applicare per il compimento del progetto.

Ci vennero incontro grandi città anche di altre nazioni, che con le loro capitali e i sobborghi grandi quanto le nostre piccole città-stato avevano, per prime, interesse a portare a compimento quell'idea, essendo noi anche importati snodi di traffico intermedio per loro; le grandi città e le capitali europee, per quel che ci riguardava, funzionarono da collettori di finanziamenti dalle città interessate al progetto per acquisire "know-how" e brevetti da società tedesche, francesi, e giapponesi per cantieri di costruzione di treni a levitazione magnetica, il cui costo sarebbe stato proibitivo per ciascuno, nella particolare condizione economica in cui eravamo tutti. Si ottennero in cambio, comprese nel prezzo, prestazioni d'opera di imprese specializzate nella riqualificazione di zone urbane, risolvendo quindi il problema delle "zone intermedie".

Per la realizzazione dei progetti di trasporto, nell'atto comune europeo d'appalto su base d'asta, sarebbe stata accolta l'offerta della società UNIMODAL, che avrebbe proposto un sistema basato su sospensioni INDUCTRACK, il sistema sarebbe stato in grado di raggiungere i 160 km/h e reputato compatibile con le esigenze richieste, oltre che per il rapporto costi-benefici, anche in quanto sarebbe stato visto pure nel nostro caso "a misura di città".

La società si sarebbe incaricata anche delle strutture dei tunnel di percorrenza dei treni e delle stazioni di raccordo passeggeri-merci.

A quel punto anche i centri-città sarebbero subentrati con un loro contributo per la realizzazione di strutture simili che sarebbero andate dalla periferia al centro in un sistema a "raggiera".

Capitolo 2

2.4§ (Il vaccino)

Una delle ragioni per cui la struttura delle città-stato continuò ad essere considerata per tutti la difesa migliore contro la pandemia di quel momento e contro quelle eventuali a venire sarebbe stato il fatto che nessuno, da molto ormai, avrebbe più parlato di un nuovo vaccino, anche per la difficoltà, almeno nei termini di possibilità che fosse stato trovato a breve-medio termine.

Ormai, anche la comunità scientifica, di fronte al nuovo nemico e continuando nonostante tutto la ricerca, avrebbe pensato che un "piano B" di convivenza col virus attraverso quel distanziamento permanente fosse, per il momento, la miglior cosa da fare; per questo il vaccino fu più considerato al pari delle altre principali priorità, e ovunque nel mondo si pensava in termini più pratici a come incentivare il commercio e il trasporto; tutto era molto diverso dalla situazione della prima ondata, quando a quei tempi tutto il mondo scientifico, i governi e le aziende farmaceutiche erano impegnati a trovare al più presto un possibile vaccino efficace contro il virus con investimenti miliardari, fino a quando l'investimento nella ricerca sulle varianti successive, già con le seconde, non sarebbe riuscita a ripagarsi delle spese sostenute, figurarsi poi, quando avremmo dovuto fronteggiare un nemico quasi completamente nuovo, e si sarebbe dovuto ricominciare praticamente da capo.

"Anche per motivi economici veniva dato grande risalto alle sperimentazioni in corso, su ogni piccolo passo in avanti per trovare un modo per immunizzare il mondo da Sars-Cov2; le sperimentazioni in corso erano 101, molti esperti prendevano seriamente in considerazione la possibilità che la soluzione sarebbe potuta non arrivare o più probabilmente sarebbe arrivata ma non rapida come ci si sarebbe aspettati; diversamente da Hiv e malaria non avrebbe dovuto subire grandi mutazioni e questo faceva sperare gli scienziati; A. Fauci, l'immunologo della task-force USA aveva parlato parlato di 18 mesi, altri scienziati erano più cauti, per i sistemi biologici molto dipendeva da come avrebbe reagito l'organismo; nel processo produttivo la parte più difficile era dimostrare che il vaccino funzionasse e che fosse sicuro, senza il rischio di inoculare qualcosa che causava effetti collaterali peggiori della malattia stessa. Le tecniche per produrre vaccini sarebbero state varie e con tempi differenti. Un anno e mezzo sarebbe stata comunque un'impresa mai raggiunta prima. S. Abrignani, immunologo e ordinario di Patologia Statale di Milano, diceva che normalmente ci sarebbero voluti dai cinque ai dieci anni, con una media di otto per arrivare in farmacia con un vaccino, e sarebbe stato difficile averne uno prima di due anni se si voleva essere certi che fosse stato sicuro e avesse indotto una risposta immunitaria protettiva duratura; nel 1984 con l'HIV, l'allora segretario alla salute USA Heckler, aveva previsto un vaccino per i test entro due anni, 32 milioni di morti dopo, il mondo sarebbe stato ancora ad aspettare; per fortuna COVID-19 non era l'HIV, nel 2015 avevamo il primo vaccino contro Dengue, malattia che uccideva circa 400 mila persone all'anno, ma nel 2017 fu sospeso perché peggiorava i sintomi della patologia, contro la varicella c'erano voluti 28 anni, per il papilloma 15; finora non era mai stato testato un vaccino contro un Coronavirus e i test della Sars erano stati abbandonati durante gli studi perché la malattia sarebbe scomparsa, una 'sfortuna', visto che avrebbero condiviso l'80% del patrimonio genetico del COVID-19, legandosi nello stesso modo a un recettore specifico dei polmoni, anche se questo spiegava come mai gli scienziati avevano sviluppato così rapidamente le fasi dei test avendo un piccolo vantaggio."

Se il vaccino per il virus non fosse stato trovato subito, come infatti accadde, sarebbe stato probabile che non avendoci resi più "forti", anche numericamente, le nuove ondate ci avrebbe fatto compagnia per molti anni ancora e avremmo dovuto convivere con una malattia più aggressiva e che non si sarebbe potuta più eliminare. Anche l'HIV grazie agli antivirali era diventata una malattia cronica, e non era più una condanna a morte come negli anni '80, anche col nuovo COVID-19 gli scienziati stavano lavorando per trovare cure con vecchi e nuovi farmaci, ma gli studi erano ancora da approfondire e in molti casi si lavorava con evidenze empiriche sul campo.

"R. van Exan, biologo cellulare, prevedeva non ci sarebbe stata l'approvazione del vaccino prima del 2021-2022 ed era una previsione ottimista; i ricercatori eseguivano rigorosi controlli prima di iniettare vaccini sperimentali: nella Fase 1 testando su alcune dozzine di persone; alcune centinaia in fase 2 e migliaia in fase 3; in genere sarebbero passati mesi tra una fase e l'altra per rivedere tutti i risultati prima di passare a una fase successiva e per ottenere un risultato entro 18 mesi avrebbero dovuto bruciare le tappe; se un vaccino risultava efficace, gli Enti sanitari avrebbero acconsentito ad un utilizzo in 'emergenza', trovato un vaccino funzionante le aziende avrebbero dovuto produrre milioni, forse miliardi di dosi, in aggiunta agli altri vaccini che venivano prodotti ogni anno, come morbillo, parotite e influenza; le aziende normalmente costruivano nuove strutture su misura per ogni vaccino, e in genere ci volevano circa cinque anni per costruirle secondo rigide linee guida; anche solo mettere il vaccino nelle fiale richiedeva tempo, per riempirle con precisione erano necessarie macchine sofisticate, e ogni fiala montata su una linea ad alta velocità veniva ispezionata, una volta pronte dovevano essere immagazzinate, spedite e vendute a temperatura controllata; la produzione era la fase con i tempi più lunghi; una speranza nella corsa contro il tempo arrivava da un nuovo tipo di vaccino Messenger RNA (Mrna) che invece di iniettare antigeni specifici della malattia per produrre anticorpi davano al corpo istruzioni per creare gli antigeni stessi iniettando un gene sintetico nelle cellule; questo sistema faceva saltare dei lunghi passaggi e rendeva più facile e veloce la produzione; il problema era che a quel momento non era mai stato approvato alcun vaccino a mRNA, ma la società farmaceutica "Moderna", allora, sarebbe entrata nella Fase 2 con questo tipo di vaccino; il 15 maggio 2020 il presidente USA, Donald Trump, aveva presentato un piano per arrivare alla realizzazione di un vaccino entro la fine dell'anno, 'Operation Warp Speed'; la Casa Bianca aveva fissato come obiettivo quello di avere 100 milioni di dosi di vaccino entro l'autunno, ambizione che non godeva di nessun sostegno

Si stava studiando ancora l'utilizzo del Remdesivir, il farmaco anti-Ebola,
trattamenti con il plasma sanguigno, l'uso dell'idrossiclorochina e clorochina,
utili nelle fasi iniziali della malattia.
Convivere con il virus avrebbe voluto dire anche rivoluzionare la propria vita,
probabilmente, mettere sempre la mascherina non sarebbe stato tanto insolito e,
altrettanto probabilmente, un colpo di tosse avrebbe potuto essere stato visto anche
come una minaccia.

accelerate, non era così per l'approvazione, una procedura che poteva durare anche un anno, la storia insegnava che bisogna andare cauti, negli anni '50 in poche ore fu approvato un vaccino antipolio prodotto male, i pazienti contrassero la poliomielite e morirono molti bambini; meno del 10% degli studi clinici sono stati approvati dalla Food and Drug Administration americana, il resto falliva: non erano efficaci, oppure non erano migliori di farmaci esistenti o avevano troppi effetti collaterali."

Un vaccino per la pandemia di Coronavirus sarebbe forse arrivato, forse sì, forse no; il forse sì "derivava dall'osservazione che negli studi sugli animali il COVID-19 stimolava forti risposte immunitarie da sembrare in grado di mettere fuori combattimento il virus e recuperare chi si ammalava, in gran parte dovuto proprio alla sua forte ed efficace risposta immunitaria"; il forse no derivava "dall'evidenza altrettanto forte, almeno con i precedenti virus Sars e Mers, che l'immunità naturale a questi virus era di breve durata, in effetti, alcuni animali potevano essere reinfettati esattamente con lo stesso ceppo che aveva causato la precedente infezione".

"A fine aprile 2020, T. A. Ghebreyesus (direttore generale dell'OMS), U. von der Leyen (presidente Commissione europea), E. Macron (presidente della Francia) e M. Gates, (co-presidente della Fondazione Bill e Melinda Gates), avevano presentato ACT Accelerator, un'iniziativa globale per accelerare lo sviluppo di test, farmaci e un possibile vaccino contro il COVID-19 e assicurarsi che tutto il mondo avesse avuto accesso a queste cure; per farlo, avrebbe attinto anche alle competenze e a infrastrutture già messe in atto dalle organizzazioni no-profit che operavano in tutto il mondo, tra cui Gavi, la Vaccine Alliance, la Federazione internazionale delle società della Croce Rossa e della Mezzaluna Rossa e Unitaid; il progetto avrebbe raccolto più di 8 miliardi di dollari e avrebbe coinvolto, a quel momento, Italia, Spagna, Germania, Regno Unito, Finlandia, Costa Rica, Sudafrica, Ruanda, Arabia Saudita e Malaysia, ma non gli Stati Uniti che avevano recentemente sospeso il loro finanziamento all'OMS, accusata di non aver lanciato in tempo l'allarme del contagio tra uomo e uomo, di essere Cino-centrica, di non aver bloccato in tempo i viaggi da e verso l'Asia e di non aver ascoltato gli avvertimenti di Taiwan; anche la Cina era impegnata in uno sforzo individuale, durante la 73esima assemblea dell'OMS, comunque, il presidente Xi Jinping aveva affermato che se Pechino avesse trovato un vaccino contro il COVID-19 ne avrebbe fatto un bene pubblico mondiale; una scommessa sul futuro in un contesto geopolitico teso con le accuse del governo USA nei confronti della Cina sull'origine del Coronavirus e la gestione dell'epidemia; i vaccini e le cure per COVID-19 al di là del valore commerciale avrebbero avuto un grande significato strategico economico-industriale in una lotta globale in cui i produttori avrebbero venduto solo ai migliori offerenti e alle nazioni in cui si fossero trovate le aziende produttrici, accumulando vaccini per i propri cittadini e acquirenti; invece avremmo avuto bisogno di molti vaccini diversi per arrivare a quello più efficace, e solo uno sforzo comune avrebbe potuto portare a questo. Un buon vaccino avrebbe potuto non conferire immunità a lungo termine, il che significava che il virus non sarebbe stato sconfitto da nessuna parte finché non sarebbe stato sconfitto ovunque; a rendere tutto più complicato ci sarebbe stato poi il distanziamento sociale in cui i ricercatori si stavano trovando a lavorare; il Graham's

Vaccine Research Center nel Maryland stava lavorando con il 10% del personale e paradossalmente se la pandemia avesse dovuto attenuarsi sarebbero mancate persone su cui testare in grande quantità il vaccino e ci sarebbero stati ulteriori rallentamenti, e/o in alternativa si sarebbe ricorsi allo Human Challenge, attraverso persone che davano il consenso per partecipare alle sperimentazioni facendosi infettare intenzionalmente dal virus dopo essere state vaccinate salvando milioni di persone ma con problemi etici a non finire, infine, potevano esserci dei rallentamenti per la mancata collaborazione internazionale; finora il vaccino completamente nuovo autorizzato dalla FDA e immesso nel mercato nel minor tempo possibile era stato quello per gli orecchioni nel 1967: ci vollero 4 anni per autorizzare la campagna di vaccinazione, un arco di tempo decisamente alto perché le economie avessero potuto reggere periodi tali di distanziamento sociale." [30]

---

30   corriere.it; lescienze.it; marionegri.it; osservatoriomalattierare.it.

Capitolo 2

2.5§ (La "guerra dei vaccini")

Era impresso nell'atto fondativo dell'OMS che "il godimento delle migliori
condizioni di salute fisica e mentale è uno dei diritti fondamentali di ogni essere
umano, senza distinzione di razza, religione, opinione politica, condizione
economica o sociale", e come era stato allora recentemente ribadito dalla
stessa organizzazione (fact sheet n.31, "The right to health"), includeva per tutti
ed in modo equo "il diritto alla prevenzione, al trattamento e al controllo delle
malattie".

Dal punto di vista economico erano state impresse più di recente nella mente
degli analisti le parole del presidente della Fed, J. Powell, dicendo che "era
esclusa una ripresa dell'economia nel breve periodo", sottointendendo almeno
finché non ci fosse stato un vaccino; in un'intervista alla CBS, Powell aveva
stimato, comunque, un rimbalzo economico nella seconda metà del 2020 e che la
crisi che avrebbero affrontato gli Stati Uniti non sarebbe stata paragonabile a quella
della Grande Depressione degli anni '30, negando infine di voler applicare tassi di
interesse negativi per sostenere l'economia americana e invitando la politica e il
Congresso a impegnarsi per tirare fuori il Paese dalla crisi che era costata finora
almeno 20 milioni di posti di lavoro (per i quali nonostante avesse trovato tutti
i capri espiatori possibili, in molti dicevano che l'unico responsabile rimaneva
sempre e solo l'operato di Trump).

Non era una buona situazione per nessuno.

In una conferenza dalla Casa Bianca, Trump avrebbe definito l'OMS un
burattino di Pechino e con un taglio avrebbe ridotto i contributi all'OMS di
almeno 40 milioni di dollari; dietro a quell'atteggiamento di sfida e di accusa
che come tutti avremmo saputo poi, falso ed esagerato, si celava quella
volontà da parte dell'amministrazione americana di cogliere la palla a balzo per
ottenere il primato mondiale, prima nel campo dell'industria farmacologica, poi
in quello industriale ed economico in generale; avrebbero potuto scegliere a chi
e quando somministrare il vaccino e pianificare a tavolino un nuovo sviluppo
economico che avrebbe permesso agli USA di riprendersi il ruolo di
superpotenza mondiale egemone da anni strappato via loro dalla Cina.

In effetti, Trump nel periodo post-Coronavirus aveva agito in tutti i modi affinché la vittoria nella "corsa al vaccino" fosse stata sua, come se avesse giocato a tombola comprando a suon di milioni di dollari e in nome della sicurezza nazionale, aziende e brevetti come fossero le cartelle disponibili per giocare, come quanto accaduto alla tedesca CureVac, con l'offerta di spostare la ricerca negli Stati Uniti e l'acquisto in esclusiva del brevetto del vaccino in fase di sviluppo ad uso e consumo della sola popolazione americana.

Hudson, il CEO della Sanofi, la terza azienda al mondo per capacità produttiva di vaccini, in un'intervista a Bloomberg News avrebbe detto che il governo degli Stati Uniti aveva il diritto al maggiore pre-ordine perché avrebbe investito assumendosi i rischi, riferendosi all'accordo raggiunto tra Trump e l'azienda, ma il presidente francese E. Macron avrebbe richiesto un incontro chiarificatore con Sanofi valendosi dei forti legami tra la Francia e l'azienda, e ovviamente Hudson avrebbe in parte riveduto e precisato le sue dichiarazioni.

La Sanofi non era l'unica azienda farmaceutica con la quale il governo americano avrebbe fatto accordi di natura economica: oltre alla Moderna Therapeutics, avrebbe uno stretto legame con il NIH che avrebbe ricevuto un investimento di 450 milioni di dollari; dall'altra parte del mondo, invece, Sinovac, la CanSino Biological Inc. in collaborazione con il Beijing Institute of Biotechnology, il Wuhan Institute of Biological Products in collaborazione con Sinopharm, l'Institute of Medical Biology e la Chinese Academy of Medical Sciences.

Il 21/05/2020 il senatore americano R. Scott avrebbe depositato un disegno di legge per la protezione della ricerca nazionale sul vaccino anti-COVID19 da atti di furto o di sabotaggio che fossero venuti dalla Cina, dichiarandosi disposti a tutto per difenderlo; l'iniziativa legislativa faceva seguito a segnalazioni da parte di agenzie di sicurezza inglesi e americane, FBI e CISA, in merito ad azioni di cyber-spionaggio e a tentativi di hackeraggio cinese delle industrie farmaceutiche, enti di ricerca, università, agenzie sanitarie e governi locali.

Era un atteggiamento che si poteva anche capire, dopo il brusco voltafaccia di Trump nei confronti dei cinesi all'indomani del fallito test nel Sudest asiatico, che vennero messi tra l'altro anche in cattiva luce e obbligati a partire in svantaggio nella corsa al vaccino; la Cina non poteva che comportarsi così anche perché sapeva benissimo che se ci fosse stato qualcuno che avrebbe subito le conseguenze di quella competizione, i primi sarebbero stati sicuramente loro.

A questo punto le parole del presidente cinese Xi Jinping, forse solo di propaganda umanitaria che contrasterebbero in maniera efficace con le dichiarazioni degli Stati Uniti, potrebbero far parte del gioco, mettendo in cattiva luce gli USA, per contrattaccare con tutto quello che si aveva a disposizione, compreso lo spionaggio industriale per recuperare lo svantaggio iniziale. Sarebbero nati in seguito alla scoperta di un vaccino, anche non definitivo, fenomeni di nazionalismo, protezionismo esasperato e accaparramento di dosi, proprio per l'impossibilità di avere un'immunità permanente; saremmo arrivati ad assistere a tutti quei tipi di comportamenti, con tutte le possibili sfumature, non certo da far onore al genere umano, che la peggior sete di profitto ci avrebbe fatto compiere, oltre al "prima noi e poi gli altri", all'interno del stesso Paese vincitore della corsa al vaccino ci sarebbe stata una selezione tra chi poteva permettersi dei prezzi troppo alti per l'acquisto della terapia e chi no, in barba alla priorità dettata dalla maggiore esposizione al virus di anziani e pazienti con altre patologie; sarebbe avvenuto così, e chiunque non fosse stato convinto che lo scenario appena descritto si sarebbe presentato, oltre che per noi, i nostri figli e così via, in fondo non avrebbe tenuto conto che avremmo avuto sempre gli stessi difetti della nostra ascendenza, vivendo in un sistema economico ancora così radicato in noi, inoltre, sarebbero stati altri tempi, difficili e imprevedibili, senza la possibilità di poter imparare dagli errori.

"La 'guerra dei vaccini' era una metafora che si addiceva anche a quello che si sarebbe dovuto assicurare ai Paesi più poveri, ai vaccini dei quali avevano bisogno combattendo per i prezzi proibitivi aumentati di 68 volte secondo Médecins Sans Frontières (MSF), come il vaccino HPV o quello contro la polmonite, per logiche di mercato e la mancanza di ricerca e sviluppo di vaccini adattati alle patologie dei Paesi poveri. Secondo l'Oms ogni anno i vaccini evitavano la morte di 2-3 milioni di persone e un altro milione e mezzo si sarebbero potute salvare se i programmi di immunizzazione fossero stati estesi o rafforzati ovunque; l'importanza dei programmi vaccinali sarebbe ampiamente documentata, igiene, acqua pulita e nutrizione sarebbero insufficienti a fermare la diffusione delle malattie infettive, se l'immunizzazione non fosse mantenuta a un livello ottimale, la prevenzione si arresterebbe e l'infezione sarebbe tornata, occorreva battersi per l'accesso ai vaccini a favore di tutte quelle popolazioni che non avrebbero potuto permetterselo; per il vaccino contro la polmonite, prima causa di morte in molti Paesi poveri, dal 2009 MSF avrebbe negoziato per una riduzione del prezzo, solo nel 2016 le aziende avrebbero proposto un prezzo umanitario per le ONG mai avuto prima, ma si sarebbero trovati a pagare dosi di un prodotto per vaccinare bambini rifugiati in Grecia a 60 euro, un costo 20 volte superiore ai minimi del mercato globale. La recente riduzione dei prezzi delle aziende non sarebbe sufficiente perché escluderebbe proprio i governi dei Paesi interessati e perciò MSF avrebbe lanciato una campagna sugli investitori delle case farmaceutiche per far conoscere meglio il loro mercato e la speculazione finanziaria."

Il fatto che il vaccino non desse un'immunità duratura non era considerato affatto un difetto, anzi, avrebbe permesso che quello stato di cose permanesse. Nel caso anche l'altra superpotenza fosse giunta ad un risultato dopo diverso tempo e con parecchio svantaggio accumulato, in termini economici e commerciali, in quanto privata ormai di validi partner economici, a quel punto sarebbe potuto iniziare un regime di concorrenza e una spartizione del mondo.

"Altre scelte sarebbero state dettate da interessi economici piuttosto che da reali motivazioni mediche, come nel caso del virus della SARS che non sarebbe stato debellato, la malattia esisterebbe ancora, non sarebbe diventata un 'semplice raffreddore' come avevamo sentito, ma semplicemente non sarebbe stato più conveniente investire risorse finanziarie per trovare un vaccino, un puro calcolo economico: i vaccini costano e richiedono tempo, e se la malattia non si fosse più diffusa sarebbe stato impensabile non recuperare il denaro speso, cosa che invece avrebbe fatto comodo se volessimo vedere la somiglianza tra SARS e Coronavirus. In media, solo per la fase di sperimentazione umana, il costo sarebbe di 25mila dollari a volontario, e ne sarebbero serviti decine di migliaia perché si fossero ottenuti dei risultati validi; questo avrebbe significato 250 milioni di dollari che andrebbe moltiplicato per 10, il numero minimo di vaccini sperimentati contemporaneamente. Se a questi avessimo sommato i costi della ricerca e dei processi di produzione si sarebbe potuto facilmente arrivare a 10 miliardi di dollari per un singolo tipo di vaccino; soldi che avrebbero dovuto essere recuperati in qualche modo: stato di necessità, bilancio economico, curva epidemica, erano questi i tre principi che regolavano la 'guerra dei vaccini' che sarebbe nata subito dopo la diffusione del contagio su scala mondiale; non lo 'spirito di Ippocrate', la necessità era data appunto dall'impatto della malattia sul tessuto economico, nel 2020 questi tre principi furono soddisfatti allo stesso tempo e fu anche per questo che la battaglia per un vaccino si fece sempre più serrata: chi prima ne fosse uscito, prima avrebbe potuto 'ripartire' senza limitazioni e magari senza la spada di Damocle del possibile ritorno del contagio; tanti soldi sul piatto significavano maggior competizione per un mercato che potenzialmente avrebbe potuto essere globale e avere anche le caratteristiche di un monopolio; una guerra senza esclusione di colpi: gli Stati Uniti tra i migliori candidati per vincerla avevano impiegato ogni mezzo possibile essendo troppo importante il prestigio e la serietà della questione internazionale e geopolitica che opponeva Washington a Pechino. All'appello non poteva mancare la Russia che stava facendo la sua parte per cercare di assicurarsi la vittoria: il Rospotrebnadzor, il Servizio Federale Russo per la Salute e i Diritti dei Consumatori, aveva comunicato i primi successi dal centro di ricerca statale di virologia e biotecnologia Vector; forse a vincere sarebbe stato l'Israele che aveva annunciato l'isolamento di un anticorpo specifico per primi al mondo; se tutto fosse andato bene quello che ci avrebbe immunizzato da Sars-CoV-2 sarebbe stato il vaccino sviluppato più velocemente nella storia ma se la sorte di questa malattia dovesse essere la stessa di quella della SARS, questa guerra sarebbe finita molto probabilmente in un armistizio generale in cui i laboratori di ricerca biologica 'avrebbero deposto le armi' e smantellato il loro 'apparato bellico' che non avrebbe più senso di esistere in quanto si reggeva anche sul principio di diffusione epidemica, facendo perdere non solo le risorse 'sprecate' finora, ma soprattutto rischiare di buttare al vento la sicurezza sanitaria dell'intera umanità; se quest'ultima avesse avuto il coraggio di ribellarsi avrebbe

dovuto farlo contro i propri governi e combattere un nemico potente, senza scrupoli, e
cioè l'industria farmaceutica e i suoi investitori; si trattava di dirimere una questione: se i
prodotti venuti dalla corsa al vaccino sarebbero stati blindati da logiche privatistiche del
monopolio brevettuale secondo il commercio internazionale o sarebbero stati invece
trattati come beni comuni."

Solo quando finalmente sarebbe stato sperimentato con successo un vaccino definitivo, forse, le cose sarebbero tornate normali, sempre che non fosse passato così tanto tempo da non avere più chiaro il concetto di normalità, oppure sarebbe avvenuto un evento casuale, preoccupante certo, ma che avrebbe però cambiato le carte in tavola, e avvenne proprio questo, con lo stesso nemico contro cui combattere ma con metodi diversi, che avrebbe portato a una nuova società con etica e principi dominanti completamente diversi.

"Per i leader mondiali e le aziende farmaceutiche il COVID19 era il business che
capitava una volta nella vita, come diceva G. Posner in 'Pharma: Greed, Lies and the
Poisoning of America', l'Unione europea avrebbe dovuto impegnarsi in una risoluzione
per la cooperazione globale e l'accesso equo ai prodotti che sarebbero stati scoperti
contro il COVID-19; il testo avrebbe evitato di fare riferimento ai brevetti farmaceutici e
al prezzo dei farmaci e suggerire ai governi il ricorso alle flessibilità dell'accordo
TRIPS sulla proprietà intellettuale, come percorso positivo e legittimo di deroga al
brevetto in cambio del pagamento di royalties; i governi intanto alle prese con i contagi,
i lockdown e le crisi economiche non sarebbero restati del tutto immobili, il Costarica
propose la creazione di un archivio per condividere la conoscenza scientifica con l'egida
dell'OMS, includendo i diritti esistenti e futuri dei brevetti, per invenzioni e disegni, dati
dei test e processi regolatori, know-how e copyrights per la produzione di test
diagnostici, dispositivi medicali, farmaci e vaccini, velocizzando la scoperta dei rimedi
contro COVID-19; l'accesso alle conoscenze avrebbe dovuto essere gratuito e sulla base
di 'licenze ragionevoli ed economicamente compatibili per ogni paese membro'; l'idea
era sostenuta anche dal Cile; il direttore del CEPI, R. Wilder, aveva bollato la proposta
del Costarica come inefficace e non necessaria prima di occuparsi di vaccini, Wilder
era a capo dell'ufficio sulla proprietà intellettuale a Microsoft, e la fortuna di Bill Gates
poggiava sui brevetti, ma questo non avrebbe intaccato certo l'assodata filantropia e
ampiezza di vedute della Fondazione Gates; il presidente Bolsonaro proseguiva nella
sua fase negazionista curandosi con idroxiclorochina e al parlamento a Brasilia erano
stati depositati disegni di legge per chiedere l'applicazione della licenza obbligatoria per
uso governativo e impedire l'abuso di posizione dominante sui dispositivi medici e
prodotti contro il COVID-19, dal canto loro, Ecuador e Canada si erano attivati per
semplificare le procedure di ricorso alle licenze obbligatorie, un'iniziativa simile era
giunta in porto in Australia con un emendamento alla norma nazionale sui brevetti e in
Germania con l'autorizzazione di usi speciali di licenze obbligatorie associate alla
prevenzione e al controllo di malattie infettive negli umani."

Sarebbe stata veramente l'opportunità per chi avesse avuto la diabolica e perversa idea di sacrificare in nome di un progetto d'ingegneria sociale parti intere di certe classi magari meno produttive o improduttive.

Forse per un improbabile quanto spiacevole inceppo nella linea di produzione del farmaco sarebbero morti in molti e poi sarebbe stata la volta di alleati commerciali che per ricatto avrebbero stipulato accordi in esclusiva, e per l'effetto indotto dalla catena dei margini di profitto, o semplicemente perché si sarebbe trattato di Paesi più poveri, avrebbero applicato gli stessi principi di selezione per chi doveva vivere o morire, il problema non si poneva nel terzo e quarto mondo, dove vivere rimaneva, come sempre, questione di fortuna.

"La ricerca titolata 'COVID-19: What to watch in vaccines' avrebbe sostenuto che il primo milione di dosi di vaccino sarebbero potute già arrivare entro l'autunno 2020 e che le dosi sarebbero state oltre 1 miliardo nel 2021; secondo i calcoli dell'analista M. Harrison la posta in gioco, per chi arrivava all'obiettivo, in effetti, era altissima, secondo lo studio della Morgan Stanley, infatti, il mercato dei vaccini anti COVID-19 avrebbe dovuto generare un giro d'affari tra i 10 e i 30 miliardi nella stagione pandemica del 2020-22, i vaccini sarebbero dovuti costare circa 30 dollari negli Usa e un prezzo di poco inferiore in Europa, secondo le banche d'affari il giro di denaro, invece, nella fase endemica avrebbe dovuto attestarsi tra i 2 e i 25 miliardi di dollari annui; dal Ministero della Salute italiano avrebbero detto di non aver fatto accordi preventivi perché avrebbero voluto che il vaccino fosse un diritto di tutti rischiando di rimanere indietro; nonostante gli elogi alla sanità pubblica e le dichiarazioni di maniera dei vari capi di Stato sulla necessità di un fronte comune contro COVID-19 i governi stavano giocando una vera guerra e mentre i Paesi sgomitavano per essere i primi a prenotare le prime dosi in fase di sperimentazione l'Italia rischiava di arrivare impreparata al momento 'clou' e di dover fare i conti con cifre d'acquisto elevatissime; il governo italiano non sembrava avere un piano B, ci si trovava ancora alle prese con i dispositivi di protezione individuale e il problema vaccini era ancora lontano; nessuna mossa nei confronti dell'azienda Irbm di Pomezia che insieme all'Università di Oxford avrebbe già firmato un accordo di prelazione con Londra nel quale si stabiliva che il Regno Unito sarebbe stato il primo Paese ad avere avere accesso al potenziale vaccino ChAdOx1 nCoV-19." [31]

---

31 open.online; startmag.it; ilfoglio.it; cbsn.ws/2TfWGDi @CBSNews Fed Chair Powell: The US won't have negative interest rates; tgcom24.mediaset.it; sbilanciamoci.info; it.insideover.com; webcache.googleusercontent.com: aifo.it.

Capitolo 2

2.6§ (L'utopia e l'ideale)

Quando un nemico fosse diventato onnipresente, intoccabile, all'apparenza
eterno e sempre in agguato, la sfida sarebbe stata totale come tra bene e male,
molto più di una resa dei conti che la storia ci poneva di fronte in uno dei suoi
tanti appuntamenti cruciali, e anche se di recente, a quei tempi il mondo aveva avuto
a che fare con un nemico per certi aspetti simile, in quanto era stato impossibile
far guerra a un invisibile terrorismo fondamentalista se non usando quasi alla
cieca le sue stesse armi, anche di fronte al virus occorreva cambiare tattica.
Senza il momentaneo aiuto della scienza che all'inizio sembrava aver fallito e
che solo col tempo avrebbe ricominciato a soccorrerci, molti di noi sarebbero
scappati lontano e distanti fra loro, l'unica cosa che avessimo potuto fare in quei
frangenti non potendo riuscire a combattere, a meno che non avessimo voluto
vivere in uno stato di perenne angoscia.
Le città-stato divenivano sempre più forti fino a sgretolare lentamente il potere
degli Stati nazionali che non avrebbero fatto altro che proporci sistemi di
controllo della pandemia sul modello cinese, o peggio ancora più totalitari, sempre
per il nostro bene e quello degli altri; sarebbe stato un futuro sicuramente basato
sull'inganno e l'ingerenza nella sfera personale, falso e ingiusto, visti i
presupposti dello scandalo nell'insabbiamento del virus-test e la speculazione
che ci sarebbe stata sulle cure di cui tutti avremmo dovuto beneficiare.
Avevamo scelto una strada senza sapere dove ci avrebbe portati, ma sicuramente
migliore di quella che ci avrebbe condotti se ci fossimo lasciati passivamente
guidare; le nuove città, complice anche un'improvvisa nuova disponibilità di spazio,
di territori e proprietà, avevano un carattere solidale e di accoglienza, e c'era la
possibilità di potersi fermare ovunque e per chiunque, partecipare e condividere
mantenendo rispetto e giuste distanze, o continuare nel proprio cammino attraverso
corridoi naturali o meccanizzati tra i nuovi agglomerati senza confini né frontiere.

"Con la scusa della lotta al virus, il premier ungherese Orbán, aveva aumentato la sua già
pesante stretta autoritaria ed era riuscito a chiudere il parlamento, a legittimare la sua
dittatura, a sopprimere la libertà di stampa, di parola, di riunione e il diritto di replica.
Rodrigo Duterte, presidente delle Filippine, durante un discorso rivolto alla nazione
aveva dato l'ordine alla polizia e all'esercito di 'sparare a morte' contro chiunque avesse

creato problemi durante la quarantena, due esempi particolarmente autoritari che stavano usando la pandemia per imporre controlli e tirannie; in tutto il mondo, soprattutto dove trionfavano poteri e culture sovraniste, in varie maniere stava prendendo piede un'impostazione dispotica tendenzialmente totalitaria; per i migranti, se la situazione nelle campagne era al limite del disumano, nelle città la gran parte dei centri per senza fissa dimora, anche per italiani, offrivano un riparo solamente durante la notte: dal mattino le persone tornavano in strada nel loro giro quotidiano alla ricerca di un pasto, dei servizi igienici, di un impiego per chi ancora riusciva a cercarlo attendendo la riapertura serale dei centri, a volte multati e denunciati perché trovati in strada; la situazione nei centri di accoglienza per richiedenti asilo e rifugiati era altrettanto complicata con tante persone costrette a convivere in spazi ridotti e le conseguenti difficoltà; la scarsità di risorse non assicurava un servizio di mediazione linguistica che era centrale nella prevenzione di malattie virali e il sovraccarico lavorativo e lo stress del personale appesantiva un lavoro già complesso e delicato; a queste ormai storiche criticità si era sommato il virus; per alcuni, chi stava arrivando con le migrazioni veniva considerato portatore di contagio, anche in Italia, adducendo argomentazioni totalmente infondate a livello empirico; non si parlava più di quello che stava succedendo nel Mediterraneo centrale, in Grecia, alle Canarie o in Marocco, delle drammatiche condizioni in cui quelle persone si trovano nei loro Paesi d'origine né delle violenze contro di loro; gravi le dichiarazioni che avrebbe fatto, a quanto sembrava, il governo greco nell'appoggiare i poliziotti di frontiera e la guardia costiera subito dopo che erano state rese pubbliche delle immagini contro migranti dove si vedeva che cercavano di affondare i loro gommoni e prendere a bastonate gli occupanti addirittura sparando contro queste persone che scappavano dalla Siria e dalla Libia."

"In noi ci sono dei confini mentali troppo radicati, il virus, una delle forme di vita più semplici ha compreso che i confini possono essere superati mentre l'uomo all'apice della filogenesi ancora no." (Natalino Balasso)

I cittadini erano delusi dalla politica, apatici, almeno inizialmente, tuttavia convinti della nascita di un uomo nuovo anche se con limitati progetti e a breve termine, comunque non più pedine di sistemi e ideologie che prevedevano un progresso lontano da ciascuno di noi e del quale non avremmo saputo goderne i frutti neanche in una vita anche se ne avessimo avuto notizia e capacità.
Ora eravamo partecipi di tutto, anzi nuovi protagonisti, le soluzioni per questo "nuovo mondo" sarebbero state più semplici solo se avessimo inventato nuovi concetti, nuovi termini, qualcosa che fosse andato al di là di quelli conosciuti già: fede, ragione, sentimento, natura, solidarietà, amicizia e fiducia.
Forse sarebbe sorta una nuova utopia che avrebbe unito tutti questi nuovi ideali nati dalla morte di ideologie passate e quando avessimo iniziato a pensare di crederci in maniera eccessiva, l'utopia sarebbe stata cambiata e migliorata modificando parole e termini, prima che fosse diventata ideologia antiquata.
Avremmo inventato parole più adatte alla circostanza, ma sempre più nuove,

nuovi termini ancora più assoluti e universali, era anche questo il progresso e non solo "fredda" tecnologia nata in altrettanto freddi, sterili e segreti laboratori.

Per trasformare l'incolore presente di allora avremmo dovuto ricominciare anche a pensare in grande, restituire spessore alle nostre vedute, aver coraggio di osare, ridando vigore ed energia al pensiero creativo, capace di produrre diverse soluzioni alternative ai problemi che si presentavano; se questo avesse richiesto una nuova volontà collettiva organizzata da forze politiche, un gruppo dirigente che "fosse capace di dare corpo alla trasformazione della condizione presente connettendo il mezzo al fine", per dirla con Gramsci, "trasformando in volontà politica generale l'utopismo tipico delle 'particolari volontà', che altrimenti finirebbero per essere solo velleità, sogni e desideri", sarebbe stata la benvenuta.

Un vantaggio di questa trasformazione era stato l'arresto momentaneo dello sviluppo tecnologico e con esso dell'accentramento del potere che andavano ormai di pari passo, nonché l'attenuazione della seduzione tecnologica delle società di massa, dove cultura e istituzioni sociali impersonali, con la loro grande crescita, avrebbero indebolito i legami sociali tradizionali e reso difficile sottrarsi a ciò che di buono era rimasto del passato.

Solo allora ci rendevamo conto di come il pensiero critico fosse stato sopito in tempi passati, era difficile anche solo pensare a quando c'era sempre qualcosa da fare, oltre a progetti e svaghi, mentre eravamo frastornati dalla burocrazia.

Pensavamo che il tempo libero dovesse essere consumato fino in fondo mentre la riflessione, il lavoro e lo svago sembravano rubarsi spazio a vicenda e così apparivano le conseguenze estreme, con lavori che diventavano febbrilmente compulsivi, valvola di sfogo dei propri problemi che si auto-alimentava nella frenetica ricerca di performance produttive continue e migliori, il gioco tipico, ossessivo e maniacale del precedente sistema sociale globalizzato di cui facevamo parte e dove non eravamo che semplici comparse.

(...) Nel capitalismo tutto ciò che non era tempo di lavoro era fondamentalmente tempo perso o tempo che serviva a prepararsi a vendere o comprare lavoro; era esattamente quella la preoccupazione dei nostri capi di Stato e esperti di politica economica: stavamo perdendo tempo; COVID-19 era dunque un trauma che agiva per sottrazione: ci privava della nostra essenza che nella modernità si risolveva nella produzione di plusvalore. (...) Questo specifico trauma che il virus aveva reso esplicito era venuto a disturbare la nostra presunzione di eternità e l'arrogante convinzione che il capitalismo avesse inaugurato la fine della storia. (...) Allo stesso modo in cui era compulsivo il vizio del fumo e il fumatore godeva sempre della sigaretta che sarebbe venuta, non di quella che stava fumando, il capitale si auto-valorizzava. (...) Era urgentissimo prendere coscienza

Tra questi estremi c'era, dunque, la trascurata esperienza della riflessione personale che la malattia ci avrebbe costretti a far emergere e solo allora ci eravamo resi conto di avere tempo libero per farlo; certo sarebbe stato meglio che la nuova scoperta fosse arrivata senza "detenzioni sanitarie" improvvise e in spazi ristretti come fossero carceri, manicomi, conventi o istituti correzionali. Dopo l'isolamento volontario nelle periferie, nascosti al nemico invisibile, acquisiti esperienza e spirito critico, avremmo dovuto fare in modo di utilizzarli al meglio per non far avverare la profezia scritta nell'incipit di Psicopolitica del filosofo Byung-Chul Han, secondo il quale avremmo vissuto in una democrazia in cui "la libertà non sarebbe stata che un episodio", se il pericolo di uno shock da catastrofe avesse potuto resuscitare inaspriti neo-regimi dovuti alla vulnerabilità dell'umanità in quei momenti di transizione così delicati.

"Forse la pace sarebbe stato il senso di una cultura e della vita per un domani, se un domani ci fosse stato." (Emmanuel Lévinas, Humanisme de l'autre homme, 1972)

Il sistema di organizzazione sociale da cui ripartire inizialmente più confacente alle nostre condizioni e più congruente al nostro modo di vivere, a quanto sembrava, dal 2022 in poi, circa, diffuso un po' ovunque, era molto simile a quello ipotizzato e descritto da F. Tönnies in Comunità e società (1887), dove la comunità era intesa come un "organismo vivente" in seno alla famiglia nei rapporti tra madre, figlio, moglie, marito e tra fratelli, per estendersi poi ai rapporti di vicinato e di amicizia.

La società, invece, era intesa come prodotto "meccanico" del rapporto con gli individui che vivevano in uno stato quasi di tensione nel "rapporto di scambio" dove i contraenti sarebbero stati sempre meno disposti a dare qualcosa di più rispetto a quel che ricevevano negli scambi.

La forma comunitaria, fondata sul sentimento di appartenenza e sulla spontanea partecipazione predominava in epoca pre-industriale, mentre la forma societaria, basata sulla razionalità e sullo scambio, dominava nella moderna società industriale.

---

32 avvenire.it.

Chiaramente sia dal punto di vista culturale che economico eravamo oltre quei
limiti della definizione ma il fatto che anche il nostro fosse un momento
epocale, quasi quanto una "rivoluzione industriale", il modello calzava bene in
quanto dava un enorme spazio all'inventiva e alla creatività da un lato, e non
venivano trascurati i presupposti di solidarietà dall'altro, il mutuo appoggio e il
legame interpersonale erano ciò su cui ci basavamo principalmente.
La globalizzazione e l'individualismo si erano rivelati inadeguati in un corretto
sviluppo sostenibile, alla luce dei fatti d'allora e in un sistema dove fossero
ancora radicati sarebbe emerso subito il bisogno di organizzarsi diversamente.
Gli interessi comuni avrebbero coinvolto in maniera più netta e riconoscibile un
po' tutti.
I vecchi confini nazionali "non sarebbero riusciti più a contenere i precetti del
sovranismo e molti Stati nazionali sarebbero finiti con lo scomparire per
gli stessi motivi che avrebbero scosso la società globale nel suo insieme".
L'universalizzazione di simboli e valori erano segnali di cambiamento di una
grande trasformazione sociale in atto da tempo.
Le tecnologie di comunicazione e Internet, allora più che mai, "avvicinavano
riferimenti culturali da ogni luogo verso una nuova fase amministrativa
dell'associazione umana" che, specialmente dopo l'emergenza mondiale del
virus, stava prendendo piede, pian piano, ovunque nel mondo, e neanche la
consapevolezza globale di una tradizione, una storia ed un territorio circoscritto
o l'appartenenza alla sua cittadinanza potevano fermare.
Sarebbero resistite solo alcune istituzioni comunitarie sovranazionali con diverse
competenze generali e pubblici interessi economici, politici e sociali.
Quelle riguardanti il commercio e l'economia avrebbero tenuto maggior conto
delle istanze locali per l'assenza di forti poteri centralizzati, inoltre le città-stato di
Paesi più giovani e storicamente più poveri avrebbero provveduto in autonomia ai
loro problemi di instabilità locali e alle politiche di rilancio economico.
Sarebbe stato ripristinato ovunque l'esercizio dello Stato di diritto, a scapito della
troppo spesso generica applicazione del principio di autodeterminazione dei popoli,
di fatto già insito in questa fase di nuovo modello di amministrazione e governo.
Gli Organismi sovranazionali eletti direttamente dalle città-stato non sarebbero
stati semplici apparati di rappresentanza corporativa.
Queste istituzioni internazionali erano veri e propri luoghi di esercizio di
attività democratica.

Se era vero infatti che al livello nazionale, a seconda del Paese preso in esame, una rappresentanza economica o sociale poteva avere diversa considerazione per la sua importanza strategica nel quadro totale del suo funzionamento e benessere complessivo dei cittadini, a livello sovranazionale meglio ancora se continentale, sfumava l'importanza di settore, che tradotto al livello mondiale avrebbe significato azzerare vari regimi monopolistici.

In questo stato di cose sarebbero finiti gli esagerati margini di profitto derivanti dallo sfruttamento delle risorse peculiari di alcuni Paesi, intendendo anche quelle umane e culturali che erano divenute il collante su cui si basavano alcuni sistemi sociali ormai superati, specialmente in alcuni Stati; la redistribuzione su larga scala di quelle risorse nei nuovi sistemi sociali che ne avessero potuto massimizzare la resa, sarebbe stato per ciascuno di noi quel sogno che ci avrebbe sempre accompagnato e per il quale ci eravamo sempre battuti.

Dopo l'esodo nelle periferie, o "burst-out", e i fatti dell'agosto 2020, il normale esercizio democratico si interruppe quasi ovunque, divenne più regolare intorno al 2022 quando ancora si eleggevano i governi locali di città e dei territori circostanti, venivano prese decisioni contingenti e circoscritte, al limite fra città, poi accolte da Organismi sovranazionali quando il voto avrebbe riguardato importanti questioni.

Ci sarebbero state liste di partiti con i rispettivi rappresentanti, e dal 2025 avremmo votato su schede che riportavano gli specifici settori di competenza delle diverse Organizzazioni e i rappresentanti scelti fra i maggiori esperti che venivano da circoscrizioni di città-stato e che a riforma completata sarebbero ricaduti in modo esclusivamente geografico nei nuovi continenti: Europa e Africa divisi tra Nord e Sud come le Americhe, mentre l'Asia, tra quella continentale e insulare, ex-Giappone compreso.

Le varie comunità, definite dai confini sfumati delle città, ormai erano entità eterogenee culturalmente ed etnicamente, con i cittadini che condividevano linguaggio, cultura e valori più che in precedenza.

I rapporti individuali nelle comunità erano più intimi e collaborativi, a differenza della fredda società istituzionale che il sociologo tedesco Tönnies avrebbe descritto negli elementi che la caratterizzavano, anche rapportati all'iniziale "apocalittica quotidianità" che ci eravamo lasciati alle spalle, ed erano proprio i buoni rapporti e l'economia che legava le città dall'interno fino alle periferie delle altre, nonché la tecnologia digitale a permettere ai rapporti tra amici, parenti, studenti-insegnanti, imprese e consumatori di allargarsi e rafforzarsi.

L'identità di una comunità nell'affrontare emergenze come quelle passate e future
si sarebbe rafforzata, la fragilità di ciascuno rendeva tutti uguali, ora più che mai.
Tutti solidali con il prossimo, perché senza comprensione di sé e gli altri, da soli,
nessuno avrebbe potuto pensare di farcela. [33]
Confesso che in quel periodo di entusiastica transizione avevo dentro anche un certo
timore del futuro, non tanto per me, ma per i miei cari, non ero mai stato entusiasta
delle regole del sistema globale che sembrava ci fossimo lasciati alle spalle, ma
nonostante tutto era quello nel quale ero cresciuto, e nella sua "disumanità"
avevo sempre creduto fosse migliorabile, senza, come si diceva, "buttare via il
bambino con l'acqua sporca".
Mi consideravo un progressista, riformatore, ma pur sempre un liberale, e per
quanto avessi avuto fiducia nelle idee delle persone che mi circondavano,
consapevole della gravità della situazione, ero impaurito dalla sfida che ci si
prospettava e dalla sua riuscita, chi non lo sarebbe stato, ma d'altra parte chi
avrebbe avuto mai l'occasione di trovarsi di fronte, partecipare ad una delle più
grandi rivoluzioni sociali operate dall'uomo ed esserne testimone?

---

33 avvenire.it; A. Gramsci, Quaderni del carcere; Apocalisse e post-umano: il crepuscolo della modernità, P. Barcellona,
    F. Ciaramelli, R. Fai, ED. DEDALO, 2007; libertandreapapi.it; Davide Biffi, Elisa Mauri, arivista.org.

Capitolo 2

2.7§ (Lavoro ed economia sostenibile)

Pur avendo abitato sempre in centro, io e la mia famiglia, come tanti, c'eravamo
fatti prendere dal panico durante l'esodo nelle periferie, soprattutto per mio
figlio, giovane anche se non troppo, con una madre anziana e mia moglie, quasi
ipocondriaci e in un perenne stato di allarme.

Ad un un tratto non avremmo fatto altro che seguire la folla per le strade intasate
che si allontanavano dal centro di una cittadina di circa cinquantamila abitanti.

Prendemmo lo stretto necessario pensando che forse saremmo potuti tornare in un
qualsiasi momento e, come se ci fosse stata una divisione tra tifoserie in uno stadio,
metà della popolazione rimase in città, perlopiù coloro che manifestavano la loro
critica verso le istituzioni e gli allarmi della struttura sanitaria, che non era stata in
grado di prevenire, contenere e cercare un nuovo vaccino, protestando proprio nello
stesso modo col quale le nuove varianti, con tutta probabilità, si erano formate; tra
tanta "coerenza e responsabilità", c'era anche chi, fedele alla linea, ancora si riuniva
per i propri diritti calpestati ed altri motivi più a sfondo politico che altro.

Cercavamo un posto per stare un po' di tempo, pensavamo all'inizio, almeno
fino a quando la situazione non si fosse calmata nel capoluogo, all'immediata
prossimità della città, nel territorio, tra frazioni e contrade che la circondavano.

La periferia della città non possedeva la capacità ricettiva necessaria per tanta
gente, ma ci accorgemmo che già dall'inizio della pandemia nelle campagne era in
atto un certo fenomeno di trasformazione; trovammo posto in un'azienda
agricola, infatti, che fino a poco tempo prima mi dicevano i soci-proprietari di
allora, era in via d'abbandono, e come fosse un agriturismo ben improvvisato
dei ragazzi avevano organizzato un servizio di affittacamere in una bella proprietà
con tanto di diverse case rurali che il nonno di uno di questi comproprietari
aveva lasciato in eredità, purtroppo, proprio in seguito all'ultimo risveglio della
malattia che illusoriamente credevamo sconfitta.

Quello non era l'unico caso nella zona, mi dicevano, e oltre alle camere quei
ragazzi avevano un allevamento di animali da cortile, una produzione propria di
frutta e verdura, e si stavano organizzando per la semina di frumento, mentre farine
e mangimi, per il momento, venivano da un'azienda più grande lì vicina.

Altre aziende limitrofe li rifornivano di tutto ciò di cui avevano bisogno e di cui al momento non disponevano, a volte scambiando i loro prodotti per i quali seguivano tecniche di coltivazione biologica; inizialmente la mia famiglia pagava per le stanze, poi iniziammo a dare qualche aiuto, c'era sempre qualcosa da fare per tutti e finimmo poi per essere ripagati anche con i loro prodotti; iniziammo a commerciare online e li aiutai per la vendita e gli acquisti su Internet, c'era una grande richiesta di frutta e ortaggi, soprattutto, ed avremmo potuto avere clienti persino dalla parte opposta di quello che poi sarebbe stato il "ring" cittadino.

> "Era necessario che ciascuno, a ogni livello, avesse adottato una regola: non rinviare impegni e incontri fisici che potevano essere convertiti in appuntamenti virtuali con semplici ed economiche tecnologie che esistevano ovunque; il primo soggetto sarebbe dovuto essere il governo: la chiusura di scuole, tribunali e uffici pubblici era doverosa ma bisognava preparare una strategia affinché la chiusura fisica non avesse generato danni irreparabili; la strategia passava per l'uso delle tecnologie più semplici, un cellulare e un'app per riunioni digitali; nella scuola, come per la udienze, affidando al giudice il potere-dovere di svolgerle usando un sistema di videoconferenza; analogo criterio avrebbe dovuto guidare il lavoro aziendale, motore di questa trasformazione, non sarebbe stato un percorso facile ma il rinvio di qualsiasi attività avrebbe potuto creare danni al sistema produttivo, profondi quanto quelli che stava provocando il Coronavirus alla salute collettiva; per il lavoro da casa servivano regole per renderlo effettivamente "smart" e non una trasposizione casalinga, in peggio, di quello tradizionale; nei nuovi contratti collettivi e aziendali avrebbero dovuto esserci elementi che permettevano di discutere temi come il diritto alla disconnessione e alla formazione; di fronte all'aumento di 16 volte dello smart working, e in Italia più che di smart working avremmo potuto parlare di home working, poiché la maggioranza sarebbe 'precipitata' nel lavoro smart senza alcuna riflessione su organizzazione, spazi, preparazione e differenze di genere; gli italiani apprezzavano questa modalità di lavoro, ma una persona su tre non aveva gli strumenti necessari; secondo Bloomberg era in corso il più grande esperimento di lavoro da remoto nel mondo ma l'Italia, invece, non era come la Cina dove si stava salvando buona parte della produttività delle aziende, il nostro Paese era ancora sotto la media europea."

La vita in campagna cominciava a piacerci anche se non avevamo rotto del tutto con la città, di tanto in tanto tornavamo in centro, sia per controllare la casa che per goderne un po', accorgendoci che quell'alternanza abitativa, avvenuta per motivi quasi casuali e di forza maggiore, nonostante tutto, aveva portato un po' di colore nella nostra vita, potendo scampare alla noia della vita in una città di provincia. Ora ritornare in centro era diventato quasi una festa, e quando eravamo stanchi di pollame, coniglio, minestre e minestroni in campagna, uscire con le necessarie dovute precauzioni da adottare per una bella pizza e una buona birra in qualche localino del centro era stato fortemente rivalutato da tutti noi in famiglia.

Non che ci fosse in giro la stessa "movida" di un tempo, ma tanto bastava per rivedere facce vecchie e nuove, facendo anche qualche acquisto in negozi e mercatini aperti tutti i giorni e ad ogni ora, come fosse una fiera permanente. A noi come ad altri interessava soprattutto semplice tecnologia, perlopiù accessori, parti di ricambio e riparazioni, a me per il mio telelavoro e anche per il terminale dell'azienda in campagna, a mio figlio per la scuola a distanza.

"Secondo il sondaggio di Izi e Comin & Partners il 37% dei lavoratori sarebbe stato disposto a ridursi lo stipendio pur di continuare a lavorare da casa anche alla fine dell'emergenza; molti erano da ritenersi fortunati anche perché non tutte le categorie occupazionali erano considerate essenziali e molte altre attività avevano dovuto sospendere l'erogazione dei propri servizi; tra i vantaggi elencati da chi stava svolgendo telelavoro, più di un italiano su tre segnalava il risparmio del tempo che di solito si impiegava ad arrivare in ufficio, il 30% indicava una maggiore flessibilità negli orari, il 15% il risparmio economico su trasporti e pranzo, il 13% la possibilità di trascorrere più tempo con la propria famiglia e una percentuale minore affermava desse la possibilità di mangiare più sano; tra i contro, il lavoro che rischiava di diventare totalizzante nella gestione della propria quotidianità: il 23% dichiarava di 'non staccare mai', il 5% faceva fatica ad organizzare il proprio tempo e il 7% trovava complesso gestire e pianificare il lavoro e la capacità di connettività delle zone che non erano tutte in grado di reggere un numero cospicuo di dispositivi collegati; secondo CGIL il 45% dei casi aveva dichiarato che il lavoro non era cambiato, cambiato parzialmente per il 32%, e solo totalmente per il 23%; poca o nessuna attenzione veniva prestata al diritto alla disconnessione (56%) e si lavorava in spazi ricavati per il 50%; il lavoro da casa risultava più pesante, complicato, alienante e stressante per le donne, per gli uomini più stimolante e soddisfacente ed era più assimilabile al lavoro tradizionale.
In sostanza con lo smart working un italiano su due lavorava di più con ansia e stress e le donne erano più penalizzate e discriminate sul fronte relazionale e professionale.
Per le donne che non guadagnavano abbastanza per liberarsi del lavoro domestico e gestire da remoto quello retribuito, con lo stop delle scuole e a volte con tutta la famiglia in casa, senza avere dove isolarsi o una stanza in più nella quale chiudersi qualche ora, era un fardello che pesava ancora una volta sulle donne dai redditi medio-bassi; "lavoro da casa e lavoro di casa: praticamente lavoro 24 su 24", scriveva su Facebook una donna su "Non Una di Meno", mentre il governo aveva stanziato 1,2mld per il voucher baby sitter o per un congedo parentale pari al 50% della retribuzione, mettendoci comunque davanti al problema della divisione dei ruoli nel lavoro di cura e del lavoro domestico non retribuito; secondo uno studio pubblicato dall'Usb, le italiane insieme alle romene erano al primo posto nell'Unione Europea per quantità di tempo speso nel lavoro di cura, con 5 ore e a cui gli uomini dedicavano invece 1 ora e 47 minuti, all'ultimo posto, insieme ai greci, in Europa; a complicare la questione, le violenze domestiche durante il lockdown, secondo uno studio dell'Istat, 2 milioni e 800 mila donne avevano subito violenze da partner o ex, anche perché in periodi di crisi e incertezza come quella che stavamo vivendo le dinamiche violente si acuivano." [34]

La qualità della vita per me e la famiglia, almeno fino ad allora, non era affatto male.

---

34 open.online.

Senza parlare del fatto che potevamo passare l'inverno in città e l'estate in campagna come una divertente vacanza-lavoro; con il tempo il sistema della didattica a distanza di mio figlio migliorò, probabilmente anche perché la didattica stessa, a sua volta, ricevette un importante insegnamento:

> "(...) Finalmente vedemmo la nostra scuola come una comunità educante e non come una mera fabbrica di programmi e progetti; vedemmo il nostro ruolo come un punto di riferimento importante per la crescita globale dei nostri ragazzi e non solamente per dar loro contenuti disciplinari; vedemmo prima di tutto la vita dei nostri ragazzi piuttosto che il loro profitto e imparammo a comprendere che c'erano delle priorità; non importava se non fossimo riusciti a portare a termine la nostra iniziale progettazione, perché i nostri ragazzi con i loro interessi ci guidavano in altre direzioni; imparammo a conoscere la profondità dei nostri alunni che, anche se non ricordavano a memoria una data, una formula o una poesia erano in grado di formulare pensieri importanti sul mondo, sulla realtà e sulla vita.
> (...) Ci saremmo resi conto (ancora di più) di avere in mano una parte importante della vita dei ragazzi e sì, anche un po' delle loro famiglie.
> (...) (gli alunni) Avrebbero ricordato molto di più un docente attento alla loro persona che uno scrupolosamente preciso sulla sua disciplina (...)." [35]

La scuola, dunque, sarebbe migliorata anche per la spinta che la "rivoluzione-virus" aveva portato, certo ci sarebbe stato sicuramente, per il momento, un minor contatto e condivisione tra compagni di classe se non tramite chat-video, d'altra parte, tutte le energie risparmiate dagli insegnati nelle affollate aule in Italia ed il tempo che molti professori avrebbero avuto in più a disposizione, sarebbe stato dedicato nella privacy e con l'efficacia che solo la tecnologia avrebbe potuto permettere a un dialogo diretto con alunni che magari erano rimasti indietro col programma di studi, o per corsi di recupero.

Allo stesso modo gli alunni avrebbero utilizzato ore preziose tolte a brutte "alzatacce" mattutine per spostamenti e preparativi per raggiungere la scuola dedicandole, invece, ad approfondimenti e agli stessi rapporti alunno-insegnante di cui parlavo.

Una delle ragioni per cui l'individuo si sarebbe adattato bene al cambiamento, ritenuto fondamentale per ogni specie, indispensabile nell'uomo perché riguardava l'intelletto, poteva consistere nel senso che egli avrebbe avuto del futuro.

> "Gli individui si diversificavano per quanto concerneva la quantità di riflessioni che dedicavano al futuro; taluni investivano risorse di gran lunga maggiori di altri nel proiettarsi in avanti, nell'immaginare, analizzare e valutare le future possibilità e probabilità; variavano, inoltre, per la portata della loro lungimiranza; taluni pensavano

---

abitualmente in termini di un futuro profondo, altri penetravano soltanto nella
superficie; persone di età diverse caratteristicamente dedicavano quantità diverse di
attenzione al futuro, ma l'età non era il solo fattore a influenzare la nostra capacità di
prevedere le cose, questa era influenzata anche dal condizionamento culturale, nel senso
che tanto più rapidamente l'ambiente, in un dato momento scivolava lontano da noi,
tanto più rapidamente le potenzialità del futuro si tramutavano nelle realtà del presente.
Se l'ambiente che ci circondava fosse andato più in fretta avremmo dedicato maggiori
risorse mentali alle riflessioni sul futuro estendendo il nostro orizzonte temporale e
sondando sempre più avanti; gli studi dei sociologi avevano dimostrato quanto era
importante questo elemento del tempo per quanto concerneva le decisioni che andavano
prese nella conduzione aziendale; il sociologo B. D. Singer, della University of Western
Ontario, sarebbe andato oltre affermando che ogni individuo nella propria mente, non
soltanto avrebbe un'immagine di se stesso nel presente, ma una serie di immagini di se
stesso e di come avrebbe desiderato essere nel futuro; verrebbe da pensare che
l'istruzione, interessata allo sviluppo dell'individuo e al potenziamento dell'adattabilità,
doveva fare tutto ciò che poteva per aiutare l'alunno a sviluppare l'appropriato
orientamento temporale, l'opportuna misura di previsione del futuro; al contrario la
scuola taceva sul domani: 'Non soltanto i nostri corsi di storia terminavano nell'anno nel
quale vengono insegnati' (qualora si fosse in pari col programma di studi), scriveva il
professor O. Flechtheim, 'ma la stessa situazione si ripeteva nello studio del governo e
dell'economia, della psicologia e della biologia'; lo studente veniva focalizzato
all'indietro, anziché in avanti, il futuro bandito dall'aula come la sua consapevolezza.
Il nostro senso del passato viene sviluppato dalla conoscenza della storia, dal retaggio
accumulato dell'arte, della musica e della letteratura, dalla scienza che nel corso degli
anni ci veniva tramandata, potenziato dal contatto con gli oggetti che ci circondavano e che
avevano un punto di origine nel passato; nessun ponte temporale di questo genere accresceva
il nostro senso del futuro, non disponevamo di oggetti, opere d'arte, musica o letteratura
che avevano origine nel futuro; ciò nonostante, esistevano modi per far sì che la mente
umana si proiettasse in avanti; il filosofo R. Jungk diceva che: 'Nel prossimo futuro almeno
un terzo di tutte le lezioni sarebbero state dedicate alla previsione di crisi e alle loro
possibili soluzioni future'; disponevamo di una letteratura sul futuro consistente non
soltanto nelle grandi utopie ma anche nella fantascienza contemporanea, che pur non
tenuta in grande considerazione, se la considerassimo una sorta di sociologia del futuro,
avrebbe un valore immenso: A. C. Clarke, W. Tenn, R. Heinlein, R. Bradbury,
potrebbero accompagnare la mente dei giovani verso i problemi politici, sociali, etici,
psicologici e probabilistici che si sarebbero trovati di fronte da adulti; quando milioni di
uomini avrebbero condiviso questa stessa passione per il futuro avremmo una società
molto più preparata ad affrontare l'impatto del mutamento."[36]

Tra stagioni in campagna ed in città, gli anni passavano, mentre intorno a noi il
mondo cambiava in maniera così profonda che le notizie che pervenivano, spesso, ci
facevano molto preoccupare, i cambiamenti a livello locale, pure loro estremamente
significativi, erano accolti, invece, con curiosità e soddisfazione; iniziavano, infatti,
i lavori per il trasporto circolare cittadino che interessava tutti i comuni intorno al
capoluogo, aumentati per estensione e popolazione, la bonifica e riconversione della
periferia che sfumava nella campagna e il trasporto radiale dal centro alla periferia.

---

36 futurimagazine.it.

L'Organizzazione Europea della Sanità (OES), appena eletta, comunicava che al
momento non erano stati fatti significativi passi in avanti nella ricerca di vaccini
contro il nuovo ceppo mutato di COVID-19, responsabile delle successive ondate
di pandemia, ma che si stavano mobilitando tutti i laboratori impegnati nella
ricerca dei primi vaccini in uno sforzo comune senza impedimenti dovuti a
interessi di Stato, questo tuttavia non rassicurava ancora del tutto i miei concittadini,
infatti, mentre nel nostro capoluogo veniva definita una vasta area circostante
l'antica cinta muraria come centro città, i luoghi dove sorgeva il resto dell'edilizia
abitativa inutilizzata venivano rasi al suolo, assumendo sempre più l'aspetto di un
grande giardino pubblico.
Era noto dall'European Bank che le stime fatte a suo tempo dalla Banca Mondiale si
erano tristemente avverate: il PIL mondiale sarebbe rimasto stabile a -5,2% come
per il 2020, come quello americano, ora Nordamerica a -6,1%.
Il PIL europeo era a -9,1% mentre quello dell'Asia nel complesso a -1%, ma come
da previsione circa 100 milioni di persone erano scivolate nella condizione di
estrema povertà.
Non erano notizie confortanti ma nella nostra visione locale di politica ed
economia, forse miope, cercavamo di ottimizzare la nostra capacità produttiva e
il nostro sistema economico nella speranza, soprattutto, di venire incontro presto
anche alle persone del Sud del mondo.
Nella nostra area geografica eravamo piuttosto fortunati, oltre che per le risorse in
abbondanza, anche per il fatto che, caso piuttosto raro, si applicasse il sistema di
trasporto ad anello oltre a quello radiale per città come la nostra, viste le sue piccole
dimensioni, tipico di grandi città e capitali e dimostrandosi un vero, gradito regalo.
Per la Commissione dei Trasporti della Nuova Unione Europea (NUE) era infatti
necessario che la nostra città, attraverso il suo ring, avesse fatto da nodo di raccordo
con quelli dell'Adriatico, del centro-sud Italia e Tirreno.
Questo avrebbe comportato enormi possibilità di sviluppo per la nostra zona,
senza contare che da quello stesso organismo internazionale erano state messe
in progetto linee dirette di treni a levitazione magnetica veloci verso città importanti
e di medie dimensioni che sarebbero dovute partire dai nodi ferroviari che univano i
popolosi 'suburbs' di periferia delle grandi città italiane e quindi le grandi città
dell'hinterland metropolitano europeo e mondiale.
L'idea era quella di eliminare del tutto il trasporto su gomma entro il 2035
utilizzando quanto possibile ferrovie e vie marittime-lacuali-fluviali esistenti.

Avremmo razionalizzato la rete potenziandola con modelli di treni super-veloci del tipo JR-Maglev MLX01 ancora bonificando con interramento, dove possibile, le vecchie infrastrutture, i manufatti in calcestruzzo e le gallerie in stato d'abbandono.

Con questo ulteriore passo si sarebbero ottenuti presto i risultati prefissati per gli anni a venire e avremmo dato un'immediata spallata a quel flusso incessante di oltre 100 miliardi di tonnellate di risorse naturali annue che "nutrivano" il nostro sistema economico ogni anno a livello globale.

Già con il presentarsi della prima pandemia, nell'immediato, uno degli effetti positivi delle misure di contenimento era stata la marcata diminuzione della pressione delle attività umane sull'ambiente, registrando diminuzioni nelle emissioni di gas a effetto serra senza precedenti.

> "In questa nuova fase, però, si stava assistendo anche a un moltiplicarsi dei rifiuti generati da dispositivi medici e dispositivi di protezione personale (...) a cui un'economia più circolare avrebbe fatto fronte per evitare non solo che questo fiume di rifiuti fosse entrato nei nostri corsi d'acqua, mari e oceani, ma soprattutto affinché si fossero ripensate le basi su cui rilanciare la crescita economica futura; grazie a misure d'implementazione di economia circolare si stimava che le imprese europee avrebbero ottenuto un risparmio netto di 600 miliardi di euro, pari all'8% del fatturato annuo, e ridotto le emissioni totali annue di gas serra del 2-4%; si sarebbero ottenuti anche una riduzione della pressione sull'ambiente, più sicurezza circa la disponibilità di materie prime e un incremento dell'occupazione nell'UE di circa 580.000 nuovi posti di lavoro. La Nuova Unione Europea sembrava proprio aver deciso di diventare il primo continente con impatto climatico zero entro il 2050."

Controcorrente l'amministrazione americana che, a suo tempo, al peggiorare della crisi economica, annunciava che l'Agenzia federale per la protezione ambientale "avrebbe smesso di sanzionare le compagnie che avessero cessato di monitorare e comunicare il rispetto dei requisiti ambientali, se queste avessero dimostrato come tale mancanza fosse dovuta a ragioni connesse al COVID-19", anche la Cina "avrebbe sospeso temporaneamente i requisiti ambientali per le piccole e medie imprese, per facilitarne il ritorno in piena attività" e il Brasile, a causa del virus, "aveva drasticamente ridotto il numero degli ufficiali governativi adibiti a monitorare l'ambiente e le attività di disboscamento nella foresta amazzonica".[37]

---

37 ispionline.it.

Capitolo 2

2.8§ (Le accuse alla Cina)

La gestione della pandemia e il calo dell'occupazione avevano ridotto il consenso per il presidente Trump che, erroneamente, continuò la sua politica di guida da "uomo forte" continuando ad essere uno dei presidenti più controversi d'America di sempre, incapace di governare un popolo così diverso socialmente, etnicamente e culturalmente.

> "Politicamente, tra 'Bill of Rights', 'Rule of Law' e 'Checks & Balances', avrebbe portato divisioni tra il governo federale e i governatori, in particolare democratici; raggiungere un 15% di disoccupazione certificata, questo sì che non si vedeva dal 1929, e insieme riuscire a peggiorare tutti gli indicatori economici non era semplice, ma Trump c'era Riuscito; un Paese con il 41% delle persone più ricche del pianeta, 1/3 della popolazione senza un tetto sicuro, 48 milioni di veri poveri, un milione e mezzo di ragazzi senza accesso all'istruzione secondaria e 14 milioni privi di assicurazione sanitaria, cosa che non era cambiata nemmeno con la pandemia, che al primo attacco rischiava già di produrre oltre trecentomila morti per carenze sanitarie; sarebbero state ovvie, poi, le devianze: il 25% dei detenuti al mondo sarebbe americano e i malati psichiatrici sarebbero più in America che altrove nel mondo, come i tossicodipendenti."

Dati del genere erano soliti nei paesi emergenti o in via di sviluppo, negli Stati Uniti non fecero altro che accrescere la prepotenza politica e le divisioni tra "noi" e "loro", tra amici e nemici da vincere; il pretesto del "virus cinese" per giustificare la guerra commerciale in atto e ultimo tentativo per unire la nazione fallirono, anche perché nel Paese dei "comunisti" si cercavano soprattutto risposte, mentre con le successive ondate pandemiche l'America che conoscevamo cessò di esistere.

> "L'OMS e i trattati su ambiente e nucleare dell'Iran, considerati strumenti dell'egemonia degli USA, volevano diventarlo effettivamente e senza vincoli; i sondaggi davano ridotte possibilità per Trump e difficile era valutare a che punto la dimensione economica e di classe avesse ancora influenzato il voto invece della guerra culturale che si stava combattendo nei substrati sociali; per agevolare la sua rielezione il presidente fomentava nel paese 'ostilità verso la Cina', nemica degli USA, mentre l'ostilità era verso di lui; il proposito di Trump, rendere l'America più forte che mai, la stava indebolendo; la stessa sindrome che in Cina alimentava Xi Jinping, con Hong Kong e ancor più Taiwan, pericolosi punti d'attrito; a Xi serviva la rissa con Trump piuttosto che il dialogo con Biden, ormai, per affermare la loro forza entrambi avevano bisogno di coesione interna, venuta dall'odio di un nemico qualsiasi, condivisa o imposta che fosse; la lotta commerciale con Trump per la Cina era il pretesto per violare le regole del WTO rivendicando l'apertura dei mercati occidentali e la chiusura degli altri."

In Gran Bretagna ci sarebbe stata la "Brexit", ma ancora non si vedeva la messa in atto, Johnson non l'avrebbe posticipata oltre, nonostante la situazione COVID-19 avesse come cristallizzato l'azione politica britannica.

"Johnson puntava a un accordo che permettesse a Londra di stipulare commerci con altri paesi a partire dagli Usa di Trump con tariffe sostanzialmente pari a zero sulle merci, ma il vero pomo della discordia riguardava la giurisdizione e la regolamentazione: l'Ue temeva che il Regno Unito avesse potuto farle 'concorrenza sleale' con una meno stringente regolamentazione di quella comunitaria sui criteri fito-sanitari o i vincoli ambientali, sui servizi, anche finanziari, e sul lavoro con minori tutele e sicurezza. Per questo Bruxelles riteneva fosse sua giurisdizione per eventuali controversie. Lo scenario più probabile sarebbe stato l'avvio verso una 'hard Brexit', negativa sia per il Regno Unito che per l'Unione europea, si pensi alle chilometriche file alle dogane per l'applicazione dei dazi e per i controlli regolamentari."

La causa dell'avvio della procedura di "hard Brexit" e dell'avvicinamento ancora più serrato dei britannici ai cugini americani in campo economico e finanziario, causando la propria rovina per l'"implosione" degli USA e gli Stati della federazione che la componevano, sui quali gli inglesi contavano dopo l'abbandono dell'Europa, fu un puntiglio che interessava l'attività della pesca; normali negoziazioni in normali occasioni, ma non quando riguardavano la Brexit e i Brexiteers.

"La pesca pesava per lo 0,12% sul PIL britannico, una goccia nel mare per l'economia del Paese, ma era un tema sensibile perché un cavallo di battaglia dei Brexiteers e di Johnson stesso che avrebbe voluto limitare fortemente, se non impedire, la pesca nelle proprie acque territoriali da parte dei paesi europei; Belgio, Danimarca e Germania che pescavano in quelle acque da centinaia di anni avrebbero avuto da ridire perché l'accordo Ue era di reciproco ingresso dei pescherecci nelle rispettive acque territoriali anche se in effetti era sempre stato sbilanciato; i pescherecci europei pescavano nelle acque britanniche 8 volte tanto quanto facessero quelli britannici nelle acque europee ma pur sempre di importi irrisori, sia per l'economia europea che per quella britannica, il cui peso però aumentava notevolmente sul piano politico se la questione fosse stata usata strumentalmente per trarre le maggiori concessioni su altre questioni più importanti."

Un "casus belli" contro l'Ue che vinse la prima battaglia ma che non bastò a fermare le altre cause della perdita di importanza politica internazionale che stava subendo a causa della nascita delle città-stato, come per molti Stati che la costituivano, fatta eccezione per alcune specifiche Istituzioni europee ritenute ancora indispensabili. La Gran Bretagna si sarebbe arresa in quella piccola disputa, non tanto perché fosse convinta delle ragioni dell'altro, quanto per il fatto che, come sempre, i cugini d'oltreoceano li avrebbero convinti ad appoggiare il progetto di Trump e della Cina di ignorare la WTO della quale anche gli inglesi avrebbero fatto parte.

I britannici non considerarono che Trump e gli Stati federati sarebbero falliti economicamente e politicamente, travolti dalle loro stesse contraddizioni e travolgendoli con loro.

Alla Russia fu perdonato quel piccolo incidente in Crimea anche perché l'Ucraina chiese aiuto alla Russia stessa in seguito a un perdita di PIL intorno al 16%, e il 45% di persone scese sotto la soglia di povertà.

> "Anche se Mosca aveva ritrovato identità politica, forza industriale e una crescita economica derivata dallo sfruttamento delle sue risorse energetiche e l'utilizzo della leva finanziaria, per Cecenia, Georgia e Crimea, per la Siria, oltre al ruolo crescente in Centro e Sud America, Putin aveva imposto con la forza equilibri politici convenienti per Mosca, che gli si ritorsero contro col peggiorare delle condizioni sanitarie che sarebbero venute."

Come in un "effetto domino" le implosioni delle varie economie statali, gravate dal peso delle pandemie si susseguivano, pesavano anche sulle economie delle varie città-stato appena nate.

Se l'OMS, come tanti sostenevano, fosse stato un organismo totalmente da rifare per l'influenza di grandi industrie e di alcuni Stati, mentre avrebbe dovuto agire nell'interesse della comunità mondiale e avrebbe sbagliato tutto dall'inizio, molte nazioni avevano commesso errori molto più grandi, fra questi la Cina che li avrebbe pagati anche a caro prezzo; alcuni mesi prima che il virus si trasformasse in pandemia, a Wuhan, avevano provato a segnalare un tipo di polmonite causata da un virus simile alla Sars, ma le autorità cinesi collegate al potere centrale avrebbero censurato l'informazione e accusato i medici di "diffondere voci e allarmi ingiustificati" dando dati che si riferivano solo alla parte finale della curva epidemica senza quella esponenziale, di conseguenza omettendo informazioni su casi e mortalità, invece di permetterne, anzi, favorirne la diffusione nella comunità scientifica; l'allarme tra la popolazione avrebbe impedito la morte di molte persone, la successiva diffusione del virus in 185 nazioni e territori del mondo e le conseguenze devastanti sull'umanità e sull'economia del pianeta; a quel punto si potevano costituire estremi per ritenere il regime cinese legalmente responsabile di tutto questo, e a nulla sarebbero valse le dichiarazioni di valore politico dell'OMS: "Gli asintomatici non erano il problema", che in qualche modo avrebbe voluto assolvere tutti, oppure quelle di Xi Jinping che: "La Cina aveva agito con trasparenza e rapidità, fornendo informazioni in tempo utile e aiutando i Paesi che ne avevano bisogno".

Infine la richiesta d'indagine di facciata a cui la Cina finora si era sempre detta
disponibile, che anche se avanzata da 100 Paesi avrebbe quasi certamente scagionato
la repubblica popolare, avendo richiesto che solo l'OMS fosse a condurre l'inchiesta
e quando l'emergenza sanitaria fosse finita.
Era buffo, ma il monolitico Partito Comunista Cinese sarebbe stato "condannato"
indirettamente proprio dal "tribunale del popolo", infatti, con le successive ondate di
pandemia, migrazioni di dimensioni bibliche dalle metropoli con decine di milioni
di abitanti verso le rispettive periferie non avrebbero lasciato scampo alla vecchia
"Repubblica Popolare Cinese" decretandone il suo fallimento e la fine.

"Già a marzo 2020, infatti, in Cina le vendite al dettaglio erano scese del 15,8% annuale,
contro il -20,5% di gennaio-febbraio, contro un atteso -10%; avevano pesato le chiusure
decise dal governo per far fronte al Coronavirus; sempre a marzo la produzione
industriale in Cina era scesa dell'1,1% annuale, meno di un previsto -7,3% e del -13,5%
di gennaio-febbraio; gli investimenti fissi a marzo erano calati del 16,1% annuale a
fronte del -24,5% di gennaio-febbraio e di un atteso -15%; il PIL calava del 6,8% rispetto
al primo trimestre del 2019, il primo declino mai registrato." [38]

J. Kraska, presidente dello Stockton Center for International Law e professore
di Diritto marittimo internazionale al Navar College degli Stati Uniti, credeva
che il regime cinese avesse dovuto assumersi la responsabilità per non aver
rispettato i propri doveri sulla base del diritto internazionale e che secondo la
legge della responsabilità dello Stato, se un Paese avesse avuto l'obbligo legale
di fare un qualcosa ma non lo avesse fatto, allora potrebbe essere ritenuto
legalmente responsabile.

"La Repubblica popolare cinese faceva parte del trattato sul Regolamento sanitario
internazionale, di cui quasi tutti i Paesi del mondo facevano parte, e questo prevedeva
che gli Stati fossero molto cooperativi e che condividessero rapidamente informazioni
su un'ampia gamma di malattie, comprese le nuove malattie di stampo influenzale
come il Coronavirus; questo era un dovere legale che gli Stati avevano sottoscritto
liberamente e la Cina, come tutti gli Stati che avevano aderito, aveva acconsentito a
rispettarlo ma sembrava che la Cina non avesse adempiuto al proprio dovere.
Lo scopo del Regolamento sanitario internazionale era quello di prevenire, proteggere,
controllare e fornire una risposta sanitaria pubblica alla diffusione internazionale delle
malattie, in modo commisurato e limitato ai rischi per la salute pubblica, e che evitasse
interferenze inutili col traffico e il commercio internazionale; la versione rivista del
2005 era un accordo tra 196 Paesi e richiedeva alle parti di informare l'OMS di tutti gli
eventi che avrebbero potuto costituire emergenze sanitarie pubbliche di rilevanza
internazionale nel loro territorio, richiedeva, inoltre, che le parti continuassero a
informare l'OMS in modo tempestivo con informazioni accurate sulla salute pubblica

---

38 www.agi.it.

e sufficientemente dettagliate a loro disposizione sull'evento notificato; tra queste erano incluse informazioni sui risultati di laboratorio, fonte e tipologia di rischio, numero dei casi e dei decessi e condizioni che influenzavano la diffusione della malattia, nonché le misure sanitarie adottate; tra metà dicembre 2019 e metà gennaio 2020 il regime cinese aveva mostrato atteggiamenti volti a nascondere informazioni e a rendere dichiarazioni false sulla gravità della malattia; i ritardi nel fornire informazioni all'OMS e le false dichiarazioni avrebbero potuto essere legalmente perseguibili ai sensi della legge sulla responsabilità dello Stato; secondo il Centro cinese per il Controllo e la Prevenzione delle Malattie, le autorità cinesi avevano iniziato a notare casi diffusi di una polmonite sconosciuta il 21 dicembre 2019 ma il regime cinese aveva riferito all'OMS della malattia infettiva non identificata il 31 dicembre;[39] c'erano prove che un laboratorio cinese avesse mappato parte del genoma del virus, passo fondamentale per contenere l'epidemia e sviluppare un vaccino e che il 27 dicembre i risultati erano quindi stati successivamente riportati ai funzionari cinesi e all'Accademia delle scienze mediche statale; anche un laboratorio gestito dal governo aveva mappato il genoma il 2 gennaio ma questa informazione era stata resa pubblica e condivisa con il mondo solo la settimana successiva, inoltre, il PCC dopo aver finalmente informato l'OMS del virus, aveva impiegato altre 3 settimane per riconoscere che il virus poteva diffondersi da uomo a uomo; il 31 dicembre la Commissione sanitaria municipale di Wuhan aveva anche dichiarato falsamente che non c'erano prove di trasmissione da uomo a uomo e che la malattia era prevenibile e controllabile, questa bugia era stata ripetuta fino al 20 gennaio quando un importante epidemiologo cinese, Z. Nanshan, aveva riconosciuto che oltre una dozzina di operatori sanitari in prima linea avevano contratto il virus.
Uno studio pubblicato sul New England Journal of Medicine alla fine di gennaio aveva scoperto che c'erano prove che fosse avvenuta trasmissione da uomo a uomo a stretto contatto, da metà dicembre 2019, da parte sua, l'OMS aveva ripetuto le dichiarazioni false di Pechino in conferenze pubbliche ma il 14 gennaio aveva aggiunto che la malattia poteva diffondersi tra membri della stessa famiglia; allo stesso modo, il regime cinese non aveva informato tempestivamente l'OMS del fatto che anche gli operatori sanitari stavano contraendo il virus; quelle informazioni sarebbero state fondamentali per comprendere la trasmissione ospedaliera e il rischio per gli operatori sanitari.
Il regime aveva annunciato ufficialmente il numero di infezioni tra gli operatori sanitari durante una conferenza stampa nell'Ufficio Informazioni del Consiglio di Stato solo il 14 febbraio e un alto funzionario cinese aveva dichiarato che 1.716 operatori sanitari avevano contratto il virus e che sei di loro erano morti; era stato inoltre dimostrato che il regime cinese stava impedendo ai laboratori di condividere informazioni sul virus.
Secondo la rivista finanziaria cinese Caixin, il 1° gennaio la Commissione sanitaria provinciale di Hubei aveva ordinato a un laboratorio di interrompere i test, di non pubblicare informazioni relative al virus e di distruggere i campioni esistenti, inoltre, il regime cinese non aveva risposto alle richieste internazionali di fornire puntualmente informazioni sul virus e sull'epidemia rimaste senza risposta per un mese; solo a fine gennaio il regime cinese aveva accettato che l'OMS inviasse un gruppo di specialisti internazionali per studiare il virus, questo era avvenuto dopo che il direttore generale dell'OMS, T. A. Ghebreyesus, era tornato da una visita dalla Cina pieno di elogi nei confronti del leader Xi Jinping e degli sforzi di risposta al virus da parte del regime che nel frattempo aveva messo a tacere le persone che avevano dato l'allarme sullo scoppio

---

39 Secondo quanto emergerebbe da uno studio, ancora in fase di revisione, della Harvard Medical School, Boston University of Publich Health e Boston Children's Hospital, dopo l'analisi delle immagini satellitari dei parcheggi dei principali ospedali di Wuhan tra gennaio 2018 e aprile 2020, e le tendenze nelle ricerche su Internet avrebbero mostrato un "forte aumento di presenze" a partire da agosto 2019 e con un picco a dicembre 2019.

Molti Paesi avevano attivato programmi coadiuvati da Organizzazioni
Internazionali per incentivazioni fiscali con bassi tassi di interesse e che si
prevedeva rimanessero bassi. specialmente pensando alla possibilità di ondate
multiple di COVID-19.
Queste politiche avrebbero avuto maggior impatto mantenendo bassi gli ostacoli
anche agli scambi, per far sì che le regioni che si muovevano tra i picchi di
pandemia garantissero che gli scambi di beni fluissero dov'erano maggiormente
necessari, risultando essenziale ridurre prima le barriere commerciali, oltre
l'accesso alle attrezzature mediche indispensabili.
Mai si sarebbe pensato di ottenere l'aiuto necessario attraverso prelievi forzosi
imposti da tribunali internazionali.

potuto essere contenuta se l'avessero comunicato ai fornitori di servizi sanitari del mondo, alle persone che si occupavano del problema e alle persone che avrebbero potuto aiutare già all'inizio di gennaio; in passato negli Stati Uniti erano state avviate azioni legali contro Paesi stranieri, tra cui quelle contro Libia, Sudan, Cuba e persino Cina, le due eccezioni della Fsca su cui si baserebbero le cause erano le esenzioni per 'attività commerciale' e 'terrorismo'; G. Sorial, partner di Lucas Compton, aggiungeva che la causa stava unendo le persone nel Paese e stava diventando per questo una causa speciale, i due studi legali facevano sapere di aver ricevuto oltre 10 mila richieste di informazioni da parte di persone negli Stati Uniti e da tutto il mondo in merito alla loro 'class action', mentre avvocati e studi legali di tutto il mondo stavano chiedendo se potevano avviare simili azioni legali contro il PCC nei loro Paesi; ai sensi dell'articolo 31 dello Statuto della responsabilità dello Stato, 'lo Stato responsabile ha l'obbligo di risarcire completamente il danno causato dall'atto illecito a livello internazionale', ci sarebbero state molte forme di risarcimento per lesioni, ai sensi degli articoli, tra cui restituzione, risarcimento e interessi; se il regime cinese si fosse rifiutato di effettuare i risarcimenti, i Paesi danneggiati avrebbero potuto tentare di adire le loro controversie con Pechino dinanzi alla Corte internazionale di giustizia o ad altri tribunali internazionali, come il Tribunale internazionale dell'Aia e avvalersi di contromisure legali contro la Cina, sospendendo i propri obblighi legali nei confronti del PCC in modo da indurlo ad adempiere ai propri obblighi.
Non si trattava solo di compiere atti che non fossero diplomatici o comunque poco gradevoli, in realtà si trattava proprio di sospendere il diritto internazionale, il che significava che lo Stato danneggiato poteva fare cose che sarebbero normalmente illegali, come violare la sovranità dello Stato che avrebbe causato il danno; alcune delle contromisure che gli Stati Uniti avrebbero potuto intraprendere includevano l'interruzione dei pagamenti agli obbligazionisti cinesi o la sospensione di obblighi legali nella WTO, tutte cose che avrebbero potuto determinare un forte impatto sulla Cina; gli Stati Uniti avrebbero potuto anche scegliere di chiudere i loro mercati in Cina e minare l'imponente firewall Internet del regime per fornire informazioni senza censura al popolo cinese." [40]

Era un periodo davvero complicato sul piano geopolitico: un passaggio epocale verso un mondo futuro che ricalcava quasi le dinamiche dei network sociali alle entità politiche e i fattori che determinavano la cittadinanza o l'appartenenza ad un territorio stavano modificandosi.

"In alcuni Paesi, ad esempio, era stato già avviato il primo progetto di e-residency, un programma che attribuiva a chi ne faceva richiesta la 'residenza elettronica', si richiedeva in rete e consentiva l'accesso ad una serie di servizi online come aprire un conto corrente oppure avviare una nuova società commerciale anche senza risiedere fisicamente in quel Paese; allo stesso modo l'emersione delle valute virtuali aveva ormai sostituito il monopolio degli Stati sull'emissione di moneta insieme a nuove forme di tecnologia per il trasferimento di somme in queste nuove criptovalute. Sempre più popoli senza Stato se non la propria città, con Internet, che usato per necessità allargava moltissimo il ventaglio delle nostre frequentazioni e delle nostre attività, potevano facilmente discutere e fare amicizia con persone dall'altra parte del mondo che condividevano stessi interessi e comprare o vendere pressoché qualsiasi cosa in tutto il mondo; su piattaforme come Freelancer.com o Fiverr potevano offrire

---

40 epochtimes.it.

servizi lavorativi a basso costo e ricevere il pagamento direttamente; anche spostarsi poi, almeno al livello continentale, non sarebbe stato un problema con i treni super-veloci. Era chiaro che istituzioni come gli Stati "moderni", nati di fatto nel 17° secolo, dovevano prepararsi dopo quasi 5 secoli a cedere la parola "moderno" e con essa il passo ad inevitabili adattamenti che non si prospettavano limitati; lo 'Stato-nazione', forse, non sarebbe durato in eterno, frutto di una precisa fase storica era stato concepito per un certo tipo di società e per un certo tipo di economia che difficilmente sarebbero durati a lungo: anche l'Impero Romano e quello Egiziano erano stati fondati per sfidare i secoli e per durare in eterno, ma inevitabilmente erano stati sostituiti con i cambiamenti economici e sociali; che ne sarebbe stato di ciò che oggi chiamiamo 'Occidente democratico', la Storia si sarebbe fermata qui o avrebbe proseguito nel 21° secolo con un altro salto in avanti, un'altra Magna Carta, un'altra Dichiarazione di Indipendenza o qualcosa di nuovo e differente?

In tanti credevano che il miglior modo di adattarsi ad un mondo ormai globalizzato sarebbe stato quello di globalizzare il concetto di Stato o, come dicevano negli USA 'globalizzare la democrazia', e potrebbe essere stato un grave errore; i problemi portati dal Feudalesimo e poi dal tentativo di controllo dell'Inghilterra sulle colonie americane non erano di tipo amministrativo, militare o logistico, erano un problema morale.

Ciò che aveva definito di fatto uno Stato era stato il 'monopolio' sulle attività delle persone e sulla loro partecipazione all'interno di una precisa area geografica cercando semplicemente di costruire un recinto più grande, grande quanto l'intero mondo se il mondo si fosse globalizzato, era come applicare una strategia vecchia di quasi 500 anni senza comprendere il modello e i cambiamenti in atto; Internet ci portava ad un traguardo completamente diverso: un mondo non territoriale, interconnesso e policentrico, a partecipazione volontaria, non si trattava più di luoghi fisici sostenuti da tasse pagate da chi vi risiedeva ma sistemi nei quali si poteva entrare e dai quali si poteva uscire in ogni momento, indipendentemente dalla propria posizione fisica, un sistema nel quale Nazioni senza Stato starebbero tra loro offrendo ai possibili 'cittadini' la migliore giustizia, uguaglianza e democrazia di cui disponevano, invece di diversi partiti e fazioni che lottavano tra loro per guidare uno Stato centrale, un mondo di persone con diversi punti di vista che poteva entrare in comunità di intenti o uscirne secondo i propri proposti; un futuro nel quale le persone erano chiamate a partecipare direttamente alla costruzione del proprio mondo e verificare in poco tempo la bontà o l'inefficacia delle loro idee; un cambiamento del genere avrebbe richiesto l'introduzione di nuovi strumenti e forse quella nuova 'Magna Carta' che ci si attendeva dal 21° secolo sarebbe stata semplicemente il diritto riconosciuto ad 'uscire' da uno Stato nella piena libertà come il diritto di revocare l'adesione ad un'associazione.

Potrebbe essere cruciale chiamarsi fuori con altri dicendo: 'not in my name'; con tutto il rispetto e la deferenza per il sacrificio e le buone intenzioni da cui nascono le Costituzioni, occorrerebbe riflettere su come e quante volte siano state travisate e mortificate; il diritto di chiamarsi fuori da questi sistemi sarebbe una concreta possibilità di proteggere le generazioni future da vere e proprie tirannie, che dietro una facciata 'democratica' finirebbero per ridurre in schiavitù il loro popolo chiudendolo in un 'recinto' territoriale o economico; uno dei nuovi diritti umani da sancire dovrebbe essere quello di scegliere a cosa voler far parte o riconoscersi e creare una 'libera concorrenza' di Nazioni senza Stato che avrebbero concorso tra loro nell'offrire più democrazia ai cittadini che volevano raggiungere".[41]

---

41   futuroprossimo.it.
     ispionline.it.

Capitolo 2

2.9§ (La caduta degli Stati-nazione)

"Il sistema internazionale era sicuramente troppo complesso per incasellare i processi più recenti secondo i modelli e gli schemi del passato".
A seguito della diffusione dell'epidemia del nuovo COVID-19 alcuni punti fermi del mondo globalizzato come la privatizzazione degli assetti statali e il libero flusso di capitali, merci e persone erano stati sospesi a tempo indeterminato e molti sostenevano che lo svelamento delle sue contraddizioni avrebbe portato a un nuovo ordine globale.
I tradizionali modelli economici non riuscivano a rendere ragione della crisi economica che si prospettava dopo quella sanitaria, meno che mai a suggerire politiche, solo l'analisi storica e geopolitica, tuttavia, potevano soccorrerci nella lettura dei fenomeni con metodo comparativo e quindi nel suggerire soluzioni.
La pandemia di Coronavirus sembrava aver mostrato più di ogni altro evento del recente passato le non poche contraddizioni del sistema statunitense, sia in campo economico che in campo sanitario, dimostrando come la decennale prassi di tagli alla spesa sanitaria e il rafforzamento della sanità privata fosse stata la concausa che avrebbe messo in ginocchio quella che, dal 1989 in poi, era ancora l'unica potenza capace di influenzare a suo piacimento gli equilibri politici globali.
"Già dal 2001 gli Stati Uniti stavano perdendo l'occasione di ridefinirsi membri di una comunità globale", come accennavo, infatti, discorsi all'apparenza patriottici assumevano sempre di più un connotato nazionalista, ovunque cominciavano ad estendersi meccanismi di sorveglianza, la paura serpeggiava all'interno del "potere costituito", si iniziarono a sospendere diritti costituzionali ed applicare forme di censura, demotivando o impossibilitando l'impegno di giornalisti ed intellettuali nell'informare la popolazione su giustizia e diritti; gli Stati Uniti avrebbero voluto approfittare della pandemia per bloccare lo slancio tecnologico della Cina silurando Huawei e lo sviluppo del 5G, ma volevano anche contrastare l'Iran visto come il grande istigatore dell'anti-americanismo nel mondo.
Contemporaneamente Trump cercava di acquistare la Groenlandia per controllare le rotte artiche e sfruttare i giacimenti di terre rare che vi si trovano.

Gli Stati Uniti esercitavano anche pressione sul Venezuela in nome di una sua democratizzazione attualizzando la Dottrina Monroe per un vasto e ben pianificato cambiamento della realtà planetaria camuffato da crisi per il Coronavirus.
Erano lontani i tempi in cui Obama nel suo discorso di insediamento aveva ricordato che "gli USA erano una nazione di migranti e che i movimenti e gli scambi tra popoli erano alla base della civiltà e che nessun gruppo doveva avere il sopravvento sugli altri", ma questa era storia vecchia, il COVID-19 non faceva altro che accelerare, al contrario, sentimenti di disgregazione nazionale.

"File di americani davanti alle armerie nelle città in uno scenario post-apocalittico, e nella mente di questi si era innescato lo schema che la cultura sociale aveva piantato bene nella loro in testa e nella pancia: solo tu eri padrone della tua vita e quindi solo tu eri in grado di difenderti al meglio; la delega dell'uso legittimo della forza data al cittadino dallo Stato poteva essere concessa in casi estremi, quando la vita stessa era a rischio, e l'emergenza Coronavirus sembrava essere diventata lo 'stato d'eccezione' che giustificava e copriva qualsiasi azione individuale; quello che scatenava paura in un americano in coda per la scorta di proiettili era il pensiero che il tuo vicino di casa o uno sconosciuto qualsiasi potesse avere l'arma che tu non avevi, che potesse rivendicare il suo diritto alla sopravvivenza e che fossi proprio tu a farne le spese. 'Le armi non ti servono fino a quando ti servono' recitava un famoso detto americano, ed era la situazione di una carenza di provviste alimentari, di caos sociale e di un crollo del sistema; l'uomo con il fucile che incontrava l'uomo con la pistola era un uomo vivo, l'uomo con la pistola era morto, nella lotta per le scarse risorse e nello stato post-sociale ci si faceva giustizia da soli, anche sommaria, come nella ressa per il cibo che stava finendo; lo scenario da fine del mondo, come dicevo, che il cinema aveva saputo evocare anche in me, in tanti anni, quando l'orrore usciva dalla scena ed entrava nel mondo, tutti i confini saltavano, anche quelli tra realistico e reale, credibile e verificato, possibile e accaduto. Gli americani compravano armi ma non avevano copertura sanitaria, nel loro sistema socio-economico basato sulla responsabilità individuale estremizzata, chi avesse avuto la migliore copertura privata avrebbe avuto più garanzie di sopravvivere; l'imprevisto, però, presentava il conto, chi non era riuscito a pagarsi un'assicurazione sanitaria poteva solo sperare di accaparrarsi l'ultimo rotolo di carta igienica, l'ultima bottiglia di diet-coke, l'ultimo sacco di patatine e se non fosse stato in grado di difendere la propria dispensa con le armi sarebbe stato sopraffatto dall'America armata." [42]

Per quanto riguardava l'agonia degli Stati nazionali "moderni", oltre la Cina, che come un animale ferito a morte lanciava le sue ultime minacce imponendo dazi punitivi come avvertimento per alcuni, come per l'Australia, che fu l'inizio dei suoi mali in quanto coraggiosamente promotrice dell'indagine conoscitiva internazionale su origini e risposte globali al COVID-19, e della quale risentì in particolar modo, avendo sfidato il gigante asiatico e ottenuto un voto di maggioranza presso l'OMS.

---

42 gariwo.net.

Per questa mancanza nei confronti della Cina, infatti, avrebbe dovuto riconoscere la sua grave violazione dell'onore di quel popolo e cambiare le proprie idee sul suo operato durante la crisi sanitaria, assecondare quella disperata azione, dietro la quale c'era la speranza di rinascita del gigante asiatico agli occhi dell'opinione pubblica e del mondo che si era sentito tradito, forse, sarebbe stata l'occasione per mantenere le proprie istituzioni e avrebbe evitato il fenomeno di "burst-out" che imperversava ovunque, impedendo alla Cina di muoversi alla cieca in quel periodo di catastrofe. L'Australia non si arrese e come tutte le nazioni del Pacifico, con la guerra dei dazi che si protrasse ancora a lungo e i suoi strascichi, nei periodi più bui delle successive pandemie e con la rottura dei rapporti commerciali col partner che era sempre stato il più importante per quel Continente, nel momento di massima crisi cadde anch'essa, insieme alle capitali dei suoi Stati federati; così Vietnam, Malesia e Indonesia, che si ritrovarono anch'esse ai ferri corti nei confronti della Cina su diversi argomenti e a diversi livelli di scontro, mentre le rivendicazioni cinesi al Sud del Paese continuavano, così come per il Giappone nel Mar Cinese orientale.
Sembrava che ovunque fosse presente un grande Stato potente economicamente, man mano che questo affondava, portasse con sé come in un grande "buco nero" tutto ciò che stava attorno.
L'India avrebbe potuto fare eccezione vantando la più grande democrazia del mondo, ma non essendo ancora consapevole delle proprie potenzialità risentiva indirettamente anch'essa della presenza cinese, anzi, ne era circondata; il suo futuro, le conseguenti ricadute economiche in seguito al COVID-19 e le successive complicazioni, si dimostrarono subito gravissime fino alle estreme conseguenze, con disordini e rivolte, anche sanguinose, nelle più grandi e popolose città.
Nemmeno se avesse intrapreso una politica di allontanamento dalla Cina e uno sforzo d'accentramento e integrazione regionale quel grande Paese avrebbe potuto probabilmente salvarsi, in ogni caso, infatti, in seguito alla nuova politica aggressiva dello scomodo vicino, avrebbe rischiato di avere sempre un ruolo di secondo piano nella regione, nonostante gli accordi militari India-Australia contro l'espansionismo del rivale.
Cina ed India, insieme, si sarebbero potuti salvare al livello economico imponendo la loro presenza nel Sudest asiatico, ma a quale prezzo non era dato saperlo.

La scintilla dei successivi contagi, infatti, stava facendosi largo e forse avrebbe ridimensionato tutti quei piani di autoconservazione degli apparati e delle istituzioni, ritrovandoci alla fine insieme nella stessa, medesima condizione.
In effetti, come già detto, la pandemia di COVID-19 aveva messo l'UE di fronte alla sua più grande prova di forza dalla sua fondazione ed anche lei subiva forti pressioni e divisioni per questa nuova legge di "deglobalizzazione", con un effetto domino, di cui la Cina ed altre superpotenze approfittarono finché poterono, trascinando anche noi nel "baratro" dell'incertezza.

> "Stando a un rapporto dell'Unione europea sulla disinformazione durante pandemia, la pressione cinese era riuscita a far cadere le accuse verso Pechino di star conducendo una 'campagna di disinformazione globale per deviare la colpa' sulla diffusione del virus. Ulteriori interferenze e manipolazioni della sfida interna dell'Europa sarebbero state facilmente da prevedere nel prossimo futuro."

Anche la Russia durante la prima epidemia e nei momenti che precedevano il "burst-out" avrebbe continuato la politica interna aggressiva tipica delle grandi potenze che avevano più paura di cadere e quindo molto più da perdere, come gli Stati Uniti; la Russia a volte indipendente, nonostante spesso si fosse schierata con la Cina all'UNSC, non solo per interessi convergenti, consapevole di non poter contare sulla proprie capacità nel contrastare né il colosso asiatico, né l'Occidente, puntava ad un basso profilo in politica estera, quasi invisibile tra le potenze mondiali, ma questo non sarebbe bastato quando la Cina o gli USA avrebbero preteso un maggiore coinvolgimento ed una presa di posizione.
Con un posto al "tavolo dei grandi" garantito da risorse naturali, con il forte calo globale del prezzo del petrolio, arsenale nucleare e potenza militare, la Russia aveva poco di spendibile in periodi di crisi planetaria e seguì il destino di altri.
La Turchia che aveva contenuto notevolmente i danni del primo contagio fu vittima delle sue stesse ambizioni cercando di approfittare della situazione di confusione che si era venuta a creare e avrebbe sfidato l'Europa ai confini col Mediterraneo con trivellazioni petrolifere in acque contese territorialmente, e apertamente la Russia in Libia e Siria, spendendosi anche per una maggiore influenza contro Arabia Saudita ed UAE; la Turchia si sarebbe ritrovata poi persino a chiedere aiuto agli stessi Paesi che aveva provocato apertamente, per la situazione di completo caos che si era creata al momento degli esodi dalle città, anche per le rivolte dovute alla deposizione del contestato leader.

L'Iran aveva da sempre ambizioni espansionistiche regionali e sarebbe rimasto
una potenza regionale, anche se non da sottovalutare, sbagliando nell'avvicinare
troppo la Cina sfidando la presenza americana e i suoi alleati in Medio Oriente.
Con le paralizzanti sanzioni USA e le ricadute economiche del COVID-19, cercando
e credendo di usare tattica diplomatica e sfruttare alleanze, sarebbe stato proprio
l'Iran stesso ad essere schiacciato fra giganti economici, da falsi amici e nemici di
vecchia data; a febbraio 2020 il ministero della salute dell'Iran dichiarava i primi
casi di infezione e questa era solo l'ultima delle emergenze del Paese, visto che
l'anno era iniziato con l'assassinio di uno dei più importanti esponenti militari, il
Generale Soleimani, compiuto e rivendicato dallo stesso Trump, innescando una
crisi USA-Iran, e visti i bombardamenti iraniani contro basi americane in Iraq e
l'incidente dell'abbattimento di un aereo di linea ucraino, con l'incapacità del
governo Rohani di far ripartire il Paese, la nuova sfida era stata lanciata dal
Coronavirus infettando decine di migliaia di persone.

E non era finita ancora, già la prima pandemia di COVID-19 avrebbe aggravato
ulteriormente le difficoltà, facendo calare per la prima volta in oltre 60 anni i mercati
emergenti, con milioni di persone costrette alla povertà estrema.
"L'America latina, da sola, avrebbe subito il calo più marcato: 7,2 per cento del
PIL con il terzo tasso di mortalità più alto del mondo, con il Brasile rimasto
impantanato in una crisi costituzionale che avrebbe confinato il Paese nella
sua storica posizione di mediocrità quasi perpetua".
Il Messico con il crollo del prezzo del petrolio "avrebbe visto crescere il
bilancio sul momento, mentre con l'alto numero di infetti che minacciava le catene
di approvvigionamento degli Stati Uniti avrebbe tratto beneficio dalle società
statunitensi che si sarebbero però allontanate sempre più dalla Cina", in un
gioco delle parti che alla fine non lo avrebbe più nemmeno considerato, "come per
l'accordo di libero scambio rinegoziato con gli Stati Uniti e il Canada che credeva lo
avrebbe protetto ampiamente".
Nel nuovo paradigma geopolitico dei Paesi in via di sviluppo, in particolare in
Africa, essi rimanevano pronti per lo sfruttamento interno ed esterno: "Corruzione
dilagante, cattiva gestione economica, inettitudine politica e disuguaglianze
estreme ostacolavano il raggiungimento del pieno potenziale e qualsiasi crescita
reale era spesso marginale nella migliore delle ipotesi".

L'incapacità generale di molte potenze come il "Sudafrica e la Nigeria di
fornire una leadership significativa in patria o nel vicinato aveva creato vuoti di
potere abilmente riempiti dalla Cina come negli anni precedenti".
Le ricadute del COVID-19 potevano solo accelerare questo processo.
La situazione in America latina e Africa nel periodo che precedeva le successive
ondate pandemiche di cui avremmo avuto oggettivi riscontri in merito ai danni
provocati e le vittime effettive, nonché la natura stessa del virus, solo anni più
tardi, avrebbe dovuto essere orientata al contenimento dello stato attuale, ripartendo
da quelle condizioni, accomunati dalla paura ma anche dalla volontà di proteggere
quelli che erano i propri cari e cercare di ritornare alle condizioni iniziali.
Si sarebbe posto più in là nel tempo anche il problema di come trattare gli
immigrati che mai come allora "bussavano" alle porte delle città-stato invece
che alle frontiere degli Stati, e verso i quali, forse, ci sentivamo un po' più in colpa
di una grande e fredda istituzione, sia perché avevamo capito di più cosa significasse
"stare tutti su una stessa barca", sia perché dopo averli sfruttati per secoli, allora
avremmo tolto loro il "giocattolo" dalle mani, stavolta "rubandolo", avendoli
illusi che il gioco del capitalismo-globalizzato e del liberalismo economico sfrenato
sarebbe durato per sempre.
Non si trattava della solita migrazione, era qualcosa di epocale, e se una volta
c'eravamo confrontati costruendo la nostra "confusa identità europea" sulla loro
sorte, stavolta l'Occidente si giocava il futuro di democrazia e stabilità.
A parte le false notizie che circolavano sugli immigrati come per il virus, c'era anche
quella dei portatori di immunità, l'ipotesi più verosimile, a rigor di logica e intuibile
facilmente da tutti era che in alcune etnie di discendenza africana ci fossero "diverse
caratteristiche e disponibilità per il virus".
Ciò significava che quelle persone avrebbero potuto possedere un fattore protettivo
maggiore anche nei confronti del più aggressivo COVID-19 mutato di seconda
generazione, mentre gli italiani, invece, erano più esposti per il fatto che eravamo
una popolazione più vecchia nella media, e sarebbero stati proprio gli immigrati e i
nostri giovani che già risiedevano in quella che ormai era a tutti gli effetti
un'espressione geografica, come altre, i nuovi abitanti della Penisola, con la loro
"immunità" che riduceva mediamente l'incidenza della malattia sulla popolazione.

"L'illusione di identità e libertà potevano fare delle società liberaldemocratiche
vere e proprie società predatrici, caratterizzate da violenza etnocida, inclini alla

purificazione culturale contro negri, migranti, donne, lesbiche, gay e diversamente abili.
C'erano stati dei precedenti di volontà che avrebbero voluto abbattere tali barriere
mentali, come il movimento pacifista degli anni '70 e '80 e politicamente l'Ue, attraverso
il superamento dei confini e una pacifica convivenza con i popoli che avrebbero
dovuto lasciarsi alle spalle lo Stato di diritto nazionale e creare una nuova visione
comune di Europa; le comunità nazionali d'Europa avrebbero ottenuto l'obiettivo di
potere oltrepassare pacificamente i confini tra loro, come demarcazioni amministrative,
alternative a società pre o non-governative contenendo differenze storiche e culturali in
un più ampio concetto di Europa; il regionalismo aveva disegnato anche nuovi limiti
verso confini vecchi e pre-nazionali, e solo limitando le competenze nazionali e
attraverso trattati internazionali si era riusciti a contenere il potenziale centrifugo di
poteri regionali emergenti; lo sviluppo politico nelle regioni più turbolente era stato più
irregolare che in altre ma si tradusse, in genere, nella soluzione pacifica dei conflitti."

Ancora una volta ci venne in aiuto il destino, o il caso, come si preferiva chiamarlo,
infatti, la struttura cittadina scelta ci permetteva, senza ghettizzare nessuno, di dare
accoglienza agli immigrati prima di accoglierli nell'ampio "ring", permettendo
controlli o quarantene agli ingressi per chiunque facesse richiesta di entrare; il
problema era solo il loro numero ma tra le diverse periferie urbane circolari, persino
con la capillarità ormai raggiunta, c'erano tanti chilometri quadrati da ospitare
chiunque, in un modo che non poteva competere con quello dei confini statali.
Si trattava di paesi e città minori con ampi territori quasi disabitati, dove solo
alcune persone, molte delle quali anziane ma autosufficienti, avevano deciso di
restare, per tornare un giorno nella città più vicina o morire lì nella casa dei
loro padri e della loro giovinezza.
Per quanto riguardava i nostri ospiti sarebbe bastato un indirizzo iniziale
all'accoglienza: stabilire delle zone dove potevano risiedere e le terre che potevano
coltivare o meno per il loro sostentamento e introdurle nel nostro mercato.
Naturalmente sarebbero stati controllati periodicamente ma ero sempre stato del
parere che non ce ne sarebbe stato nemmeno il bisogno, vidi riconoscenza nei loro
occhi quando li incontrai, come a ringraziarci per averli salvati da una tremenda
condanna, ricordando a tutti che ciò era potuto avvenire solo per una tragica quanto
casuale redistribuzione di risorse.
Anche nell'azienda dove avevo lavorato, avevamo avuto diversi aiutanti immigrati
quando ormai ci eravamo ingranditi con gli affari, fu davvero un piacere collaborare
con loro, tanto che ti chiedevi perché non avrebbero dovuto avere le stesse
opportunità che ci erano state offerte.

"Era l'occasione per trasformare questa crisi sanitaria in una grande opportunità umana,
tutto lo sforzo che avremmo fatto ci sarebbe restato dentro come un tesoro nel futuro

prossimo, un patrimonio di empatia che ci sarebbe servito quando l'emergenza sanitaria sarebbe finita, per sopravvivere nell'emergenza economica e sociale che ci aspettava. Dal Nord Africa al Medio Oriente cresceva il numero di coloro che abitavano in Paesi non più in grado di garantire scuole, ospedali, servizi demografici, pensioni, reti di trasporto, sistemi fiscali definiti e organizzati da amministrazioni pubbliche.

Un contesto che rendeva impossibile esercitare ogni forma di cittadinanza e portava ad emergere strutture di potere basate sull'affiliazione a clan o pezzi di Stati teocratici come l'Isis; 'Sconfiggere il terrorismo in queste condizioni era davvero complesso' ed era difficile immaginare una parte del mondo dove non esisteva alcuna reale autorità dello Stato, eppure una condizione simile stava divenendo sempre più diffusa.

Milioni di persone venivano da Stati "falliti" senza un'idea di cittadinanza, sembrava di essere ripiombati in una dimensione ottocentesca caratterizzata dalla presenza di grandi imperi morenti, a cominciare da quello ottomano e da quello russo, incapaci di svolgere qualsiasi funzione civile, in preda a continui sconvolgimenti intestini, alimentati da pulsioni religiose e da visioni nazionali perennemente litigiose.

Il fallimento delle primavere arabe, gli interventi militari per esportare la democrazia, la pigrizia internazionale di fronte ad endemiche lotte intestine in zone cruciali come la Siria, il radicalizzarsi degli scontri religiosi, la crisi economica e i continui sbalzi dei prezzi globali di materie prime e beni alimentari avevano finito per demolire le fragili fondamenta statuali in punti molto sensibili del pianeta, lasciandole prive di una prospettiva di comune appartenenza; senza Stati le geografie dei territori si erano organizzate secondo antiche e nuove aggregazioni, molteplici governi interni in reciproco conflitto che avevano fratturato e isolato aree già assai povere assumendo fisionomie molto difficili da comprendere e con cui era praticamente impossibile interloquire; senza Stato e senza cittadinanza non esisteva neppure un'idea di mercato dotato di regole e strumenti condivisi, privi di monete proprie, di legislazioni rispettate e di forme di controllo realmente legittimate, l'unico mercato possibile era quello sommerso che quasi sempre finiva per assumere contorni criminali senza generare una ricchezza collettiva; soprattutto, senza Stato e senza cittadinanza non risultava possibile alcuna traccia di secolarizzazione, di definizione di una dimensione autonoma e compiuta dell'esistenza umana che non avesse bisogno di una religione; proprio in quest'ultimo aspetto si poneva forse il principale pericolo che poteva scatenare uno scontro di civiltà; se i micro-Stati teocratici miravano a formare non cittadini, ma credenti che concepivano le istituzioni civili, i saperi, e le innumerevoli espressioni della bellezza e dell'intelligenza dell'umanità come un intralcio al sacrificio e al martirio richiesti dalla fede assoluta, allora la guerra di religione assumeva i contorni del mezzo più efficace per permettere di approdare alla salvezza.

Questo ripudio del principio di secolarizzazione era ancora più preoccupante perché non si fermava entro i confini geografici delle realtà dove non esisteva una cittadinanza ma coinvolgeva anche i credenti che vivevano in Stati laici e democratici considerati alla stregua di illegittime e ostili sovrastrutture rispetto all'obbedienza assoluta alla fede. Sembrava non esistere una soluzione di continuità fra la teocrazia territoriale dell'Isis e la volontà di martirio dei giovani credenti trapiantati in Europa ma profondamente legati allo spazio senza tempo e senza alcuna dimensione terrena compreso fra Siria e Iraq."

Quando le acque si sarebbero calmate avremmo dovuto discutere del nostro ordinamento istituzionale anche perché presto le città non sarebbero più state così lontane e non avrebbero più costituito elementi a sé.

"All'interno delle nostre assemblee e commissioni per le riforme cittadine, divenute poi sovranazionali, si discutevano leggi su 'proporzione etnica', 'federalismo multinazione e multilingua' e 'federalismo multinazionale', in base a esperienze passate adattate a quella che era la nostra situazione, per concedere libertà e uguaglianza intergruppo attraverso 'regole consociative' e per l'avvio e lo sviluppo di una fase di cittadinanza multinazionale all'interno e fra le varie città-stato; questo passava attraverso il 'controllo' dell'instabilità politica derivante dall'eventuale 'empowerment' di gruppi minoritari, all'interno e fra le città, che doveva essere controbilanciato da misure di 'governance democratica'; c'era chi sosteneva che: 'Se il concetto di formazione dell'identità di gruppo non fosse stato affrontato nella normativa etnica, la politica sarebbe rimasta vincolata dall'identità etnica non riuscendo a fornire imparzialità in decisioni pubbliche; la sfida da affrontare sarebbe consistita nel promuovere forme collettive di affiliazioni civili e territoriali basate su 'identità di autonomia', attraverso gruppi per identificarsi con le 'istituzioni' che alla fine avrebbero emarginato estremismi e gruppi manipolati da identità etniche; l''autonomia etnica' sarebbe stata una nuova e più inclusiva idea di 'autonomia cittadina' e la 'cittadinanza etnica non politica' una strategia parallela agli sviluppi politici 'post-nazionali'.
Si discuteva del fatto che la cittadinanza democratica non doveva sempre fondarsi sull'appartenenza etnica, altri affermavano che nessuna identità politica poteva formarsi al di fuori della condivisione di tradizioni, lingua e storia, ne seguiva che la cittadinanza avrebbe vanificato l'attivo coinvolgimento civico; per accogliere nelle città-stato il 'pluralismo multiculturale e multinazionale' si sarebbero dovuti applicare i due modelli.
Fuori le città, le diverse 'cittadinanze' d'appartenenza etnica non politica si sarebbero sviluppate incomplete poiché non avrebbero abbracciato solidarietà multiculturale e cittadinanza universale, con pregiudizio verso ogni forma politica 'post-nazionale', schierandosi contro la libertà di circolazione di beni e persone fra città-stato, che persino l'Ue sancì per le nazioni d'Europa e ne rigettavano l'eredità, anche in diverse condizioni politico-economiche, tuttavia, la cittadinanza universale era sempre il sogno di tutti.
Avremmo assicurato i più conservatori che non avrebbero dovuto pagare tasse, anzi, ne avrebbero beneficiato; una terza via tra 'l'universalismo cosmopolita' e 'comunitarismo particolarista' era il 'cosmopolitismo comunitario', combinazione di particolarismo socio-culturale delle città e universalismo cosmopolita dell'insieme di esse.
'Sarebbe stato il risultato di un compromesso tra tradizioni costituzionali di Stati, un costruttivismo costituzionale su mediazione legale come la Carta dei diritti dell'uomo, con le sue contraddizioni'; solo definendo meglio il significato di 'patriottismo di autonomia' sarebbe stato possibile proporre un'identità post-nazionale che avesse incorporato pluralismo e patriottismo istituzionale da città-stato alla loro costellazione."

I nostri delegati nelle commissioni istituzionali sovranazionali di riforma discutevano dell'applicare modelli di filosofi e sociologi per la nostra nuova situazione socio-politico-urbanistica, come J. Rawls[43] che credeva possibile una progressione politica di tipo post-nazionale come forma di "utopia realistica".

"Creare una società ideale basata su equità e uguaglianza potrebbe essere considerata, infatti, una teoria utopica ma sarebbe un errore accantonarla e considerarla solo in questo modo, sarebbe ciò che le persone intendono per giustizia comunemente, nella libertà

---

43   John Bordley Rawls (1921-2002) filosofo USA, figura di spicco della filosofia morale e politica.

politica e nella praticità dell'esistenza; le persone vorrebbero avere gli stessi diritti concessi all'altro in quanto 'persona umana', anche se Rawls non parla mai di esseri umani, di dignità o morale, parla di 'persone in quanto collaboratori dello Stato'. Ciò che chiamiamo valori 'potrebbero diventare un pericolo se buona parte della nuova cultura societaria sostenesse un anti-valore', non solo 'non si capirebbe più cosa dovremmo tutelare' ma si parlerebbe di 'uguaglianza totale su presupposti di differenze a livello sociale'; ci si chiedeva, come si chiedeva Rawls: 'Dare a tutti i cittadini le stesse possibilità farebbe di una società un corpo stabile o invece produrrebbe conflitti di interesse così profondi da minare questo equilibrio?'; una città-stato che permettesse tutto 'non avrebbe tutelato nulla di quello che era l'essere umano in quanto uomo, e non in quanto strumento in una macchina sociale'; Rawls avrebbe creato una posizione artificiale, dove la posizione morale o dottrinale del singolo non si doveva considerare, nel bene di tutta la società che conviveva del pluralismo stabile alla ricerca di un consenso per 'intersezione'; il filosofo riduceva l'individualità che difendeva: ignorava la persona per arrivare al consenso, metteva d'accordo e tutelava nella tolleranza. Era possibile una divergenza per ignoranza ed esistevano posizioni ragionate e ragionevoli; la difficoltà in cui imperversava l'uomo nella scelta del 'come vivere' e del 'come vivere insieme' non erano di facile soluzione, perché umani solo tra gli esseri umani, con eventi e simboli spesso dicotomizzati e interpretati diversamente, con la memoria collettiva che incideva sul comportamento".[44]

La cittadinanza europea introdotta con il trattato di Maastricht del 1992 era indipendente da principi di nazionalità perché non esisteva un'unità "nazionale" europea ben precisa.

> "Tuttavia era uno sviluppo potenzialmente positivo perché portava con sé un aspetto rivoluzionario, nonostante le attribuissero lacune politiche e la genesi non democratica del carattere, dubitando del rapporto tra sfera pubblica politica e le culture politiche degli Stati-nazione verso una democrazia post-nazionale; difficilmente gli Stati si sarebbero fatti togliere poteri, era vero, però, che si trattava di una conquista che estendeva privilegi a ogni cittadino degli Stati membri, e lo stesso valeva per il diritto di voto, anche per chi risiedeva in uno Stato membro ma originario di un altro, e l'opzione per il parlamento europeo, se votare in uno o nell'altro; la possibilità di appellarsi a un Ombudsman, oltre al già esistente sostegno diplomatico del diritto internazionale."

In Europa uno straniero non aveva nessun diritto alla naturalizzazione, i Paesi membri rimanevano padroni di cittadinanza e nazionalità che non avrebbe comportato doveri ma anche pochi diritti, uno status più che identità, e siccome non si pagavano tasse, forse, si perdevano diritti sociali e "partecipazione" al voto che scendeva sempre più.
Saremmo rimasti una città-stato solo di diritto senza una "vera democrazia" come una "monarchia asburgica" o ci saremmo evoluti con nuovi diritti e doveri?

---

44 formiche.net; Che fine ha fatto lo stato-nazione? Judith Butler, Gayatri Chakravorty Spivak, Meltemi Editore srl; "Un mondo senza stati è un mondo senza guerre", EURAC book 60, 2013.

In molte città i diritti che una volta appartenevano esclusivamente ai cittadini vennero estesi agli immigrati.

Una tendenza che sfidava le opinioni di chi, in un momento così cruciale, durante l'assestamento seguito ai contagi, la pensava in maniera radicalmente opposta, spingendo per severi controlli restrittivi alle periferie, a volte, con modi e atteggiamenti ostili; il modello città-stato, però, dove tutti si conoscevano, anche di passaggio, il sempre più nebuloso limite tra cittadini e non cittadini, e l'intensificarsi del discorso sui diritti umani fra l'opinione pubblica, misero sotto una crescente pressione i "nazionalisti" per estendere i diritti civici di appartenenza agli stranieri, in linea con quanto sarebbe avvenuto a breve.

Il modello di appartenenza post-nazionale che deriverebbe la sua legittimità dalla "personalità universale" piuttosto che dall'appartenenza alle città avrebbe costituito un nuovo approccio allo studio dei diritti umani e dell'immigrazione, materia di studio nelle nostre scuole per chiunque fosse interessato in questioni di diritti e interazioni culturali transnazionali, e nella trasformazione dello Stato-nazione attraverso il superamento di nazionalismo e globalizzazione.

"J. Habermas[45] collegava cittadinanza e atti comunicativi, sostenendo che la prossima spinta verso una società post-nazionale sarebbe dipesa dalla rete di comunicazione di una opinione pubblica politica a livello continentale-globale; Jean-Marc Ferry,[46] avrebbe individuato nella ridistribuzione economica grazie a un reddito garantito e una tassa a livello europeo il motore di questa spinta; J. Limbach[47] aveva proposto un referendum sulla costituzione europea che avrebbe acquisito contenuti concreti nella direzione di una cittadinanza attiva e partecipativa, creando e poi curando una opinione pubblica politica; se era stato possibile definire un modello europeo corrispettivo all''American way of life', un'identità europea (con le sue città-stato) che avesse escluso il mondo attorno a sé sarebbe stata una vera presunzione, un atto di superiorità.

V. Pérez-Diaz,[48] invece, credeva che da generazioni si stava evolvendo l'esperienza europea, nel senso di una straordinaria intensificazione di scambi, riferimenti incrociati e azioni di coordinamento, gli europei nella loro veste di viaggiatori, imprenditori, operai e migranti erano sempre più occupati a leggere, osservare, imitare o rifiutarsi di imitare altri europei, a influenzarli o a entrare in relazioni commerciali con loro.

La solidarietà relazionale non dipendeva dalla politica ma dalla dimensione umana transculturale mediata dalla lingua, sia introducendo un sistema multilingue, sia facendo dell'inglese quella franca, con forti resistenze di certe 'élites nazionali' che pretendevano di tener testa all''invasione anglofona', in realtà impedendo una conversazione generalizzata oltre le frontiere; Lars-Erik Cedermann[49] parlerebbe in modo meno garbato di tutto questo, come 'inerzia delle rappresentazioni culturali rintracciabile nelle

---

45 (1929-vivente) sociologo, filosofo, politologo, epistemologo ed accademico tedesco della Scuola di Francoforte.
46 (1946-vivente) filosofo francese autore di importanti recenti scritti di sociologia e politologia.
47 (1934-2016) giurista, politica e accademica tedesca, docente presso l'Università libera di Berlino.
48 (1938-vivente) sociologo, politologo e filosofo spagnolo docente ad Harvard e all'Università di Madrid.
49 (1963-vivente) politologo svizzero-svedese docente di Ricerca sui Conflitti Internazionali all'ETH di Zurigo.

abitudini interattive e nelle menti delle persone', mentre per J. Keane[50] 'no market-no civil society', il turbocapialismo era connesso alla società globale, la 'cosmocracy'. Nella governance policentrica di J. Rosenau[51]non c'era separazione tra sfera politica e economica ma la compresenza di varie sfere di autorità e interazioni gerarchiche: governi, élites, masse, Ong e multinazionali, con le contraddizioni della "fragmengration", coercitiva più che autoritaria e violenta; sia Keane che Rosenau credevano nella capacità autodemocratizzante del capitalismo post-industriale e post-nazionale senza il contrarsi eccessivo di spazi autenticamente politici con selezione di leadership rappresentative negli organi sovranazionali per il controllo di una nuova globalizzazione; un compromesso accettabile che sembrava funzionare in una condizione ibrida di passaggio tra bene comune e interessi collettivi spesso in contrasto fra loro; la sfera pubblica post-nazionale si fondava sull'uso della ragione, ascoltandosi reciprocamente e venendo a patti con le differenze tra gruppi che condividevano una minima base valoriale, le disuguaglianze non andavano ignorate perché la politica non governava solo gli eguali; già Habermas aveva rivelato un obiettivo da perseguire, un'utopia allora, quella della completa trasparenza del politico e uno spazio di visibilità assoluta dei processi di governo che vincolavano l'amministrazione al consenso libero e mediato della cittadinanza tendendo all'eliminazione dello Stato strumento di dominio in generale, una delle soluzioni dello studioso oltre all'Europa realmente integrata in una federazione capace di impedire alla globalizzazione di ridurre la forza economica degli Stati minando autonomie politiche redistributive."

Perfino Habermas, come soluzione di "governance" post-nazionale, prevedeva la creazione di una costellazione transnazionale di città-stato, nel nostro caso, capaci di creare reti globali di dibattito democratico.

Questa era la trasposizione teorica di ciò che stava materializzandosi intorno a noi naturalmente, consapevoli che a volte uno shock sociale potesse valere anni di studi, teorie e lotte politiche sull'argomento.

Come le istituzioni politiche espressione delle maggioranze all'interno delle città avevano il diritto-dovere di governare, allo stesso tempo, coloro che dissentivano "not in my name" avevano il diritto-dovere di contestare le sue decisioni, secondo le regole del pluralismo politico e della libertà di dissenso, che non avrebbe significato ingovernabilità, anzi, sarebbe sempre convenuto accadesse, altrimenti "chi governava avrebbe sempre indebolito la sua posizione, così che la democrazia maggioritaria deliberativa avrebbe raggiunto concordia e pacificazione sociale"; la semplice ragione era che non si poteva sempre saldare la sfera del sociale e raggiungere una completa oggettività nel definirla, sarebbe sempre esistito un "fuori" che avrebbe rimesso "l'ordine simbolico costituito" in discussione.

---

50 (1949-vivente) politologo australiano, docente di Politica all'Università di Sydney fondatore del (CSD) a Londra.
51 (1924-2011) politologo americano, presidente dell'International Studies Association dall 1984 al 1985.

Perciò per limitare al massimo il dissenso sarebbe stata necessaria "una società
in un processo incessantemente aperto e dinamico, anche nel legittimare
l'avversario politico, chiunque esso fosse".

Benché, come detto, l'Ue fosse politicamente caduta, sarebbe rimasta l'idea della
creazione di commissioni specifiche per argomenti e problemi con particolari
competenze, trasformate poi in istituzioni sovranazionali ad elezione diretta con
dei programmi comunitari precedenti al 2020 alcuni dei quali divennero
strutturali; altri programmi innovativi furono proposti secondo fasi di
implementazione già sperimentate da priorità progettuali di enti e associazioni
locali, in linea con priorità programmatiche più ampie, finanziate dalle stesse
commissioni, programmi celebrati attraverso giornate di sensibilizzazione
divenute vere e proprie occasioni di festeggiamenti e dedicate a: Solidarietà
europea; Diritti, uguaglianza e cittadinanza; Erasmus; Europa Creativa; Europa dei
cittadini; Asilo, migrazione e integrazione; Sicurezza interna; Giustizia; Trasporto
in Europa; Salute, Ambiente, Clima, Occupazione e innovazione sociale; Tutela dei
consumatori; Cooperazione con i Paesi Terzi; Promozione della democrazia e dei
diritti umani nel mondo; Giornata della stabilità e della pace; Cooperazione allo
sviluppo; Cooperazione in materia di sicurezza nucleare. [52]

Non a caso essendo ritornati per certi aspetti a una società industriale se non
addirittura preindustriale, queste ricorrenze e le feste religiose si sovrapponevano
nella campagna dove mi trovavo, soprattutto nei mesi caldi, quando si poteva
lavorare tutto il resto della settimana finché c'era luce, come una volta.

---

[52] Società civile e democrazia radicale, Lorenzo Cini, Firenze University Press, 2012; fondazionesancarlo.it; La società civile
postnazionale, Debora Spini, Meltemi Editore, 2006; Y. Soysal, Limits of Citizenship. Migrants and Postnational
Membership in Europe, Chicago-London 1994; Stiamo andando verso una cittadinanza post-nazionale? - Anne-Marie
LeGloannec - Scienza & Politica, 26, 2002; Sfera pubblica e costellazione post-nazionale..., Luca Scuccimarra, Rivista
"Sociologia", Gangemi Editore, 2016; researchgate.net; altreconomia.it.

Capitolo 2

2.10§ (Geopolitica, ecologia e dissenso)

Quello che dava più fastidio dall'inizio della pandemia, nell'opinione di tutti, in maggior misura in coloro che ci avevano sempre creduto, ed in particolare in quelli che si erano sempre battuti a favore, era il fatto di accorgersi solo ora che "la risposta al rischio pandemie era nello sviluppo sostenibile", come si affermava in riviste accademiche specializzate, come ammettere che oltre a minare le nostre speranze in un futuro normale, oltre ad altri motivi, già prima dell'infezione, c'eravamo dati il cosiddetto "colpo di grazia" facendo ammalare e morire un gran numero di nostri simili e mettendone in pericolo chissà quanti altri ancora.

Benché la soluzione fosse ancora lontana e la situazione peggiorata, infatti, una cosa era certa, il fenomeno della diffusione delle malattie infettive era da mettere in relazione con l'azione dell'uomo sulla natura.

L'epidemia di COVID-19, "partita" dalla provincia cinese di Hubei, aveva una cosa in comune con molte altre: erano trasmesse per via zoonotica, cioè attraverso gli animali, soprattutto selvatici, ed erano state associate alle "alte densità di popolazione umana, ai livelli insostenibili di caccia e di traffico di animali selvatici, alla perdita di habitat naturali, soprattutto foreste, che aumentavano il rischio di contatto tra uomo e animali selvatici e all'intensificazione degli allevamenti di bestiame specie in aree ricche di biodiversità".

Come tanti sostenevano, tra cui anch'io, in tempi non sospetti, successivamente comprovato da molti ricercatori scientifici, il rischio di malattie infettive, oltre ad altri problemi, rappresentava un aspetto sottovalutato nei piani di sviluppo sostenibile "cui non venivano dedicate sufficienti misure di prevenzione", ed era necessario riconoscere che "esistevano dei compromessi tra obiettivi di sviluppo socio-economico", come produrre cibo ed energia, l'impatto che avevano sull'ambiente e la biodiversità, con i rischi che "tali cambiamenti comportano in termini di insorgenza di epidemie".

"Speravo sarebbe emersa una più forte consapevolezza che i diritti sono nulla senza i doveri, che non esistevano diritti assoluti, perché eravamo tutti legati ai diritti degli altri. 'Le difficoltà del sistema sanitario ad affrontare la crisi mostravano senza retorica in modo drammaticamente schietto tutti i limiti delle nostre meschinità egoistiche'."

Da tutto ciò discendevano importanti conseguenze politico-programmatiche che avrebbero dovuto condurre nell'immediato futuro a quella riforma delle istituzioni sovranazionali in ambito europeo e internazionale come l'ONU, la NATO e la Nuova Commissione (già Agenzia) europea per l'ambiente, al fine di giungere a effettivi sistemi globali di governo.

La "geopolitica critica" sarebbe stata tra le nuove discipline che avrebbero dovuto interessarsi anche delle visioni alternative proposte da coloro che subivano gli effetti delle decisioni di potere "analizzando il contenuto di queste forme di dissenso e il modo attraverso cui il potere stesso le tendeva a marginalizzare e sopprimere".

Molti si mostravano scettici circa la capacità di questi movimenti nel portare un cambiamento sociale.

---

53 Y. N. Harari, intervista alla BBC del 16/03/20; gariwo.net; ilfattoquotidiano.it.

Era illusorio pensare che la compatibilità degli interessi che i movimenti sociali esprimevano potesse arrivare dalla sommatoria delle aspettative di tutti, proprio come l'insieme di "volontà predatoria degli attori che si cercava di combattere costituiva quell'economia globalizzata" e aveva la sua base proprio in quegli stessi territori da cui emergevano le voci dissidenti; l'alternativa politica doveva quindi essere qualcosa di più della semplice resistenza di un gruppo sociale su base locale, "occorreva re-immaginare la politica internazionale, rifondare le categorie concettuali su cui essa si è finora fondata, ripensare comunità politiche oltre lo Stato e oltre la fissità dei luoghi a cui erano state ancorate".

"Ciò che allora contava era la nozione di interconnessione, di interdipendenza e la geopolitica critica, nel proporre i suoi scenari di futuri desiderabili a scala globale, doveva osare senza timore di cadere in forme di etnocentrismo o di idealismo utopico. Il World Order Models Project (WOMB) era il forum di discussione fra scienziati militanti provenienti da tutto il mondo, nato negli Stati Uniti durante gli anni '60, sotto la direzione di S. Mendlowitz, che aveva per obiettivo la promozione dei cosiddetti 'world values': pace, benessere economico, giustizia sociale, equilibrio ecologico, concezione positiva delle identità, una sorta di base valoriale normativa su cui rifondare, a partire dalla società civile, un sistema al di là della dominante ideologia realista o del liberalismo di marca occidentale, senza tuttavia cadere in forme centralizzate di governo globale e di omogeneizzazione culturale; non si trattava di imporre in modo autoritario un modello ritenuto superiore ma di avviare una discussione sulla riforma della politica a partire da una piattaforma valoriale comune; concependo la geopolitica come pratica discorsiva, la geopolitica critica si presentava come lo studio delle regole e delle risorse socio-culturali attraverso le quali le geopolitiche venivano prodotte; la differenza, quindi, rispetto alla geopolitica tradizionale o realista era evidente, l'enfasi non era più posta sul territorio e sulle caratteristiche ad esso proprie, da cui poi far discendere regolarità circa la politica; la geopolitica critica non era però esente da limiti, in fondo essa si presentava come il nuovo discorso geopolitico dominante, che meglio di quello moderno, riusciva a interpretare la realtà postmoderna fatta di flussi e di cibernetica. Nel tentativo di giungere a una concezione di sicurezza collettiva dando credito all'esistenza di mondi futuribili dove l'atto di specificazione linguistico non fosse inevitabilmente atto di demarcazione del Sé dall'Altro, la nozione di 'società civile', che viene contrapposta allo Stato, pur riconoscendo che la stessa società non era meno xenofoba o violenta dello stesso Stato, affermava che era proprio dalla società che c'era da aspettarsi il cambiamento e i 'world values' di WOMP solo come base consensuale dalla quale iniziare a discutere, però, non certo le verità assolute da affermare nel mondo. In particolare qualche dubbio sembrava ci fosse stato riguardo a quel principio ecologico di 'Earth first', al quale per molti sarebbe stato lecito sacrificare tutto, esattamente come avveniva con il principio dello Stato sovrano; al di là di questi limiti, la geopolitica critica, comunque, era ciò che di più stimolante si potesse trovare allora nell'ambito della teorizzazione geografico-politica per riflettere sopra i rapporti tra comunità, politica e territorio nell'era dell'informatizzazione globale. La pratica geopolitica, risultato di complesse costellazioni di idee e discorsi in competizione, erano un contributo fondamentale alla geografia dei media e della comunicazione, inoltre, poiché la conoscenza geopolitica classica era ormai vista come parziale, gli Stati nazionali non erano riconosciuti più come unica unità 'legittima' all'interno della geopolitica critica; invece, la conoscenza geopolitica era diffusa, discorsivamente popolare e considerata pratica e formale, le idee geopolitiche non erano solo modellate dallo Stato, elite intellettuali e politici, ma anche attraverso la cultura popolare e le pratiche di tutti i giorni." [54]

Sembravamo diventati, all'improvviso e all'unisono, sostenitori dell'ideologia panarchica del XIX secolo, sconosciuta a tutti noi ma che allora, nel momento della crisi degli Stati nazionali, ebbe una sua nuova popolarità.
A modo nostro proponevamo il prerequisito di un uomo "libero di auto-governarsi e scegliere quali regole seguire e autodeterminare la propria vita politica mentre lo Stato territoriale e i doveri nei suoi confronti erano considerati illegittimi perché non accettati volontariamente dai cittadini" (B. Formicola, rivista Futuri, 2018).
Sempre da uomini liberi avremmo sottoscritto un "contratto" che ci avesse resi soggetti unicamente alle regole del governo della città-stato da noi scelta, "un modo inedito di intendere la politica" che, se applicato alla realtà, avrebbe rivoluzionato radicalmente l'intero ordine internazionale domando le tensioni dovute al crescente multiculturalismo della nostra società" (De Bellis, 2017).

"I sostenitori della panarchia insistevano sulla crisi dello Stato-nazione 'vestfaliano' per offrire la teoria come paradigma del 'nuovo mondo' che sarebbe venuto; gli strumenti finanziari come obbligazioni, azioni e derivati avevano assunto una sempre maggiore importanza a scapito della cosiddetta economia reale, caratterizzata da investimenti sul territorio e compravendita di beni fisici; questo fenomeno chiamato finanziarizzazione dell'economia aveva assicurato una maggiore indipendenza e libertà di movimento ai capitali e, di conseguenza, causato un ridimensionamento dei poteri statuali nel settore economico; nello stesso tempo, l'intensificazione dei flussi migratori aveva modificato e continuava a modificare la composizione etnica di Stati o interi Continenti, come nel caso europeo, mettendo alla prova le capacità di convivenza di culture differenti.
Gli statici confini delle cartine politiche, dunque, fecero posto a quelli più fluidi e meno visibili dell'economia e della cultura, rendendo le dinamiche interne dipendenti da fattori extra-statali ed extra-territoriali che facevano capo a sviluppi non influenzabili in modo diretto (Chomsky, 2015); offrendo la possibilità di auto-governo ai cittadini, la panarchia avrebbe voluto garantire loro l'indipendenza da forze che non controllavano e porre un argine alle tensioni generate dalla supremazia culturale che la 'maggioranza etnica' di un determinato territorio esercitava sulle minoranze." [55]

---

54 it.qwe.wiki; repository.lboro.ac.uk; eurasia-rivista.com; altreconomia.it.
55 futurimagazine.it.

Capitolo 3

3.1§ (Il futuro dell'uomo e la cittadinanza planetaria)

Il futuro era già difficile da immaginare per ciò che sarebbe stato in condizioni
normali, figurarsi immaginarlo in condizioni di scampato pericolo, per non pensare
a ciò che sarebbe potuto essere in condizioni di allarme ancora non completamente
cessato, per tutti noi e per quella parte di noi che eravamo la città in cui vivevamo
ogni giorno, se l'insieme di tutte le teorie su di essa e di come si sarebbe potuta
trasformare nel futuro si comprendessero tra loro in una sintesi.
Avremmo potuto immaginare quello che sarebbe stata la città dopo un periodo
di decadenza: infrastrutture e costruzioni diroccate in parte, perfino le più
recenti, invase da vegetazione rampicante, come se ciò che supportavano avesse
un'importanza relativamente considerata, come la tecnologia all'interno,
necessaria e sufficiente a sostenere un sistema sociale di pura sopravvivenza.
Era quello di cui in fondo parlavano tutti, sociologi, filosofi e architetti, cioè di
"se e come" saremmo stati ancora tutti insieme dopo quello che era successo.
Avremmo potuto immaginare spazi, costruzioni e monumenti totalmente nuovi,
tutti di un minimale bianco e acciaio, rigorosamente anche per gli interni, forse,
simbolo di un candido auspicio per un'ultima e definitiva civiltà di pace, efficienza
e rispetto; tutto sarebbe stato così, i luoghi pubblici, quelli di culto e anche quelli
di lavoro, fabbriche comprese.
Sicuramente il colore abbagliante dell'infrastruttura era quello più in sintonia
con ciò che in senso spaziale e dimensionale sosteneva: una moltitudine di dati,
l'utilità dei quali, anche per me di cui ne avrei usufruito, sfuggiva dalla mia
portata; era quella la visione più verosimile che avreste potuto avere di quello
che sarebbe stata la città del futuro.
Afflitto da un senile caso di "digital divide", esprimendomi quindi in maniera
semplicistica, avrei potuto parlare di quelle innovazioni come se il COVID-19 ci
avesse dirottati nella stessa direzione verso cui la "spagnola" del primo '900 ci
avrebbe spinti ad un successivo amore e riguardo per le attività all'aria aperta e
alla passione per lo sport e il benessere fisico, innescando un meccanismo
virtuoso che avrebbe portato a meno malati di alcune comunissime patologie.

Questo avrebbe ridotto la spesa sanitaria e la mortalità, così come pure la "spagnola" avrebbe stimolato la nascita dell'assistenza sanitaria universale e della medicina alternativa, cosa anche questa che perfezionata nel futuro avrebbe compensato, a lungo andare, i costi del sistema sanitario e mi avrebbe permesso di vivere e raccontare questi fatti alla veneranda età di quasi 120 anni.

"Le tecnologie medico-scientifiche che ormai da tempo stavano implementando l'universo scientifico e che stavano operando un vero e proprio attacco all'idea stessa di mortalità erano definite tecnologie di estensione della vita, note anche come 'anti-aging', gerontologia sperimentale e biomedica, tecniche e mezzi artificiali e naturali per rallentare il processo di invecchiamento e allungare il più possibile la vita media degli individui oltre i naturali limiti biologici del corpo e del cervello umano. Ringiovanimento dei tessuti, trapianti di cellule staminali, medicina rigenerativa, prodotti farmaceutici e sostituzione di organi vitali con quelli artificiali, avrebbero finito per assicurare agli uomini una durata della vita indefinita e il ripristino della condizione giovanile e di salute; invecchiare non era che un insieme dei sintomi dei primi stadi delle malattie legate all'invecchiamento; un intervento sarebbe avvenuto anche prima se i gerontologi non avessero a lungo strombazzato che "invecchiare non è una malattia" e i politici, quindi, non avrebbero speso soldi per combatterla; se avessimo potuto posporre l'invecchiamento anche solo di poco, ci sarebbero stati benefici per la salute molto più considerevoli di quelli che si otterrebbero anche con le scoperte più importanti riguardo a malattie specifiche; l'invecchiamento era un accumulo di patologie degenerative su cui iniziare ad agire in condizioni di benessere generale, sempre mal distribuito comunque nel mondo, non impossibile, non essendo più costretti a limitarci a un ciclo vitale esteso 'appena' oltre quello riproduttivo; l'accumularsi di un insieme di mutazioni molecolari erano causa di lesioni che, superata una soglia, diventavano disturbi: una continua 'manutenzione' e una certa prevenzione di questi eventi biologici collegati avrebbero garantito un'estensione della vita illimitata, come estendiamo la durata di un'auto con una manutenzione adeguata. Riparando il deterioramento di singoli organi e funzionalità posponiamo il confine patologico tra anzianità e vecchiaia; un anziano rispetto a un giovane avrebbe alcune differenze cellulari e molecolari, impoverimento cellulare, mutazioni mitocondriali e del nucleo, ed eccesso di rifiuti intra-extracellulari; dalla semplice alimentazione alla Crionica o l'ingegnerizzazione inversa del cervello, verso il ben più teorico Mind-Uploading, si sarebbero continuati a fare passi avanti e un giorno si sarebbe riusciti a decidere quando morire piuttosto che accettarlo; una forte etica e una forte morale avrebbero fatto da base per diventare la società che riuscivamo ad intravedere soltanto nei racconti, una storia che per il momento potevamo solo sognare." [56]

Era solo attraverso un paragone tra abitudini, modo di vivere e servizi offerti tra primi del '900 e il 2020, inizio delle vicissitudini che ci avrebbero portato ai fatti narrati, attraverso il quale potevo dare un'ordine di grandezza a quello che sarebbe accaduto appena 30 anni più tardi da quella data.

---

56 futurimagazine.it.

Avevo parlato della caduta degli Stati-nazione dopo le ondata del virus COVID-19, della formazione delle città-stato, dei loro sistemi di trasporto e delle prime sperimentazioni di governo, economia ed applicazioni tecnologiche, ma mai avrei sognato di arrivare a quei traguardi e a cosa avrebbe portato il giorno successivo, vista la crescita esponenziale di sviluppo a cui stavamo andando incontro.

Avrei potuto continuare a parlarvi del futuro partendo da punti di riferimento comuni come avevo fatto finora, perché era da uno spunto, un particolare o un modo di vivere in uso che si sarebbero potute avere la basi per farlo, da uomo del passato, come un anziano tenderebbe a descrivere il vissuto facendo uno specifico riferimento a come un qualcosa, in particolare, era ai suoi tempi, così avrei fatto anch'io partendo dalle innovazioni dei miei tempi o che sarebbe stata concepite di lì a poco, e di cui allora non si era ancora mai sentito parlare.

Difficile descrivere gli effetti su una comunità, anche utilizzando questo metodo, quando un 'concerto' di tecnologie e innovazioni fossero applicate tutte insieme e a breve distanza una dall'altra, nessuno ci sarebbe potuto riuscire in maniera esaustiva, come avevo già detto, sfuggendo anche a me che lo stavo vivendo.

Già Mitchell[57] aveva mostrato e profetizzato come Internet avesse potuto trasformare il mondo urbano, e che se la rivoluzione industriale aveva costretto la separazione del lavoro da casa, la rivoluzione digitale li avrebbe uniti di nuovo; i principi di pianificazione strategica dovevano essere rivisti a livello di Città, in modo che il luogo di lavoro e la casa non dovessero più essere separati "promuovendo la diversità".

"L'economia di Internet avrebbe influenzato il numero di viaggi, ma il commercio elettronico avrebbe richiesto una massiccia ridistribuzione nel territorio dei maxi-magazzini e mini-centri di distribuzione; l'e-commerce su piccola scala era un'interfaccia online che diventava lo 'storefront' ma anche il 'backoffice' mobile anonimo, su larga scala l'e-commerce sfidava la distribuzione di massa con una gestione delle risorse più economica e superficie utilizzata che portava a una riconversione del territorio e una pianificazione urbana basata sul trasporto pubblico; la mobilità virtuale era un rafforzamento del prestigio del luogo e della sua vicinanza, il futuro era quello del 'New Urbanism', o sviluppo orientato al transito (TOD); era un'urbanizzazione che portava a una diminuzione del traffico e all'uso dei trasporti pubblici; si stavano verificando cambiamenti demografici e sociali con maggiore attrattiva del centro a scapito delle periferie, a questo ovviava appunto l'ampliamento della rete di trasporto pubblico e la definizione delle priorità del trasporto intermodale, che erano la spina dorsale delle politiche pubbliche di trasporto urbano; la trasformazione del mercato dei trasporti pubblici si basava sulla logica dell'offerta, che

---

57   A. Mitchell (1918-1985) sociologo allo SRI International, creatore di una metodologia psicografica dei VALS.

sostituiva la logica della domanda; l'unità di trasporto non era più limitata al settore della mobilità ma diventa uno strumento di coesione territoriale e sociale, e i problemi relativi alla mobilità tenendo conto dei fenomeni di esclusione ecologica, economica e delle generazioni future, erano oggetto di ricerca sulla politica urbana; l'idea di 'smart city' con nuove modalità di regolamentazione urbana basate sull'apprendimento collettivo, la partecipazione e la consultazione pubblica e privata, le nuove politiche urbane, miravano a trasformare le stesse aree attraverso la mobilità, adattandole alla concezione della nuova globalizzazione economica e alla nuova città e/o metropoli; il nuovo pensiero di politica urbana mirava a controllare e limitare la mobilità quotidiana, come invertire la relazione tra il livello di sviluppo e il livello di mobilità, fermare la tendenza delle distanze di viaggio più lunghe o persino discutere la preminenza della crescita economica sulla logica della sostenibilità ecologica integrando il costo dell'inazione."

Nella bianca città di acciaio le uniche forme diverse, con colori, suoni e odori particolari di luoghi lontani, si potevano trovare solo in alcuni quartieri dove era assicurata agli abitanti la possibilità di autogestirsi se avessero voluto esprimersi attraverso la loro cultura, anche se spesso si trattava di un lento processo di adattamento alla "forma mentis" urbana esistente, pur conservando idee, valori e costumi, mentre altre volte era il caso di chi attraversava i nostri territori solo per poi ripartire; quel pizzico di colore portato da quelle genti lontane in quei quartieri era piacevole per quasi tutti, in quanto rompeva con il monotono stile di fondo, dava nei mercati l'opportunità di vedere e toccare oggetti che nel migliore dei casi trovavi su internet e mangiare cibo diverso da quello dei sedicenti ristoranti etnici del centro; per una cittadinanza "planetaria" occorreva promuovere un'apertura mentale che accogliesse il nuovo, il cambiamento e la diversità. Scuola e società avevano bisogno di una concezione pedagogica della "comprensione planetaria" per contrastare razzismo e intolleranza.

"Il difficile problema della contemporaneità consisteva nel coniugare il particolare e l'universale, il locale e il globale, evitando al contempo, che l'universalità si traducesse in omologazione, con la conseguente riduzione delle varietà di forme di vita e di cultura, di intelligenze, saperi e linguaggi, dove la difesa della particolarità doveva evitare il rischio del localismo, del culto esasperato delle radici in quella ossessione identitaria, causa di violente divisioni, di conflitti e discriminazioni, in cui l'identità degli altri risultava fissata in stereotipi ai quali si attribuivano carattere di fissità e negatività, considerando in modo dispregiativo l'immigrato e il 'diverso'; la paura della differenza produceva attribuzioni di identità svalutative e negative creando insormontabili barriere mentali e simboliche, muri, limiti e confini che legittimavano e razionalizzavano giudizi di inferiorità e pratiche di intolleranza con violazioni dei diritti imprescindibili della persona; il genere umano possedeva grandi risorse e capacità creative nella possibilità di una nuova creazione di cittadinanza planetaria, cosmopolita e internazionale, attraverso l'educazione della trasmissione del passato, nel recupero della memoria storica al centro della innovativa missione di una progressiva progettualità interculturale del pensiero e delle sue differenze; nessun popolo poteva arrogarsi il diritto di una priorità cronologica e superiorità qualitativa, perché ogni civiltà si costituiva su un terreno interculturale, ossia come la risultante di interazioni transculturali con altri saperi, linguaggi, valori, fedi e culture diversi; ogni specifica cultura non era univoca ed unica, ma plurale, prodotta da molteplici dinamiche di differenziazioni, scambi, ibridazioni, commistioni, contaminazioni e innesti; l'approccio interculturale era dialogo, semplice confronto tra opinioni definite e consolidate, dove gli interlocutori, però, erano disposti a mettere in discussione i loro presupposti, i preconcetti e persino se stessi; la globalizzazione, realizzando un unico orizzonte per una molteplicità di realtà locali, poteva apparire come la migliore occasione per intendere la conoscenza a livello interculturale, al contrario la tendenza sarebbe stato l'azzeramento e l'omologazione delle differenze, considerate uguali sul piano del valore, ma solamente quello economico, rischiando di esasperare l'incidenza del fenomeno migratorio, se non si fosse attuato un miglioramento della condizione dei lavoratori del Sud del mondo, costretti ad emigrare per condizioni di vita migliori; l'aumento del divario Nord-Sud del pianeta e le nuove condizioni di instabilità e di tensione tra i popoli avevano compromesso la possibilità di scambio e di dialogo tra irriducibili contrapposizioni; l'educazione interculturale riconosceva il valore delle pari dignità e opportunità delle diversità da promuovere, rispettare e valorizzare, e per questo costringeva a ripensare le manifestazioni di intolleranza e incomprensione contro persone e minoranze; oltre il muro del pregiudizio avremmo infine costruito un pensiero transculturale con la sottoscrizione di intenti comuni e valori condivisi per un progetto di coesistenza pacifica dei singoli, i gruppi e i popoli, con i fondamentali diritti alla libertà, alla creatività, alla conoscenza e al rispetto delle proprie differenze; un grande investimento pedagogico nell'elaborazione di un progetto finalizzato al confronto interculturale, un pensiero inter-trans-culturale era capace di contrastare l'uniformità e l'assenza di progettualità per il futuro; l'intercultura era un pensiero capace di muoversi tra i molteplici piani esistenziali e culturali del reale, per educare in maniera complessa e trasversale, sviluppando conoscenza della conoscenza, gestendo saperi e informazioni dell'autentica e reale esistenza; per realizzare una autentica cultura democratica sparsa sull'intero pianeta occorreva dotarsi di alfabeti complessivi, innovativi linguaggi e antichi saperi, molteplici e articolati, che riuscissero ad accomunare e intrecciare dialetticamente e creativamente il vicino e il lontano, la microstoria e la macrostoria nella particolarità e nell'universalità, affinché la propria identità e personale autonomia intellettuale contrastassero dipendenza e omologazione in un comune progetto di liberazione da vecchie e nuove forme di esclusione; la rivoluzione culturale planetaria era un'inedita idea di cittadinanza che sapeva valorizzare la positività delle differenze geografiche, mentali ed esistenziali; per questi motivi, l'educazione alle differenze e al pluralismo comportava una costante analisi percettiva, sensoriale, intellettuale, emotiva e relazionale, alla scoperta delle differenze che arricchivano le nostre città.”

I fatti politici, economici e demografici mi avrebbero interessato molto di più, da anziano quale ero, piuttosto che le incomprensibili applicazioni digitali della “smart-city” o di androidi e droni del dipartimento sanitario di igiene e salute, addetti al monitoraggio delle condizioni dei suoi cittadini, non tanto per il nuovo Coronavirus che non era più da tempo il fatto del giorno e per il quale il "distanziamento urbano" sembrava essere stata l’arma vincente sotto ogni profilo.

Quei piccoli supporti tecnologici, come piccole eliambulanze sfrecciavano sopra la mia testa alternate a droni di vigilanza, facendoti comunque sentire compreso all'interno della sfera di quella Comunità, abbracciato ancora dalla stessa solidarietà umana, che avevamo compreso essere imprescindibile per la sopravvivenza di tutti. Piccole attenzioni che mi facevano sentire umanamente "prezioso", oltre che utile per quel "feedback loop" che ci rendeva tutti indispensabili per il funzionamento della rete infrastrutturale sociale e tecnologica da cui dipendeva il grado di civiltà che avevamo raggiunto.

Non si trattava certo di invasione della privacy, anzi, faceva piacere che qualcuno mi parlasse mentre me ne tornavo dalla passeggiata a sera, sebbene con un "impercettibile" accento sintetico-vocale, un dialogo strano dove tutto ciò che dicevo veniva usato per analizzare quello per cui il mio accompagnatore era stato programmato, cioè salvaguardare la mia salute, e che se fossi stato un po' più rimbecillito avrei giurato avesse voluto, invece, star lì per aver sempre ragione e mi stesse, seppur gentilmente, prendendo per i fondelli.

"La mente e l'ethos dell''uomo planetario' erano soggetti capaci di abitare un mondo naturale e sociale in cui l'equilibrio tra pluralismi e differenze erano costantemente realizzati, con collaborazione e intesa, dovevano aver interiorizzato principi etici, cognitivi ecologici e di responsabilità; il rispetto degli equilibri creatisi tra fattori diversi in un habitat era anch'esso un fattore di accordo, riconoscimento reciproco e integrazione. Ciò valeva trasversalmente per conoscere, senza ridurre la complessità del mondo, ed abitarlo attivamente; il principio di responsabilità avrebbe dovuto caratterizzarne l'uomo, razionale poiché teneva conto del nostro destino responsabile, avendo fatto un proprio 'calcolo' e razionalizzato l'azione; la responsabilità significava anche investire nel futuro, farsene carico e non risolvere la propria azione solo nel presente ma in una prospettiva più ampia, aldilà del solo successo, un intreccio di razionalizzazione e futuro che caratterizzava la responsabilità dell'uomo nel garantire la sussistenza e la crescita insieme; la mente dialogica dell''uomo planetario' era aperta al confronto, all'ascolto e al colloquio per costruire qualcosa insieme, comprendere significava conoscere secondo molti punti di vista, confrontarli, produrre conoscenza sempre più complessa, varia e completa, comprendere liberava l''intelligere' e lo saldava con tutte le procedure cognitive; insieme all'incontro, nell'ethos dell'uomo planetario, aveva un posto chiave la comunicazione, occasione e mezzo dell'incontro; la prospettiva globale in educazione era una pratica pedagogica che implicava l'apprendimento di tematiche relative all'attraversamento dei confini cittadini e regionali e all'interconnessione fra sistemi culturali, ecologici, economici, politici e tecnologici, e implicava inoltre, la comprensione e l'apprezzamento della diversità culturale, nonché la capacità di vedere il mondo attraverso gli occhi degli altri; i teorici individuavano quattro temi ricorrenti, riconducibili alle dimensioni della consapevolezza globale: 'acquisizione di prospettive multiple', 'comprensione e apprezzamento delle culture', 'conoscenza di eventi e questioni globali' e 'concezione del mondo come sistema interconnesso'." [58]

---

[58] baripedia.org; peacelink.it; digilander.libero.it; Sicurello, R. (2016), Educazione alla cittadinanza: significati, linee di ricerca, finalità e pratiche didattiche.

Capitolo 3

3.2§ (Smart-city e infrastrutture)

Che venissero definite "smart" o meno, una cosa era certa: le città erano più che
in qualsiasi altro periodo della storia, il luogo del cambiamento, della "rivoluzione
dell'abitare, del consumare e dei nuovi movimenti sociali", e se ieri la
città era un mondo, oggi il mondo era diventato città, in quanto ne riproduceva
al suo interno la molteplicità e le contraddizioni facendo in modo che le sue
sorti fossero determinate sempre da fenomeni globali ma solo "divenendo essa
stessa nodo di una rete globale"; ora più che mai le città-stato erano globali
perché avevano sostituito gli Stati nazionali giocando un ruolo sempre più
importante nell'economia e nella politica mondiale, rappresentando gli "hub" di
una rete economica e finanziaria che sostituiva quella statale, ma anche luoghi
dei nuovi poteri direzionali, dove almeno inizialmente nascevano nuove élites
e disuguaglianze, aree in cui si concentravano miseria e sfruttamento, il nuovo
sradicamento dei migranti verso l'estrema periferia e il ripetersi dell'esplosione
urbana del "burst-out" in quella più prossima; tuttavia l'appartenenza alla città era
l'insieme di quegli aspetti della vita sociale che permetteva agli individui di agire
insieme in modo più efficace per il raggiungimento di obiettivi condivisi, per
incrementare l'efficienza della comunità; un "capitale sociale" capace di influenzare
strategie, strutture economiche e politiche della società locale, decentrato e diluito
sul territorio ma con il suo "potere decisionale e di fruizione comune degli spazi
con la conseguente partecipazione all'organizzazione cittadina".
Venute meno per un certo periodo le grandi associazioni partecipative classiche,
come sindacati e partiti politici, prese forza la centralità degli individui
attraverso "reti" di soggetti interagenti tenute insieme dagli sforzi solidali dei
singoli attraverso Internet, facendo perno sui contatti personali e le conoscenze,
trasmettendo informazioni tra persone provenienti anche da ambienti differenti,
non più accomunati per classe sociale o livello culturale, ma da interessi
condivisi con molteplici legami effettivi con gli altri.

Facile capire quanto fosse stata importante la rete Internet in quel momento.
Senza di essa il nostro momentaneo arresto e la decrescita economica sarebbero
continuati se non addirittura peggiorati, e nonostante questo, qualcuno
sottolineava la pericolosità celata dietro Internet dell'inganno di una falsa
promessa democratica, e allo stesso tempo la possibilità che essa dispiegava di
un cambiamento sociale, politico, economico e culturale, troppo profondo.

> "Il processo di 'governance', superava la logica gerarchica di comando con
> l'introduzione della pratica della concertazione, un nuovo modello di governo
> caratterizzato da un maggiore livello di cooperazione; il centro-città era lo spazio
> economico del commercio e dei servizi, in città si concentravano le funzioni di
> controllo del sistema economico e quindi stabile insediamento di mercato e scambio.
> In alcuni determinati periodi della storia, detti 'intermezzi storici' la città-autonoma
> riusciva a conquistare una sua ampia autonomia politica ed economica rispetto al potere
> dello Stato-nazione attraverso un'intensa vivacità commerciale e culturale; il
> Rinascimento, ad esempio, fu il frutto di questo dinamismo senza che ci fosse stata
> restituzione in opere per il bene comune ma ad uso esclusivo di nobiltà e borghesia,
> come in altri periodi per altri ancora; ora lo spazio urbano era esploso, non aveva
> più confini netti, si era dissolto, diventava sempre più liquido, il modo in cui
> i soggetti che si rapportavano reciprocamente negli ambienti urbani, tanto in quelli
> virtuali, era cambiato in modo radicale vivendo nella quotidianità."

La città era l'ibridazione del locale con il sovranazionale, intreccio tra il diverso
e il possibile, l'applicazione sistematica dell'"edge-city", lo spostamento
di affari, shopping e divertimento al di fuori di un tradizionale quartiere
centrale, in quella che era stata in precedenza una zona residenziale o
rurale suburbana.
Le "regioni metropolitane" come costellazioni urbane dislocate in territori
vastissimi erano policentriche e disposte secondo le linee base di una struttura
monocentrica e simbiontica tra territorio e città, integrando città e paesi
preesistenti, una realtà aumentata come pratica culturale ed estetica più che
tecnologica.

> "Le città avevano già avuto simili trasformazioni in passato, quelle che avevano saputo dare
> risposte a queste esigenze erano cresciute, mentre le altre avevano subìto un rapido declino.
> Vecchi quartieri erano stati abbandonati o abbattuti, patrimoni storico-architettonici
> messi a rischio; il paesaggio compromesso da antropizzazioni eccessive e l'ambiente
> deturpato da scarichi inquinanti e residui di produzioni; le reti infrastrutturali avevano
> brutalmente ferito città e territori; la divisione sociale si era accentuata e sempre più abitanti
> avevano cominciato a vivere ai limiti della sopravvivenza; l'impatto sul territorio delle reti
> digitali era meno invasivo di quello delle altre infrastrutture e la separazione funzionale dello
> 'zoning' sarebbe stata superata; la connettività a banda larga e larghissima avrebbero
> garantito competitività anche a territori marginali con emissioni in atmosfera ridotte.

Tutto sarebbe avvenuto in tempi relativamente lunghi: la trasformazione delle città da ciò
che erano a quello che sarebbero state non avvenne repentinamente e senza pericolo di
catastrofi, ma in maniera lenta ed incrementale; il rapporto tra territorio e infrastrutture
nel corso di 50 anni si era andato modificando limitandosi inizialmente alla questione
della valutazione degli impatti ambientali; in realtà il rapporto tra infrastrutture e
territorio era più complesso, ricco di implicazioni, e aveva a che fare con difesa delle
identità sociali e culturali, salvaguardia dei valori paesaggistici e crescita economica, sia
delle aree geografiche evolute, sia di quei territori più deboli e marginali rispetto alle
direttrici di sviluppo; restare esclusi dalle reti, dai commerci e da opportunità di sviluppo,
senza le quali non si potrebbe coniugare la difesa della qualità del territorio con i livelli
di benessere raggiunti, non era rischio da correre; i grandi corridoi di comunicazione, le
ferrovie e i porti, non erano solo infrastrutture di trasporto, ma motori di sviluppo
territoriale; nella logistica, l'effettiva creazione di valore si aveva aggiungendo al
semplice spostamento delle merci anche fasi di lavorazione dei prodotti, con la rete
infrastrutturale che generava ricadute sul territorio, offrendo le condizioni per lo
sviluppo dei distretti locali; se si riconoscevano alle città poli di commutazione-flussi di
natura diversa, come conoscenze e saperi, allora si estendeva la logistica a sviluppo di
capacità che aveva di trasformarli in valori territoriali; non era accettabile un arcipelago
di poche eccellenze integrate a livello planetario immerso in un mare di aree marginali
fuori dallo sviluppo e condannate ad un'economia assistita; occorreva ripensare lo
sviluppo locale e le politiche di coesione, contro le ineguaglianze, promuovendo progetti
territoriali con mezzi non sempre disponibili localmente; allora ecco che le reti digitali
giocavano ruoli importanti nel definire un'immagine territoriale come insieme di strati
che rappresentavano filamenti di connessione tra diversi livelli per intercettare le linee
di flusso e di sedimentarle commutandole in valori territoriali; lo spazio non veniva più
interpretato come insieme di contesti locali collegati tra loro da reti di infrastrutture,
piuttosto come espressione di insiemi di strati, dove ogni polo era punto di incrocio e
commutazione, nodo di densità in una grande intersezione di flussi; il territorio-area
della prossimità spaziale si affiancava a quello di territorio-snodo, 'hub' di relazioni
intersettoriali e multiscalari; le 'piattaforme territoriali' diventavano distretti geografici
capaci di relazioni con circuiti planetari con sistemi produttivi integrati in grado di
reggere sfide globali e i 'territori snodo' realtà capaci di agire da commutatori tra i flussi
globali e i territori locali, moltiplicatori d'innovazione per strutture produttive e sociali.
I network di connessione infrastrutturali diventavano combinazione di reti che
garantivano flussi di beni e persone e rapida divulgazione informativa e di conoscenze.
Comune a tutte queste entità era la presenza di attrattori di flusso, con la presenza di
funzioni avanzate: parchi tecnologici e centri di ricerca per le innovazioni tecnologiche
e scientifiche; scuole e università per la conoscenza e la formazione di specialistiche,
competenze, e centri servizi outsourcing alle imprese; lo sviluppo di energie rinnovabili
come l'eolico e fotovoltaico avvicinava l'obiettivo di decentramento produzione-utenti
locale, favorito da politiche di liberalizzazione di questi settori; le reti della mobilità,
telecomunicazioni ed energia, potevano considerarsi un 'unicum' infrastrutturale in
grado di generare ricadute rilevanti sui territori offrendo loro condizioni base per uno
sviluppo 'intelligente'."

Erano mio figlio e i nipoti che mi tenevano informato su cosa potesse essere la
"smart city" e come sarebbe evoluta, un concetto piuttosto astratto per chi, come me,
aveva ormai ristretto il proprio ambito sociale di vita tra la casa e i giardini che
frequentava di solito.

Tornati dal lavoro e dalla scuola passando a trovarmi, raccontavano ciò che avevano fatto e appreso, felici e motivati, con gli occhi che brillavano di quella luce che solo speranza e stupore sapevano dare, la stessa di quando ero io a fantasticare del futuro. Più in particolare il minore dei miei figli mi spiegava in dettaglio bizzarre curiosità, frequentando una sorta di "master" in una scuola di specializzazione tecnica.

"La 'smart city' era immersa in un territorio 'smart' che forniva attraverso reti digitali, flussi di informazioni che elaborati erano utilizzati per individuare interventi operativi immediati; i sistemi di sensori monitoravano fenomeni naturali come il livello delle acque dei bacini e dighe, principi di incendio, processi di franosità, stato d'innevamento, perdite di condutture e acquedotti, inquinamento di acqua e aria urbana, dispersione termica di edifici per una tassazione differenziata, condizioni del traffico, disponibilità di parcheggi e sicurezza con videocamere e sensori a infrarossi; alcuni dati potevano essere inviati agli utilizzatori attraverso le periferiche mobili, oppure info-point disposti in punti strategici della città; traffico e parcheggi, tempi di attesa alle fermate di trasporto pubblico, disponibilità di alberghi e ristoranti e la prenotazione di biglietti.
Un network dove ciascun polo era punto di incrocio e di commutazione di reti multiple. Le infrastrutture sarebbero state implementate con network intelligenti capaci di controllare la domanda di risorse attraverso il monitoraggio in remoto dei contatori e la riduzione di spostamento risolta attraverso attività svolte in remoto come: telelavoro, shopping online, video conferenze e telemedicina; i mercati telematici sarebbero stati capaci, riducendo percorsi e traffici, di ottimizzare gli approvvigionamenti sempre attraverso sensori ICT (Information and Communication Technologies); l'aumento del territorio urbano, compreso centro e periferia allargata, era causa di una maggiore ramificazione della rete elettrica e più punti nodali che, a loro volta, comportavano potenziamenti della rete elettrica, evitando 'dipendenze' di fornitura elettrica e 'vulnerabilità' alle interruzioni di energia, fondamentale per le reti idriche, di trasporto, e per la comunicazione, introducendo i progressi fatti nella tecnologia delle batterie elettriche e delle centrali di produzione di energia; a questo si aggiungeva l'aumento della domanda di comunicazione mobile, navigazione satellitare, servizi di emergenza, controllo e monitoraggio, informazioni ai viaggiatori e un miglioramento delle vie d'acqua, alternative al trasporto su gomma o ferrovia; per primo era necessaria la dotazione di dorsali di telecomunicazione sul territorio in oggetto con sistemi anche promiscui: cavo, fibra ottica, wireless, satellitari, digitale terrestre, telefonia di terza generazione, o tecnologia di quinta generazione 5G; infrastrutture intelligenti potevano inoltre coadiuvare modalità di viaggio in situazioni di crisi, pericoli, condizioni meteo estreme o per i limiti di velocità; non più aree senza Internet gratuito, ma ponti fra connessioni e più città dove era possibile trovare hotspot nei ristoranti, stazioni ferroviarie, aeroporti, librerie, alberghi e università, senza escludere parchi, piazze e centri commerciali.
Un'infrastruttura intelligente otteneva maggiori prestazioni con minore consumo, i temi del risparmio energetico e dei cambiamenti climatici globali erano alla base di qualsiasi ragionamento sul futuro delle reti infrastrutturali: progettare infrastrutture in modo intelligente, avere informazioni intelligenti dalle infrastrutture, progettare applicazioni intelligenti da inserire in infrastrutture, utilizzare in modo intelligente le infrastrutture.
Un'infrastruttura che informasse in modo dettagliato cambierebbe il nostro stile di vita, facendo coincidere nello stesso ambito, lavoro, svago e residenza; lo sviluppo delle ICT avrebbe favorito il lavoro da casa con diminuzione del pendolarismo, miglioramento di efficienza del trasporto merci con gestione telematica dei mercati e analisi delle origini-

destinazioni delle merci; la pianificazione urbanistica, politiche infrastrutturali e altre strategie avrebbero individuato aree residenziali con basso impatto d'opera, corretto inserimento urbanistico e sostenibilità ambientale e paesaggistica, nonché sostenibilità finanziaria, consumo d'energia e emissione inquinanti; cosi come cambiavano i modelli produttivi, cambiavano i modelli di vendita, passati in 50 anni da distribuzione diffusa nel centro città agli ipermercati in periferia e nei successivi 50 anni alle vendite online con cambiamenti nel sistema magazzino e distribuzione, avremmo avuto uno sviluppo di produzioni flessibili ottenendo economie di scala, soddisfacendo la personalizzazione delle merci, valore aggiunto irrinunciabile per contrastare l'emigrazione delle economie verso aree geografiche a basso costo di produzione; infrastrutture intelligenti erano i sistemi intermodali integrati di trasporto che avrebbero creato un sistema centralizzato di controllo della mobilità che rispondeva dinamicamente alle esigenze dei fruitori. Molte fasi della produzione venivano affidate ad imprese esterne per contenere i costi e garantire standard qualitativi; questi servizi erano svolti online, attraverso reti digitali, servizi in outsourcing online come: l'housing e l'hosting dei server, grafica, call center e segreterie amministrative; politiche d'investimento misto pubblico/privato per i sistemi ITC e i servizi on-line sarebbero stati erogati in territori a economia debole ma ad alto valore paesaggistico ed ambientale, specializzandoli con una dotazione di infrastrutture digitali e servizi di alto profilo: non solo collegamenti aerei, marittimi e ferroviari con la logistica, ma anche reti digitali integrate a quelle d'accoglienza e culturali; le reti energetiche, inoltre, avrebbero permesso di produrre energia rinnovabile con contatori intelligenti che avrebbero consentito di comprare e vendere energia in modo automatico, e re-indirizzare i flussi energetici di picchi o cadute di produzione, mentre il recupero d'energia da smaltimento rifiuti sarebbe avvenuto con metodi di termovalorizzazione, riciclo e raccolta differenziata; le reti digitali erano matrici insediative del territorio assumendo ruoli che un tempo erano stati di infrastrutture come ferrovie e strade."

Sapevo, infatti, che le opere principali da effettuare nel costruire cittadine e quartieri erano le infrastrutture classiche, come quella elettrica, stradale e fognaria, scoprire, invece, che per primo si sarebbe dovuto pensare a quella informatica e delle telecomunicazioni mi sembrava una superflua necessità rispetto alle precedenti.

"Le innovazioni in questi settori erano tali che diventava difficile elaborare degli scenari attendibili oltre i 20 anni; nuove tecnologie avrebbero giocato un ruolo determinante nel futuro delle reti infrastrutturali, dall'approvvigionamento dell'acqua allo smaltimento dei liquami; gli impianti di trattamento erano sostituiti da metodologie di depurazione senza distinzioni tra distribuzione e smaltimento combinandoli in un unico processo, infine, la rete idrica, con innovazioni nanotecnologiche, perfezionava con sensori il monitoraggio, autorigenerandosi con materiali 'intelligenti'; le applicazioni digitali avevano già trasformato radicalmente molti settori, l'automazione dei cicli produttivi, le transazioni finanziarie, l'home-banking, l'e-government e i servizi ASP, ma anche telemedicina, e-learning ed e-commerce o shopping online; al centro dell'interesse non c'era l'aspetto tecnologico, sociologico o economico, piuttosto il nuovo modello urbano venuto da una società dell'informazione tesa verso la 'nuova globalizzazione' e gli strumenti urbanistici chiamati a governare i processi di trasformazione del territorio. Le infrastrutture TLC erano state lasciate in mano agli operatori privati i quali avevano agito seguendo il mercato, era matura una seconda fase di sviluppo del digitale in stretto rapporto pubblico-privato per razionalizzare e gestire rete e servizi online, come un obiettivo strategico, una nuova categoria di opere pubbliche."

L'elettricità avrebbe fatto inizialmente da supporto iniziale alla rete Internet, di strade se ne sarebbero viste sempre meno e per le fognature del ring esterno, all'inizio sovrappopolato, si sarebbero adottate moderne fosse settiche interrate profondamente nel sottosuolo cittadino, completamente automatizzate nei loro processi di depurazione e smaltimento, monitorate tramite sensori; per i palazzi e le abitazioni in genere "la produzione di acqua calda e fredda per la climatizzazione era effettuata da un impianto dotato di pompe di calore a scambio geotermico ad alta efficienza, utilizzando acqua di falda sotterranea; le doppie vetrate degli edifici, dotate di serrande orizzontali e verticali, creavano una camera d'aria naturalmente autoventilata nell'intercapedine evitando che questa si surriscaldasse comportando maggiori consumi; l'illuminazione degli interni, all'insegna dei massimi standard di efficienza energetica e comfort degli occupanti, era costituita da corpi fluorescenti controllati da sensori di presenza e di livello, uniformandola all'intensità di illuminamento naturale." [59]

"Utilizzare tecnologie ICT innovava i progetti nell'urbanistica col GIS (Geographical Information System) ma soprattutto la rappresentazione (CAD e modellazione 3D) e la conoscenza (database relazionali e GIS); il 'Digital Urban Planning' era irrinunciabile per organizzare una città del futuro, dove persino i fenomeni NIMBY [60] erano contenuti per mezzo di una comunicazione democratica e un dibattito politico non filtrato e credibile; nell'iter approvativo, la fase di attuazione avrebbe potuto essere stata vanificata dall'istituto della Variante e qui la tecnologia avrebbe reso le Normative Tecniche di Attuazione più vicine agli obiettivi prefissati per indici di fabbricabilità, efficienza energetica di edifici o permute di terreni; le ricerche su database o siti delle amministrazioni pubbliche e istituzionali, ricchi e aggiornati di materiale informativo, moduli e facsimili, visure di documenti ufficiali, tavole e norme del PRG o del Sistema Informativo Territoriale; CAD e data base relazionali (DBMS), il disegno computerizzato delle entità geografiche e le informazioni avrebbero contenuto numero di piani dell'edificio, metrature dei singoli appartamenti, lista degli inquilini, presenza di garage e cantine nei seminterrati, dati che sarebbero sparsi fra diversi uffici; i SIT sarebbero stati così un deposito online di dati aggiornati e organizzati del territorio, uno strumento di lavoro quotidiano per cittadini, amministrazione, enti e imprese, un workspace condiviso trasparente e accessibile; l'e-government avrebbe velocizzato gli enti pubblici nell'offrire a cittadini e imprese nuovi servizi rapidi per visionare e scaricare documenti attraverso i siti web degli uffici interessati, molto più di un tempo, da e per ogni luogo e per qualsiasi utilità." [61]

---

59 iguzzini.com/it.
60 (Not In My Back Yard, "Non nel mio cortile") protesta contro opere pubbliche nel proprio territorio.
61 SENSEable City – MIT Laboratory a cura di E. Morello, A.Biderman, F. M. Rojas, C. Ratti.
   SMART PEOPLE / SMART CITIES, core.ac.uk.pdf.

Capitolo 3

3.3§ (Digital-cities e nuovo umanesimo)

Lavorai ancora molto tempo in quell'azienda agricola vicino la mia città che ci aveva accolti così spaventati, come tutti, quando si era sparsa la notizia del nuovo virus, i miei figli, invece, crebbero tra la città-stato e la campagna e i loro nella nuova, multiculturale, moderna ed organizzata città-stato.

Trovarono tutti una loro occupazione nello sviluppo di nuove tecnologie, niente di strano, anzi, trovare un lavoro in quel settore era qualcosa di ricercato ed esclusivo anche se inflazionato e competitivo perché scelto da molti per le ottime possibilità, tutti cercavano di migliorare il proprio futuro e poiché erano parte della città, la città era il loro futuro; ormai l'azienda in cui avevo lavorato per tanto tempo, con quegli amici che chiamavo ancora giovani ma che ormai erano invecchiati tanto quanto me, era diventata grande e conosciuta nella nostra regione, addirittura si arrivava a commerciare a molti "ring" di distanza, alcuni anche in centro Europa.

Dall'azienda, tra anello urbano e territorio regionale, passavo ore e ore ad osservare come tutto era cambiato, guardando a lato potevi scorgere oltre a tante altre aziende agricole e moltissime case sparse per la campagna, la cintura di città attorno alla principale e il tracciato della ferrovia circolare, guardando verso il centro, invece, quelli dei treni municipali fare continuamente la spola tra il ring e il centro urbano, in mezzo ad un meraviglioso percorso immerso nell'immensa area periferica intorno, ora bonificata; era chiamata anche città-giardino, alludendo senza volere a quelle teorizzate da E. Howard alla fine del XIX secolo, non di certo a quelle dei quartieri dei secoli successivi, che a parte l'estetica non risolsero il problema del ricorso alle auto, né quello dello spopolamento durante l'orario di lavoro.

Adesso dalle colline esterne era un piacere stare a guardare la bellezza del curato verde pubblico esteso a perdita d'occhio, fino all'acciaio e le luminose vetrate delle moderne strutture costruttive cittadine in lontananza, bianche e abbaglianti, dove andammo a vivere tutti insieme, una volta lasciata definitivamente la campagna.

Il concetto di "Digital Cities" stava entrando sempre più nel linguaggio comune evocando scenari fantascientifici di città sempre più proiettate verso il futuro e spesso il concetto era associato ad "un'arena virtuale".

All'interno di questa "arena" le persone di una comunità locale potevano "interagire
e scambiarsi conoscenze, esperienze, servizi o semplicemente condividere
interessi attraverso la rete": All'inizio, sul modello di American On Line (AOL)
Digital Cities c'era una "guide on-line delle maggiori città che oltre a dare
informazioni su tempo libero e turismo, servivano anche per comperare online
servizi e prodotti", Amsterdam Digital City era una "piattaforma che consentiva
l'interazione dei cittadini con la pubblica amministrazione per servizi ed
informazioni, non solo da casa, ma anche da postazioni in luoghi pubblici",
l'Helsinki Arena Project "ricreava la città virtuale 3D e consentiva l'interazione dei
cittadini live video", Kyoto Digital City "creava una sofisticata architettura e
metteva a disposizione di cittadini e turisti informazioni e servizi con dati in tempo
reale di traffico, capienza parcheggi, meteo e inquinamento"; ampliando il concetto
di Digital City e "riferendolo ad una città del futuro, l'utilizzo delle ICT avrebbe
potuto indurre mutamenti nel modo di fruire la città da arrivare, forse, a cambiarne
anche la configurazione spaziale stessa"; un filone di ricerca di Mitchell [62]
e Castells,[63] aveva maturato riflessioni "sugli effetti sociologici di un futuro
dominato dal ICT e rivoluzione digitale sul futuro delle nostre città" in un
fenomeno di frammentazione e ricomposizione, non repentino, ma lento ed
incrementale dei modelli esistenti, con proprietà sconosciute, di cui ci interessava
la prospettiva di sostenibilità ambientale, sociale ed economica, incominciando
a riflettere su un concetto nuovo, l''ecologia digitale', nuova frontiera dello
sviluppo sostenibile"; l'era digitale poteva "segnare il riavvicinamento uomo-
ambiente legato all'uso sostenibile delle risorse", in una società diretta sempre
più verso la produzione di servizi, "l'utilizzo delle tecnologie dell'informazione
e la comunicazione non era un optional, ma l'irrinunciabile per la competitività
sostenibile dei territori, soprattutto per quelli rimasti ai margini dello sviluppo
globale"; mappare l'intensità dei segnali telefonici nel territorio nelle diverse
ore del giorno, ricostruire gli spostamenti o le origini-destinazioni dei flussi di
traffico individuando i punti critici del sistema, i luoghi e le ore dove si
formavano gli ingorghi e i punti di affollamento, migliorare l'interfaccia uomo-
computer adeguandola alle potenzialità delle nuove tecnologie ovviando alle
limitazioni che potevano presentare, ecco la direzione verso cui ci si sarebbe
mossi.

---

62 (1942-vivente) accademico americano, professore di inglese e storia dell'arte all'Università di Chicago.
63 (1942-vivente) sociologo SPA/USA professore di sociologia a Berkeley e in scienze della comunicazione all'USC.

"Il fenomeno della Digital Life avrebbe interessato giovani generazioni che avevano
nuovi modi di interazione sociale attraverso l'uso del cellulare, del PC, TV interattiva e
tutti i dispositivi digitali multimediali sul mercato; il networking era il riferimento della
nuova organizzazione sociale; la tecnologia assumeva il ruolo di sistema preferenziale
per la comunicazione sociale modificando i comportamenti individuali e le interazioni
di gruppo all'interno degli spazi insediativi, modificando di conseguenza i sistemi d'uso
della città, home banking, e-learning, e-commerce e trading on-line, ed arrivava a
comprendere quelle applicazioni simili che creavano 'smart places' attraverso
sensor networks, reti di sensori di piccole dimensioni che potevano essere utilizzati
per sorveglianza e monitoraggio ambientale, oppure 'tangible interfaces' che
permettevano di trattare l'intero spazio fisico attorno all'utente come parte di una
interfaccia uomo-computer (HCI), impiegando gli oggetti fisici come portatori di
informazioni; alcune etichette che sarebbero state spesso utilizzate e legate alla parola
'city', solo per citare le principali: Digital, Intelligent, Ubiquitous, Wired, Hybrid,
Informational, Creative, Learning, Humane e Knowledge."

Secondo Pierre Levy[64] eravamo di fronte a un nuovo spazio antropologico, un
nuovo umanesimo, dove l'intelligenza veniva valorizzata grazie alla tecnologia
che permetteva la comunicazione e la circolazione del sapere a distanza
geografica e culturale, dando vita a processi sinergici di collaborazione e co-
creazione: l'intelligenza collettiva; per la prima volta nella storia la mente
umana era una diretta forza produttiva, non soltanto un elemento determinante
del sistema produttivo e, come diceva Joël de Rosnay,[65] Internet in sintonia con
la società dell'informazione sarebbe cambiato radicalmente e non sarebbe più
stato ciò che noi conoscevamo; sarebbe stato una crisalide che si trasformava in
farfalla, o acqua che riscaldata, dallo stato liquido sarebbe diventata vapore,
sarebbe stato un altro spazio, qualcosa di completamente diverso, come avrebbe
previsto Mitchell, un nuovo strato di strutture spaziali e concettuali sovrapposto
al territorio umano e fisico che ci circondava, adattandosi alle funzioni degli
elementi urbani esistenti, riconfigurandone radicalmente le relazioni reciproche.
I "sistemi di sistemi" di Mitchell o Castells e le nuove tecnologie digitali
davano l'opportunità di introdurre punti che avrebbero permesso l'integrazione
di tutti i livelli del sistema sfruttando il global digital network e interconnettere
luoghi fisici e luoghi virtuali.
Si sarebbero fatti funzionare, coordinandoli, sistemi diversi e integrare sistemi
tecnologici in ambito urbanistico e logistico proponendo città che fossero
sostenibili anche economicamente, socialmente e culturalmente, sviluppate e
inserite in una rete globale connessa.

---

64 Filosofo francese studia l'impatto sociale di Internet, cattedra d'Intelligenza collettiva all'Università di Ottawa.
65 (1937-vivente) Presidente di una società di consulenza nell'impatto delle nuove tecnologie sull'industria.

Gli spazi per uffici non necessitavano d'essere riuniti ma erano diffusi in ogni quartiere e decentrati nelle case e nelle scrivanie di stanze d'albergo, ripensando il luogo di lavoro che poteva essere estremamente flessibile.

Scuole, università, ospedali[66], centri di ricerca e spazi residenziali non avevano più costrizioni spaziali e temporali per il lavoro, con nuovi rapporti di vicinato e possibilità di viverli con maggior coinvolgimento e soddisfazione.

Non più "zoning", "business district", pendolarismo e quartieri dormitorio, né "garden cities" senza abitanti per gran parte della giornata, la spesa veniva fatta nel quartiere dove si risiedeva con i servizi che si spostavano verso il fruitore.

Mitchell in "E-topia" definisce "dematerialization" quando un sistema tecno-digitale sostituisce uno d'interazioni fisiche, nell'home banking, l'e-government o la semplice e-mail, dematerializzazione di oggetti fisici in oggetti virtuali, e nella bio-architettura se le costruzioni fossero state evitabili quando l'obiettivo era quello di renderle più efficienti ottimizzando l'utilizzo del patrimonio edilizio esistente; "demobilization": quando il risparmio di risorse si aveva con la sostituzione di spostamenti lavorativi tramite telepresenza, spostare "bits" era più facile, rapido, meno inquinante e costoso che spostare persone e merci e ne derivava una città policentrica composta da quartieri multifunzionali autosufficienti connessi da reti di trasporto e digitali, calibrando il mix delle quali si sarebbero favoriti un bilanciamento tra traffico pedonale, trasporto e telecomunicazione.

"Mass customization": quando la new economy del futuro sarebbe stata basata anche sulla personalizzazione degli oggetti, degli spazi e dei servizi, come un giornale elettronico era personalizzato con gli argomenti che interessavano un lettore; "Intelligent operation": quando l'intelligenza applicata ai dispositivi di erogazione delle utenze contribuiva a risparmiare, anche accompagnata da incentivi sui prezzi incoraggiando il consumo in certe fasce orarie.

"Soft transformation": quando i nuovi modelli urbani avrebbero potuto trarre vantaggio dalle opportunità che derivavano dall'applicazione di questi processi.

"La rivoluzione digitale non avrebbe lasciato inalterate le nostre città, uno strato di elementi digitali collegati in rete copriva il nostro ambiente, dandogli un nuovo livello di

---

66 Per telemedicina si intendeva l'insieme di tecniche mediche ed informatiche che permettevano la cura di un paziente a distanza o più in generale di fornire servizi sanitari a distanza; nell'ambito della diagnostica clinica, era possibile per un medico effettuare la diagnosi su un paziente che non fosse fisicamente nello stesso posto del medico, attraverso la trasmissione a distanza di dati prodotti da strumenti diagnostici, telepatologia, teleradiologia, telecardiologia, teledermatologia, teleriabilitazione, fornendo una opinione clinica a distanza supportata da dati acquisiti, inviati ad un medico remoto che li analizzava e li refertava producendo di fatto una valutazione clinica su un paziente, che poteva trovare applicazione addirittura nel caso di operazioni chirurgiche anche complesse.

funzionalità; sensori, telecamere e microcontrollori erano utilizzati in modo sempre più ampio per gestire la città-infrastruttura e ottimizzare i trasporti, monitorare l'ambiente ed eseguire applicazioni di sicurezza; la microelettronica rendeva possibile la diffusione di 'smart dust', reti di microsensori senza fili di sistemi microelettromeccanici (MEMS), robot o dispositivi dalle incredibili applicazioni tecniche, come le valutazioni meteo in tempo reale locali; intanto, dagli oltre 3,5 miliardi di telefoni cellulari utilizzati in tutto il mondo nel 2007 da allora diventati onnipresenti, insieme alle reti digitali, formavano un sistema che consentiva di avere informazioni ovunque nella città in tempo reale e renderle accessibili al pubblico permettendo di prendere decisioni rapide e migliori sulle risorse urbane, come la mobilità e l'interazione sociale; questo 'feedback loop' del rilevamento ed elaborazione digitale influenzava vari complessi aspetti della città, come la sostenibilità economica, sociale e ambientale; pianificatori di viaggio automatizzato in tempo reale davano informazioni sulla posizione di autobus, treni e taxi, nonché su congestione del traffico e inquinamento, aiutava ciclisti in transito non solo a trovare il percorso più veloce, ma anche quello a minor impatto per la qualità dell'aria; tali informazioni erano acquisite e trasmesse non solo con sensori ambientali e computer integrati nell'ambiente urbano ma anche tramite dispositivi digitali personali; le persone stesse diventavano sonde riferendo ciò che stava accadendo intorno a loro sfruttando la capacità di elaborazione e la larghezza di banda che trasportavano ovunque andassero. Sarebbero stati progettisti e sviluppatori di città a formare il nostro spazio urbano, altri partecipavano alla formazione del livello digitale del nostro ambiente; il design fisico e l'esperienza della città del futuro sarebbero stati legati allo sfruttamento e alla trasmissione di informazioni digitali attraverso tecnologie che avessero potuto mediare tra spazio urbano e flussi digitali prodotti dall'uso della città, in aree d'arredo urbano interattivo, attraverso la fusione dei dati; 'data mining' pervasivo e visualizzazione dati in tempo reale era reso possibile perché il progetto avrebbe fuso architettura, studi urbani, ingegneria, informatica, scienze sociali e progettazione dell'interazione; diverse figure avrebbero reso possibile il progetto in partnerariato con amministrazioni comunali e industria creando un consorzio che avrebbe portato le città, i rappresentanti di settore insieme ai ricercatori a condividere una visione, sviluppare tecnologie e distribuire soluzioni in tempo reale; alcune città avrebbero creato visualizzazioni sovrapposte di informazioni sulla posizione dei pedoni e mezzi di trasporto pubblico su monitor nelle piazze principali dando la possibilità alle persone di essere informate sulla mobilità, code ai musei, percorsi alternativi, meteo e inquinamento; amministratori pubblici, per segmenti di popolazione, con i rappresentanti di settore avrebbero sviluppato e attuato il futuro che immaginavano, come per i progetti con operatori di servizio taxi o bus; questi operatori avevano fornito informazioni aggregate in tempo reale per illustrare la portata dell'attività delle loro reti ed elaborato mappe in tempo reale tracciando la posizione nello spazio in un dato momento, descrivendo l'utilizzo e la trasformazione della città da parte dei cittadini prevedendo bisogni e opportunità; un enorme display elettronico sulla facciata di un grattacielo sarebbe potuto essere interessante per i pedoni come a Times Square o Piccadilly Circus, ma all'interno dell'edificio non avrebbero avuto visuale e quindi si sarebbero diffusi display trasparenti come sottili pellicole elettriche, formati da una matrice di piccoli pezzi separati dal film e una griglia di fili sottili collegati a un computer; molte città avevano proposto di installare nodi Internet wireless sui lampioni con access point; il progetto iSPOTS documentava modifiche in tempo reale utilizzando le informazioni di registro della rete wireless, descrivendo cambiamenti di vita e lavoro, modelli di movimento individuali complessi e dispersi del quotidiano, pianificando esigenze e soddisfacendo richieste prevalenti, preziose per gli urbanisti, gli ingegneri del traffico e le autorità turistiche; tramite la pubblicazione di fotografie su Internet con l'API di Flickr o altri servizi saremmo stati capaci di recuperare coordinate e timestamp di foto pubbliche in determinate aree per una panoramica del movimento turistico e l'interesse fotografico; utilizzando tag intelligenti collegati a diversi tipi di spazzatura, avremmo tenuto traccia dei rifiuti mentre attraversavano la città e dello smaltimento, evidenziando inefficienze in sistemi di riciclaggio e rimozione; con sistemi di pannelli solari, disposti lungo lo sviluppo della rete infrastrutturale il sistema avrebbe prodotto energia che sarebbe stata accumulata e distribuita ai treni a levitazione in aree di servizio e sosta, così il gestore dell'infrastruttura sarebbe diventato anche produttore e gestore di energia elettrica, e solo in particolari cittadine, con percorsi urbani semplici, obbligati, ma congestionati, in aiuto al sistema ferroviario cittadino si sarebbe optato per un sistema di auto elettriche a sciame parallelo, non di proprietà, senza autista e con fermata automatizzata." [67]

67 SMART PEOPLE / SMART CITIES, core.ac.uk.pdf; SENSEable City – MIT Laboratory a cura di E. Morello, A. Biderman, F. M. Rojas, C. Ratti.

3.4§ (Investimenti e scenari di fabbisogno)

Per avere un'idea delle spese annuali che avremmo dovuto affrontare, ciascuno a livello locale, per sostenere investimenti in infrastrutture compatibili con una certa tecnologia volta al risparmio energetico e alla salvaguardia ambientale, si erano rifatti a stime di Organismi sovranazionali, molti dei quali erano stati perfino sciolti ma che erano risultate utili soprattutto nelle fasi di ricostruzione e ammodernamento dopo le pandemie, mostrando a lungo termine quanto le spese manutentive incidessero sul totale.

"Nel settore della rete idrica, ad esempio, secondo la stima dell'OCSE, si era parlato di investimenti annui di 770 miliardi di dollari entro il 2015 e addirittura più di 1.000 miliardi di dollari entro il 2025, la spesa più consistente sarebbe stata destinata alla manutenzione e adeguamento delle reti esistenti, le nuove reti idriche erano invece esigenza delle città di quelli che erano chiamati Paesi in via di sviluppo; l'attenzione per il futuro della risorsa acqua sarebbe stata una costante nel dibattito politico non solo perché essenziale, ma soprattutto perché il business era destinato a crescere più che altri settori infrastrutturali; gli investimenti complessivi nel settore delle infrastrutture a rete sarebbero scesi della metà dal 2025 secondo l'OCDE, per l'abbattimento dei colossali costi della rete stradale e autostradale continentale, nonché dei trasporti aerei locali e a breve raggio, e gli aeroporti, bilanciato dall'adeguamento della nuova rete a levitazione magnetica di trasporto ed alla realizzazione di nuove linee; l'abbandono di strade e autostrade avrebbe fatto risparmiare 220-290 miliardi di dollari nel periodo 2005-2030 e quello delle ferrovie tradizionali tra i 50 e i 60 miliardi di dollari annui nello stesso periodo, deviati per la realizzazione della rete ad alta velocità nelle città-stato e fra città-stato; in aggiunta a queste previsioni, le politiche mondiali tendevano a dare finanziamenti dal trasporto su gomma a quello su rotaia per 20-30 miliardi di dollari l'anno, anche per il trasporto di combustibile per la produzione di energia, oltre che per trasporto passeggeri e merci; le infrastrutture a rete realizzate ex novo nei successivi 30 anni avrebbero interessato anche il settore telecomunicazioni: reti in fibra ottica, network radio e comunicazione mobile avrebbero assorbito buona parte degli investimenti, le reti fisse soprattutto per le lunghe distanze; secondo l'OCSE nei successivi 20 anni la connettività avrebbe dato impulso allo sviluppo delle reti con un enorme bacino di utenti potenziali; nel settore energetico in 20 anni un aumento di investimenti per la manutenzione e, se le politiche energetiche mondiali non avessero cambiato rotta, gli investimenti fino al 2030 sarebbero potuti essere di 350 miliardi di dollari annui, la metà spesi nella la distribuzione, di cui la maggior parte per lo sviluppo di reti di produzione e distribuzione nei Paesi in via di sviluppo, mentre nei paesi industrializzati per la manutenzione, oppure, con nuove politiche di riduzione dei consumi e introduzione energie alternative e fonti rinnovabili, gli investimenti avrebbero dovuto subire, nello stesso periodo, una riduzione del 15%; il totale di investimenti nei settori analizzati assommavano complessivamente al 2,5-3,5% del PIL mondiale, da 53.000 a 71.000 miliardi di dollari, con l'energia elettrica e le altre fonti tradizionali naturalmente il calcolo sarebbe potuto salire, se avessimo considerato, oltre le reti, anche le infrastrutture puntuali: porti, stazioni, impianti di stoccaggio e piattaforme logistiche." [68]

Non tanto l'ampliamento delle reti esistenti, quindi, quanto la manutenzione e la modernizzazione di esse, costituivano il grosso della spesa, ciò nonostante era stimata una certa diminuzione delle spese in ragione di "fattori esterni", come la diminuzione dei prezzi dei terreni, bilanciati da un aumento dei costi aggiuntivi determinati da nuove normative ambientali e la complessità della progettazione.

"Tutto ciò avrebbe portato un profondo cambiamento dell'organizzazione finanziaria per i sistemi infrastrutturali, eccetto forse le telecomunicazioni in cui era più evidente la componente privata; non era chiaro come le città sarebbero riuscite nei successivi decenni a far fronte ai grandi costi per mantenere in efficienza le reti d'infrastrutture, a meno che non si fosse ricorsi a delle riforme economiche; le tradizionali fonti di finanziamento, ossia i bilanci cittadini, venuti meno a causa delle minori entrate fiscali durante la lunga crisi e la maggiore pressione politica verso tematiche come il welfare, la riduzione della pressione fiscale e la salvaguardia dell'ambiente, tutto faceva pensare che le capacità finanziarie pubbliche, e l'imposta di redistribuzione di ricchezza compresa, non sarebbero state sufficienti per la realizzazione e manutenzione delle reti infrastrutturali necessarie allo sviluppo delle città, mentre le proiezioni per l'assistenza sanitaria, causa nuovo COVID-19, stimavano un trend in crescita rispetto al valore di quel momento, del 6,7% del PIL, andando ad attestarsi tra il 10,1% e il 12,8% entro il 2050, tenendo conto dell'emergenza nell'ipotesi in cui i ricercatori, partiti in svantaggio per la comparsa inaspettata di un nuovo ceppo virale, ancora non avessero trovato un vaccino capace di dare un'immunità durevole; per l'istruzione, soldi al fine di disincentivare l'abbandono scolastico attestandolo sotto il 10%, e per studiare ed aggiornare le competenze, aumentando al 40% i 30-34enni con un'istruzione universitaria, nonché ricerca/innovazione (nuovi prodotti/servizi per stimolare crescita e occupazione e affrontare sfide della società); aumento degli investimenti in ricerca e sviluppo e innovazione al 3% del PIL (più recenti dati UE per pubblico e privato insieme) e per l'applicazione di nuove tecnologie dell'informazione e della comunicazione; per la crescita sostenibile, che significava costruire un'economia a basse emissioni di CO2 più competitiva, capace di sfruttare le risorse in modo efficiente e sostenibile, ridurre le emissioni di gas serra del 20%-30% rispetto al 1990 e del 20% il fabbisogno di energia ricavato da fonti rinnovabili; tutelare l'ambiente, ridurre le emissioni e prevenire la perdita di biodiversità, sviluppare nuove tecnologie, metodi di produzione verdi, introdurre reti elettriche intelligenti più efficienti del 20%, sfruttare le reti su scala europea fra città-stato per conferire alle imprese vantaggio competitivo e migliorare l'ambiente in cui operavano aiutando i consumatori a fare delle scelte informate; crescita solidale significava aumentare il tasso occupazionale al 75% (20-64 anni) con lavori qualificati, specie donne, giovani e lavoratori più anziani, e aiutarli a prevedere e gestire il cambiamento investendo in competenze e formazione delle persone.

---

68 Fonte OCDE Statistic 2008, valori assoluti in miliardi di dollari USA.

Per la modernizzazione dei mercati del lavoro e i sistemi previdenziali, l'obiettivo
era che che i benefici della crescita raggiungessero almeno 20 milioni di persone
a rischio o in situazione di povertà ed emarginazione in Europa; la necessità di
questo traguardo sarebbe dipesa dall'evoluzione del mercato del lavoro, i tassi di
partecipazione della forza lavoro e le politiche sull'immigrazione, ma era chiaro
che i bilanci cittadini a medio-lungo termine, alimentati dalle entrate fiscali, non
sarebbero stati più sufficienti a coprire il fabbisogno di investimenti nei diversi
settori; era quindi necessario un ricorso più significativo al settore privato e una
maggiore diversificazione delle entrate nel settore pubblico; una parte non trascurabile
delle reti infrastrutturali era già in mano ai privati, come le telecomunicazioni e, in
misura minore, gli impianti di generazione dell'energia e il trasporto ferroviario ad alta
velocità, nei successivi decenni, per poter far quadrare i bilanci, le città avrebbero
dovuto integrare la ricerca di nuove fonti di capitale rivolgendosi al partner privato.
Sarebbero dovuti nascere nuovi modelli di business e di sviluppo basati anche sulle
nuove tecnologie e promuovere una maggiore concorrenza per abbassare i prezzi per la
realizzazione e la gestione di infrastrutture concesse a privati agendo attraverso una
pianificazione strategica anche fra componenti della "costellazione" di città-stato che si
stava formando; il quadro degli investimenti delineato poteva variare anche
sensibilmente da regione a regione, e in taluni casi addirittura fra città e città, in
ogni caso nei successivi decenni il ruolo delle reti infrastrutturali nel sostenere le
fondamenta economiche della civiltà occidentale sarebbe cresciuto ulteriormente, così
come cresceva l'interdipendenza tra diverse reti di infrastrutture; la carenza di una rete
avrebbe potuto rendere vana la crescita potenziale di un'altra, rischiando di perdere i
mezzi attraverso i quali la società cercava di assicurarsi livelli di benessere adeguati alle
proprie esigenze, in azione sinergica tra loro, generando complementarietà e attirando
investimenti diversificati; il tema dei cambiamenti climatici e del riscaldamento globale
del nostro pianeta per l'adozione di sistemi di infrastrutture sostenibili progettati con
l'obiettivo di aumentarne l'efficienza e diminuendo l'impatto ambientale non destava
eccessive preoccupazioni."

Lo UK Government's Foresight Programme aveva definito già da molto tempo
alcuni possibili scenari futuri con orizzonte l'anno 2050, e una sessantina di
fattori di cambiamento considerati: "Perpetual motion", "Urban colonies",
"Tribal trading" e "Good intentions"; era improbabile che il futuro
assomigliasse esattamente ad uno di questi, ma sicuro avrebbe contenuto
elementi di ognuno di essi, prefigurando come alcune combinazioni di eventi
potessero condizionare il futuro del nostro pianeta.

"'Perpetual Motion' descriveva una società dove i fabbisogni e i consumi erano in
costante crescita e l'informazione e la comunicazione in tempo reale caratterizzavano le
interazioni sociali, l'opinione pubblica era sensibile alle tematiche ambientali anche
se traffico e consumi rimanevano molto elevati come la domanda di mobilità.
Il sistema di trasporto aereo era costoso e utilizzava ancora propellenti fossili, ma
cresceva l'utilizzo del trasporto ferroviario ad alta velocità e l'utilizzo dell'idrogeno e di
altre fonti rinnovabili per il trasporto terreste; la congiuntura economica salda favoriva
lo sviluppo tecnologico che diventava sempre più efficace ed affidabile, questo scenario

necessitava di grandi quantità di fonti energetiche a basso costo e nuove tecnologie. 'Urban Colonies' si concentrava, con politiche economiche e sociali, soprattutto sull'obiettivo di ridurre l'impatto ambientale ed il consumo di risorse non rinnovabili, la popolazione era consapevole degli effetti dannosi che comportamenti poco ortodossi potevano determinare sull'ambiente, condividendo atteggiamenti attenti alla conservazione: i consumi diminuivano, gli oggetti 'usa e getta' diventano poco popolari, l'utilizzo dell'auto privata era disincentivato a favore di mezzi di trasporto pubblici 'intelligenti', 'puliti' e a basso consumo energetico, l'organizzazione del commercio era ottimizzata in funzione della riduzione degli spostamenti delle merci; le nuove tecnologie erano sviluppate con l'obiettivo di rendere meno necessari gli spostamenti e più efficienti i territori, sempre in un'ottica di sostenibilità ambientale; le aree rurali erano diventate meno isolate e la competitività territoriale globale si era andata riducendo. 'Tribal Trading' descriveva un mondo che aveva attraversato lo shock di una drammatica crisi energetica e si era oramai stabilizzato, ma solo dopo una recessione globale che aveva danneggiato gravemente il sistema economico portando ad un tasso di disoccupazione molto elevato; la rete infrastrutturale era seriamente danneggiata e i viaggi a lunga percorrenza un lusso che solo pochi potevano permettersi, anche gli scambi culturali erano limitati: per la maggior parte delle persone il mondo si era ridotto alla propria comunità locale, come le città che avevano limitato la produzione di servizi e di prodotti alimentari al solo territorio circostante; la rete ferroviaria era solo utilizzata per trasporti a lunga distanza con alto valore aggiunto e l'utilizzo dell'auto privata veniva disincentivato fino a scomparire nel giro di poco tempo; la competizione per assicurarsi le fonti energetiche era accentuata e determinava fenomeni d'illegalità, il riciclaggio non era più solo una buona idea ma diventava una necessità di sopravvivenza economica; la tecnologia era limitata alla produzione di attrezzature che fossero in grado di funzionare anche in presenza di forti discontinuità nell'erogazione di energia elettrica, conseguenza di ciò era l'assenza iniziale, quasi totale, di sistemi infrastrutturali intelligenti; 'Good Intentions' descriveva un mondo in cui la necessità di ridurre le emissioni di anidride carbonica teneva a freno la mobilità individuale e più in generale lo sviluppo economico; autoveicoli intelligenti fornivano informazioni sul costo ambientale dei viaggi, controllavano automaticamente la velocità di crociera al fine di ottimizzare le prestazioni e ridurre le emissioni dannose; la distribuzione delle merci era gestita attraverso tecnologie di identificazione wireless che ottimizzavano la logistica e i sistemi di distribuzione; nonostante tutto ciò fosse utilizzato da molto e con successo, era sempre presente nella popolazione la preoccupazione che non si stesse facendo abbastanza per porre rimedio ai danni ambientali provocati dalle attività umane. La società non era ancora riuscita a dotarsi di fonti di energia realmente alternative a quelle fossili e le misure per affrontare i problemi tardavano ad essere varate, nel tentativo, quasi inconscio, di voler preservare i livelli di benessere raggiunti; solo quando le problematiche ambientali diventavano emergenze allora si correva ai ripari anche con misure drastiche, la tecnologia aveva un ruolo determinante per assicurare il monitoraggio delle emissioni dannose e per ottimizzare l'utilizzo delle risorse; in assenza di energia pulita a basso costo, il mondo diventava subordinato ai bilanci ambientali delle proprie attività e l'importanza della progettazione di un ambiente urbano funzionale capace di ridurre la necessità di spostamenti; ottimizzare l'utilizzo delle risorse assumeva un ruolo sempre più importante; nonostante questo nei successivi 50 anni i cambiamenti climatici avrebbero portato ad un innalzamento medio delle temperature fino a 3°C tra il 2050 e il 2080, con temperature estive sopra i 40°C in zone oggi temperate.

Innanzitutto ci sarebbe stata una maggiore frequenza di inondazioni, non solo dovute all'innalzamento del livello del mare per lo scioglimento dei ghiacci, ma anche causate dallo straripamento dei fiumi per le precipitazioni e dal sottosuolo per l'innalzamento delle falde freatiche e il sovraccarico dei sistemi fognari; l'estremizzarsi dei fenomeni avrebbero portato a eventi atmosferici catastrofici, periodi prolungati di siccità e carenze nell'approvvigionamento di acqua; con l'automatizzazione del controllo della velocità e della distanza di sicurezza, però, e con la segnalazione immediata di eventuali cause di eventi estremi come anche il rallentamento delle ferrovie e le necessarie modifiche nelle scelte di zone idonee all'urbanizzazione, gli eccessi climatici non avrebbero influenzato più di tanto i trasporti o gli insediamenti e il verificarsi di emergenze sanitarie, inquinamenti, smog o nebbie, tali da intaccare l'equilibrio psico-fisico della popolazione e la qualità della vita di alcune aree urbane a rischio; le interazioni sociali che si potevano determinare nei successivi 50 anni potevano variare nel 'Perpetual Motion' caratterizzato da network che facilitavano le connessioni sulle lunghe distanze favorendo la mobilità collettiva ed individuale e una crescita economica costante, viaggiare con frequenza anche su rotte intercontinentali era visto addirittura come normale, e i mercati economici sarebbero stati indirizzati nuovamente, sempre più, verso un processo di globalizzazione simile al precedente; il prezzo molto alto delle risorse avrebbe portato lo sviluppo tecnologico a progettare processi produttivi più efficienti che minimizzavano i consumi mantenendo elevate le prestazioni, avrebbe preso piede un settore dell'economia specificamente dedicato a questi obiettivi: il 'resource management'."

Seguendo questa classificazione, ad un certo punto, ci saremmo trovati tra la fase "Urban Colonies" e quella "Tribal Trading", con un nuovo modello urbano e utilizzo di sistemi di trasporto collettivi efficienti e a basso consumo, raggio di spostamento della popolazione limitato e rapporti sociali che si svolgevano, all'inizio, perlopiù all'interno del proprio territorio; un simile scenario non avrebbe potuto crearsi da un normale sviluppo sociale lineare o da una pianificata strategia politica, sarebbe dovuto invece avvenire per il verificarsi di uno o più eventi catastrofici su scala planetaria, tanto da indurre la società ad un sostanziale cambiamento di rotta rispetto allo stile di vita precedente.

"Ciò non avrebbe significato necessariamente che la crescita economica dovesse arrestarsi, al contrario, i cambiamenti di priorità di questo scenario avevano come presupposto il mantenimento di un livello molto alto degli investimenti e la crescita della produzione industriale; i consumi si modificavano in modo considerevole: il consumo di merci importate diminuiva a favore di quello dei prodotti a livello locale. Il settore delle costruzioni beneficiava delle politiche sulle ristrutturazioni. Le ICT erano in continua crescita insieme al 'turn over' dovuto ai nuovi automezzi progettati con tecnologie a basso impatto ambientale, il riciclo dei materiali ed il 'management delle risorse' si consolidavano e diventavano attività irrinunciabili nei processi produttivi; le politiche fiscali ed i principali servizi pubblici come scuola e sanità iniziavano a decentralizzarsi presso i governi locali cittadini per non accentuare il divario tra gli ambiti urbani e quelli rurali, altrimenti destinati al declino e allo spopolamento; l'insostenibilità del modello consumistico era stata resa evidente dagli eventi drammatici causati dai cambiamenti climatici su scala globale, dalle guerre, la caduta degli Stati-nazione, il possesso delle fonti energetiche e le risorse idriche, oppure dalle nuove recrudescenze di pandemia.

Sarebbe arrivato lo shock di una gravissima crisi economica determinata dagli iniziali prezzi elevati delle fonti energetiche incompatibili con la ripresa, il sistema finanziario internazionale sarebbe scomparso, rimpiazzato da accordi bilaterali locali che si sarebbero serviti, inizialmente, anche di forme di scambio basate sul baratto di materie prime aggiunto a valuta; i consumi sarebbero stati indirizzati quasi esclusivamente verso le produzioni di merci locali e le esigue spese militari per la difesa delle comunità locali, incidevano ma non troppo; i cicli industriali erano stati profondamente modificati dalle necessità legate al riciclo dei materiali e dall'assenza di catene logistiche complesse, e si prefigurava una sorta di "Nuovo Medioevo" dove la società, per le crisi pandemiche globali, ritornava a condizioni simili a quelle che precedettero il capitalismo occidentale.

Eravamo un sistema di città-stato dotate di difese, immerse in un ambiente esterno inizialmente "pericoloso" dove l'insicurezza dei viaggi condizionava la mobilità collettiva e riduceva quella individuale relegandola ad una fascia sociale molto abbiente che poteva permettersi l'utilizzo di costosi mezzi di trasporto come elicotteri e aerei.

Gli imperi economici e i grandi monopoli rimasero anche in alcune città, determinati al controllo ed il possesso delle risorse energetiche e idriche, tanto da diventare difficili da governare, e molte abitanti fuggirono dai pericoli per andare a fondare nuove comunità più piccole, governate da essi stessi e in prossimità delle risorse energetiche indispensabili per renderli autosufficienti; in un certo modo un processo di questo tipo era già iniziato in molte parti del mondo, caratterizzato da "wild zones" dove il ruolo delle leggi e dell'autorità dello Stato era limitato e imperversavano gang e comunità sociali violente al di fuori della legge: alcune aree urbane del Medio Oriente e dell'ex impero sovietico, nelle favelas sudamericane o le periferie più povere dell'Africa sub-sahariana, ma anche nei quartieri più emarginati delle grandi metropoli europee ed americane; fino a quando un 'regionalismo pacato' e l'autoesclusione di questi gruppi non prevalse, con elementi della fase 'Good Intentions'; a questa si accompagnava 'sostenibilità globale' e la riflessione che non si dovesse necessariamente assicurare un diritto alla mobilità individuale se ciò avesse inciso negativamente sugli equilibri ambientali globali e avrebbe comportato la diffusione di tecnologie ICT che avrebbero reso possibile la telepresenza non solo nel settore business, ma anche nelle principali interazioni della vita di tutti i giorni; la crescita economica dei paesi industrializzati, misurata sul lungo periodo, si sarebbe attestata intorno al 2% annuo, in termini economici la riduzione del trasporto individuale e la contrazione delle connessioni a lunga percorrenza avrebbe avuto ripercussioni su diversi settori produttivi, basti pensare al turismo.

La riduzione della mobilità avrebbe portato ad un cambiamento nella localizzazione delle produzioni che sarebbero state sempre più subordinate al costo dei trasporti e dell'approvvigionamento di energia, a quel punto i principali trend erano: crescita e globalizzazione degli scambi internazionali, trasformazione strutturale delle economie che si allontanavano dal settore manifatturiero a favore dei servizi, sviluppo della scienza e delle tecnologie che avrebbero aumentato le prestazioni delle applicazioni ITC riducendone i costi e inducendo di fatto cambiamenti anche nelle interazioni sociali."

Molte multinazionali contribuirono, ponendo imperativi e indirizzando le istituzioni pubbliche a dare priorità alle ICT negli investimenti, attraverso il loro marketing di innovative produzioni, divenendo obbligatorio implementare delle tecnologie nel tessuto urbano futuro che si potessero adattare a queste.

Quando le risorse economiche disponibili erano limitate, questo intervento nei flussi di investimenti pubblici diventava interessante, come avvenne nel 2011 con il caso del marchio registrato "smarter cities" ufficialmente "acquisito" dall'IBM che affrontava un periodo di forti difficoltà finanziarie e che gli aveva permesso in pochi anni di occupare una posizione dominante in un mercato che la compagnia stessa aveva contribuito a creare insieme ad altre aziende.

La visione del futuro urbano era stata in qualche modo dominata dalle multinazionali sia per la costruzione dei ring di trasporto e la bonifica periferica delle città, avendo però prodotto una spinta critica verso la necessità di esplorare delle visioni alternative di "smart city".

> "Il dibattito accademico sulle smart city era concentrato soprattutto su due ambiti: studi sullo sviluppo tecnologico per sviluppare tecnologie e soluzioni smart per le città e studi per definire operativamente la smart city nello sviluppo di infrastrutture delle ICT: utilizzo di tecnologie per ottimizzare i processi e l'efficienza amministrativa (e-governance), soluzioni per la gestione (smart card-trasporti pubblici) e management urbano su scala globale; una visione tecnocratica della città e dello sviluppo urbano avrebbe favorito la dipendenza della gestione delle amministrazioni cittadine dai sofware proprietari, attuando una sorta di blocco tecnologico; il mondo era già divenuto 'urbano' nel 2007 quando chi abitava nelle città aveva superato per la prima volta quello rurale. Nel 2014, la popolazione mondiale nei centri urbani sarebbe stata pari al 54%, e si calcolava che per il 2050, la percentuale sarebbe salita fino al 66%." [69]

Nell'attuale situazione, senza precedenti, la previsione di quanti avrebbero popolato le città era difficile, di sicuro c'era il fatto che le loro "mura" sarebbero state le ultime a svanire, ultimo baluardo tra civiltà e il nomadismo perpetuo, tra centro di sviluppo culturale ed evoluzione casuale del sapere dopo la caduta degli Stati; di sicuro saremmo potuti anche essere diminuiti in termini assoluti, ma la moltitudine di coloro che erano stati lasciati a sé stessi aumentava, aumentava e si spostava verso questi ultimi capisaldi di civiltà condivisa.

> "Per la sua portata globale, l'interpretazione della realtà fornito dalla smart city si configurava come possibilità di semplificare la complessità del mondo contemporaneo, proponendosi come modello che poteva essere usato per comprendere l'attuale e progettarne il futuro; se la intendevamo come capacità di aggregare, riorganizzare e far incontrare e scontrare culture e modelli preesistenti, la smart city era il tentativo di risolvere il problema ecologico, dal wi-fi pubblico delle piazze al bike sharing, dai terreni occupati da giovani che riscoprivano l'agricoltura ai luoghi dove si elaboravano soluzioni, dalle scuole dove si costruivano modelli di insegnamento sull'intercultura, ai

---

69 World Population Prospects - United Nations, 2014.

GAS, organizzando distribuzione di alimenti a Km 0; nella partecipazione ai temi della vita politica e civile il 56,1%, aveva postato sul web opinioni su temi ambientali, sociali e politici, e il 46,8% aveva firmato petizioni online, anche la partecipazione in senso stretto continuava ad aver luogo, con il 45,1% della popolazione che aveva partecipato a riunioni associative; l''engagement' rispetto al contesto urbano coinvolgeva circa 1/3 delle persone, come prendere parte a manifestazioni e partecipare a 'public hearing'; il 21,4% aveva cercato e/o utilizzato Open Data e il 15% comprato prodotti da Commercio Equosolidale; il 25% aveva comprato prodotti biologici e il 60% controllava l'origine dei prodotti, mentre il 17% aveva un atteggiamento favorevole al superamento delle diseguaglianze e l'inclusione sociale, l'8,5% aveva un atteggiamento favorevole verso la possibilità e l'efficacia della partecipazione individuale, il 13% aveva un atteggiamento favorevole verso le tematiche di sostenibilità ambientale e sociale; il 78,6% della gente affermava che la 'sharing economy' era conveniente economicamente per i consumatori, con il 50% delle preferenze vi era l'aspetto funzionale: i servizi di sharing economy erano percepiti come efficaci in riferimento ai bisogni delle persone; quasi il 50% della gente associava la sharing economy al fatto che essa fosse sostenibile per l'ambiente e per circa 1 persona su 3 a questo modello economico erano associate l'opportunità di conoscere nuove persone e vivere nuove esperienze." [70]

---

70 SMART PEOPLE / SMART CITIES, core.ac.uk.pdf.

Capitolo 3

3.5§ (Adattamenti sanitari, costruttivi, ambientali e commerciali)

Ne era passato di tempo da quando iniziammo a ricostruire con la necessità di trovare degli addetti per i compiti principali da svolgere nel nostro piccolo spaccato di società, che andavano dal contadino, di cui ce n'era sempre un gran bisogno, all'elettricista capo squadra, ma già una folta schiera attendeva di essere collocata, dal mugnaio al tecnico delle telecomunicazioni.

Cercavamo lo studioso che avesse passato le conoscenze all'allievo, il politico che pian piano avrebbe assunto anch'egli la figura di tecnico nel suo campo di competenza, con levatura comprovata tale da non dare adito a dubbi circa la sua obiettività su certi argomenti, proprio per l'ampiezza dell'istituzione cui facevano riferimento e che avrebbe avuto poi importanza anche a livello continentale.

Tanti mestieri che dovevano essere tramandati e tante persone a cui insegnare cosa fare, affinché veri e propri settori produttivi che ci riguardavano da vicino continuassero a funzionare, molte le conoscenze che non sarebbero dovute andar perdute prima di poter essere recuperate.

Troppe persone morendo ci avevano privato della loro maestria, troppi operai delle loro competenze, troppi tirocinanti e specializzandi senza un "tutor", troppi i mestieranti senza bottega e allievi senza insegnanti.

"Il distanziamento non era stato così (...) una rinuncia ad utilizzare tutte le possibilità e potenzialità tecnologiche che possedevamo per vincere il virus, un'interruzione della macchina produttiva, distributiva e riproduttiva della società, ci si rivolgeva più alle linee guida per le scuole, le università e i luoghi di lavoro che al controllo delle frontiere (G. Sapelli, 2020), catalizzando 'il desiderio diffuso tra i cittadini di essere utili in quanto produttori e non solo consumatori, come strumenti necessari per vincere sia un esercito straniero che un virus letale; le società che non agivano secondo tale prospettiva in tempo di crisi sprecavano la loro risorsa fondamentale' (J. Lanier, E. G. Weyl, Foreign Affairs); questo implicava che l'Autorità non interveniva unilateralmente, in quanto produttore, per fornire alla popolazione i beni necessari come fosse una massa inerte di consumatori, la produzione si determinava a partire da esigenze locali 'basata su un ethos di ampia partecipazione digitale e lo sviluppo di strumenti guidati dalle comunità' che avrebbero reso, con l'uso di tecnologie, la gestione delle crisi sanitarie 'veloce, precisa e democratica'; perciò questa produzione di tecnologia verrebbe detta 'tecnologia civile, evitando sia la tecnocrazia, sia la tecnofobia, mantenendo la fiducia e il flusso bidirezionale dell'informazione di fronte alla crisi'; le Istituzioni avrebbero provveduto affinché 'le risorse computazionali necessarie permettessero che questi strumenti fossero utilizzati dall'intera popolazione e l'esito non sarebbe stato soltanto una distribuzione più efficace del materiale sanitario, ma avrebbe anche ridotto il panico e generato un ampio e giustificato orgoglio'; le Istituzioni fungevano qui da vettore per implementare su più larga scala ciò che si produceva localmente, secondo le logiche e le necessità espresse di volta in volta da comunità specifiche; 'tale tecnologia civile (...) contribuiva a fomentare l'invenzione di una società post-salariale dentro e contro le sfide dell'innovazione tecnologica nella società digitale diveniva automatica', dove l'economia contributiva emergeva dall'azione sinergica di 'associazionismo di base e frammenti di classe dirigente' per ripensare 'il territorio digitalizzato come interfaccia sociale, piattaforma abilitante, spazio di sperimentazione istituzionale e trasformazione delle relazioni sociali in prospettiva cooperativa, mutualistica, collaborativa, circolare, rigenerativa' (Bernard Stiegler, 2019)." [71]

Tutto questo sarebbe valso, forse, per un tempo determinato, quello necessario per sconfiggere il COVID-19, o almeno quello di proteggere le fasce più a rischio fino ad un eventuale vaccino, per evitare di travolgere, con la sempre più scarsa disponibilità di medici e infermieri, quelli che sarebbero stati un giorno i vari sistemi sanitari continentali, una volta collegati fra loro quelli della costellazione delle varie città-stato.

Forse avremmo dovuto convivere con il nuovo Coronavirus per sempre come con il morbillo o la varicella, comunque fosse, avevamo già la consapevolezza, che la scienza aveva evidenziato da tempo, del rischio di pandemie virali di questo tipo come un fenomeno con cui il genere umano avrebbe dovuto essere in grado di fare i conti, "se non voleva rinunciare alla sua dimensione iperconnessa e globalizzata".

"Il corpo era anzitutto coinvolto dagli abiti e dai dispositivi di protezione che avremmo dovuto abituarci a indossare: mascherine, guanti, schermi protettivi erano già diventati oggetti di studio per il design e la moda; prestigiosi istituti come il MIT, la Rhode Island School of Design, nonché studi di architettura e design internazionali: Iosa Ghini, BIG, Foster&Partners, Giulio Iacchetti, Studio Pastina, solo per citarne alcuni, avevano già iniziato a progettare mascherine e schermi protettivi riproducibili in maniera molto semplice, utilizzando strumenti accessibili ormai a tutti, come stampanti 3D e macchine a taglio laser; un grande slancio open source che oltre a cercare di dare un buon design a oggetti e dispositivi che erano entrati nella nostra quotidianità in modo imprevisto, immaginava anche forme di autoproduzione su larga scala, capaci di sopperire a una richiesta che la produzione industriale sembrava non essere in grado di soddisfare. Prada, Louis Vitton e Cos avevano convertito temporaneamente parte delle loro linee di produzione per produrre mascherine, inizialmente in risposta all'emergenza, ma per molto tempo questi dispositivi diventarono veri e propri accessori da considerare nei propri outfit; la riapertura delle scuole convivendo con il nuovo Coronavirus avrebbe

---

71 businessinsider.com.

consolidato l'accelerazione avvenuta nell'uso di strumenti di e-learning, cercando di compensare le conseguenze spaziali del metro di distanza che avrebbe dovuto essere garantito, almeno per gli studenti più grandi, tra ogni alunno, avremmo gestito una didattica ibrida, in parte a distanza e in parte in presenza fisica; provando quindi a calcolare le conseguenze del distanziamento sociale nello spazio didattico, se immaginassimo un cerchio di 1 m di raggio, attorno ad ogni studente, come nuova sfera di sicurezza, il parametro dei metri quadri per ogni studente salirebbe a 3,14 metri quadri, quasi il doppio di quanto previsto dalle norme iniziali di progetto; in parole povere, per garantire la distanza di sicurezza tra gli studenti, la capienza delle aule delle scuole sarebbe stata all'incirca dimezzata comportando scelte complesse di gestione come doppi turni, o trasformazione di spazi accessori in nuove aule; a questo si sarebbero aggiunti altri fattori legati al tempo di permanenza, al volume di areazione e alle esigenze di sanificazione; sarebbero intervenuti elementi di protezione o di suddivisione leggera e mobile, capaci di proteggere, ma certamente il tempo e lo spazio sarebbero stati orchestrati per garantire questa inedita distanza necessaria durante le ore di lezione, all'ingresso degli istituti e nei momenti di necessaria ricreazione; significava sostanzialmente rivedere quel modello di progetto, peraltro già modificato nelle ultime e discusse riforme della scuola; da diversi anni si prospettava una grande stagione di rinnovo del patrimonio edilizio scolastico pubblico, attraverso la ristrutturazione di ciò che era stato costruito o l'ampliamento con nuovi edifici".

Le "garden cities", e non i moderni esperimenti da cui derivavano, divenuti anch'essi dormitori di quartieri produttivi, ma le odierne, più rarefatte città di quelle ideate da E. Howard, erano state ottenute sfruttando la casualità con la quale le abitazioni erano disposte in una ideale e circolare campagna-giardino circostante. Case di dimensioni contenute e immerse nel verde rappresentavano "un modello più sostenibile benché di estensione maggiore, coniugando l'efficienza della condizione urbana con la genuinità di quella agricola, introducendo strutturalmente quegli spazi di condivisione semi-privati, come giardini e terrazze, così preziosi in condizioni di isolamento", e nel futuro integrando la consapevolezza della crisi ambientale con quella dei limiti della densità di popolazione.

"Questa emergenza, se affrontata con capacità di visione, sarebbe diventata, inoltre, una storica opportunità per avviare un percorso concreto verso un serio progetto di rivalutazione del nostro patrimonio scolastico, investendo nei settori della progettazione e delle costruzioni parte delle ingenti risorse rese disponibili da nuovi equilibri economici; gli spazi del lavoro erano altrettanto codificati da stringenti norme, sia nazionali che regionali, che garantivano livelli adeguati di comfort e di sicurezza; in particolare, negli spazi di lavoro, la progettazione avrebbe considerato non solo le caratteristiche degli spazi, ma anche la qualità degli arredi e dei dispositivi che venivano utilizzati, anche in questo tipo di ambienti sarebbero stati rivisti i layout di quegli uffici condivisi da due o più persone, distanziando le postazioni o innalzando barriere di protezione; le aziende

che si occupavano di office design avrebbero incluso o adattato in catalogo nuovi sistemi di partizione in grado di rendere compatibili il distanziamento e l'attività lavorativa, estremizzando, forse, l'immagine dei "cubicles" tipici degli uffici americani anni '50, che oggi sarebbero potuti tornare prepotentemente attuali; l'orario di lavoro sarebbe stato diluito in doppi o tripli turni, distanziando i lavoratori nel tempo se lo spazio non lo avesse permesso; la dimensione domestica del lavoro si sarebbe consolidata con un ruolo importante nelle tipologie abitative future; (...) Bar e ristoranti avevano riferimenti normativi legati per lo più a questioni igieniche e di areazione degli ambienti, provando anche qui a fare due conti: la distanza tra i tavoli era legata più all'immagine e al livello del ristorante; a un tavolo d'ingombro mediamente 80×80 cm, con le sedie 120x120cm, era necessario aggiungere un passaggio di almeno 40 cm per il cameriere, per un totale d'ingombro di 1,2 metri quadri per posto a sedere; sempre considerando un'area di sicurezza ampia tra i 3,5 e i 4 metri quadrati, avremmo avuto di conseguenza un terzo degli avventori in sala, anche i ristoratori avrebbero diluito nel tempo i clienti per compensare i numeri che lo spazio non sarebbe stato più in grado di assicurargli, o avrebbero dovuto inventare servizi innovativi come box contenenti ingredienti selezionati e prelavorati, corredati da ricetta (con relativo link a videotutorial), per recapitare a domicilio un'esperienza culinaria di qualità; le competenze dei food designers avrebbero avuto un ruolo cruciale nel definire nuovi scenari, prima impensabili, e convertire le ragioni di una crisi profonda in linee di innovazione e ricerca; il mondo dello spettacolo e della cultura si sarebbe confrontato con una duplice strategia, fatta di accesso sia fisico che virtuale all'informazione; la riduzione degli spettatori nelle sale cinematografiche e nei teatri sarebbe stata consistente: considerando che mediamente una poltrona di una sala era larga e profonda 50 cm, per essere distanti almeno un metro dagli altri spettatori, avrebbero lasciato due poltrone libere per ogni posto occupato, disponendole possibilmente a scacchiera con le file adiacenti avremmo avuto in sala quindi il 30% degli spettatori e il tempo tra uno spettacolo e l'altro sarebbe aumentato per permettere di igienizzare la sala; i musei avrebbero contingentato i visitatori all'ingresso e immaginato allestimenti capaci di permettere una fruizione delle opere a distanza di sicurezza dagli altri osservatori, gli esperimenti di visita virtuale sarebbero stati consolidati e avrebbero integrato le visite fisiche, cercando di compensare le limitazioni ai viaggi turistici che inevitabilmente avremmo subito; gli esercizi commerciali avrebbero ampliato gli ambiti del loro servizio agli spazi urbani, recuperando la dimensione del mercato all'aperto e facendo diventare l'attesa per l'ingresso contingentato parte dell'esperienza di acquisto; i supermercati avrebbero optato per una riconfigurazione delle corsie aumentando la distanza tra gli scaffali o, come già succedeva a Londra, creato percorsi obbligati all'interno: il gioco dell'oca applicato alla spesa.
Una strategia, che peraltro era già in atto, sarebbe stato il recupero della dimensione locale della distribuzione con negozi di vicinato, piccoli mercati, o venditori ambulanti. Sarebbero stati semplici modi di ridurre il tempo di attesa e riappropriarsi di un senso di comunità per evitare che il commercio si fosse spostato del tutto online." [72]

---

72 iltascabile.com.

Capitolo 3

3.6§ (Incubi e realtà)

Non sapevo sinceramente, a volte, dove mi trovassi.

Non riuscivo a rendermene conto, forse erano gli anni che avanzavano, ed erano molti, o forse era solo una di quelle giornate "no".

Il solito bagliore dell'ambiente che mi circondava e che si rifletteva ovunque era insopportabile in quei giorni, e molti "brutti pensieri" passavano per la mia testa. Appena l'occhio si abituava alla luce accecante della giornata calda e soleggiata distinguevo i pochi particolari di un appartamento dall'arredamento minimale rigorosamente "laccato" di bianco.

Riconoscevo il luogo dove avevo ultimamente abitato, ma era come se in una casa tradizionale orientale, dall'ora di studio su un basso tavolino, passando per l'ora del tè e la cena, ci si fosse sdraiati direttamente su una stuoia per dormire, senza quasi accorgersene, mentre nulla sembrava cambiare giorno dopo giorno; non mi mancava niente lì, una serie di comandi e la tecnologia mi avrebbe servito il mondo come volevo, ma tutto sembrava essere, sempre di più, come per i desideri di una lampada di Aladino, sempre troppo poco e col rimpianto di non aver chiesto abbastanza; in un attimo mi sarei potuto immergere nella natura in un qualsiasi posto con un ologramma e collegarmi con chi volevo, solo se ricordassi nomi o i visi di qualcuno, vedere ogni fatto accaduto nel mondo, ascoltare dal vivo opere o concerti e visitare musei come se fossi stato presente; la domotica e la tecnologia applicata ad essa non avevano più confini, ormai, eppure ogni comodità mi sembrava l'ultimo desiderio di un condannato a morte; una di quelle notti sognai una voce che mi diceva: "l'unica architettura essenziale è quella della nostra vita" e la visione di dodici città ideali.[73]

"Molti esperimenti utopistici dell'Ottocento, relativamente innocui, avevano coinvolto poche persone e non avevano avuto quella valenza economica e politica che se invece ci fosse stata, sognatori utopici si sarebbero trasformati in distopici assassini; le persone agivano in base a ciò che credevano, e se avessero creduto che qualcuno o qualcosa era in grado di impedire a te e famiglia, o al tuo gruppo di appartenenza di andare in paradiso, allora quelle azioni si sarebbero rivolte contro quell'elemento di disturbo; dall'omicidio al genocidio in nome di religioni o ideologie: crociate, inquisizione, caccia alle streghe, guerre mondiali e pogrom avevano ucciso moltissime persone nella storia; Robert Owen della comunità di New Harmony nell'Indiana (USA) del XIX secolo: 'Abbiamo tentato ogni forma di organizzazione e governo concepibili; abbiamo creato un mondo in miniatura, abbiamo ricreato la Rivoluzione francese, finendo con l'ottenere dei cuori disperati al posto dei cadaveri, è stato come se la legge naturale della

---

73 Superstudio nell'installazione "La moglie di Lot" alla Biennale di Venezia del 1978, Cfr. Appendice.

diversità ci avesse conquistato; il nostro interesse comune era in guerra con le individualità delle persone, con il loro istinto di preservazione di sé e con le circostanze': l'ormai famoso "dilemma del carrello" mostrava come, secondo il calcolo della logica utopica, molte persone sarebbero disposte a uccidere una persona per salvarne cinque; il quesito filosofico-etico era posto così: sei accanto al bivio di una ferrovia, e hai tra le mani uno scambio che ti permetterebbe di dirottare la carrozza che sta per uccidere cinque lavoratori in piedi lungo il binario; se usi il deviatoio, il treno virerà lungo una carreggiata secondaria, ammazzando un operaio; se non fai nulla, il vagone ucciderà i cinque ferrovieri; la maggior parte delle persone rispondeva che avrebbe usato lo scambio; se persino le popolazioni illuminate dei Paesi occidentali concordavano sul fatto che fosse moralmente ammissibile uccidere una persona per salvarne cinque, immaginate quanto sarebbe stato facile convincere chi viveva in uno Stato autocratico con ispirazioni utopiche che fosse giusto ammazzare mille esseri umani per salvarne 5 mila, o sterminarne un milione perché 500 mila potessero prosperare; che cos'erano pochi zeri quando si trattava della felicità assoluta o dell'eterna beatitudine?; un'utopia era una visione idealizzata di una società perfetta, l'utopismo, invece, era l'applicazione pratica di tale idea; l'etimologia indicava un non-luogo, perché quando gli imperfetti umani tentavano di raggiungere la perfezione personale, politica, economica o sociale fallivano perché la convinzione che gli esseri umani potessero essere perfettibili portava inevitabilmente all'errore di voler progettare società esemplari per una specie che, in realtà, sarebbe manchevole; non esisteva un modo di vivere che fosse migliore in assoluto perché esisteva una grande varietà di stili di vita a cui le persone aspiravano, come una serie di modelli sociali dettati dai vari aspetti della nostra natura; proprietà comune, economia di Stato, lavoro comunitario e regole autoritarie se si scontrassero con i desideri di autonomia, individualità, libero arbitrio e desideri innati nell'essere umano, sarebbero particolarmente vulnerabili; inoltre, le naturali differenze nelle abilità, negli interessi e nelle inclinazioni dei membri di un gruppo portavano a ineguaglianze nei risultati, a stili di vita imperfetti e condizioni lavorative che le utopie egualitarie non potevano tollerare; questo era esattamente ciò che era avvenuto nei grandiosi esperimenti delle ideologie socialiste del ventesimo secolo, come esemplificato dalla Russia marxista, leninista e stalinista, dall'Italia fascista e dalla Germania nazista: tutti tentativi su larga scala di raggiungere la perfezione politica, economica, sociale e persino razziale, con la morte di decine di milioni di persone, uccise dai governi, percepiti come ostacolo alla via al paradiso, o in conflitti; cosa avrebbe dovuto essere sostituito all'utopia?; una risposta poteva essere la protopia: il progressivo avanzamento, passo dopo passo, verso il miglioramento, non la perfezione; K. Kelly descrive così questo termine da lui coniato: 'La protopia è uno Stato che è meglio oggi di ieri, anche solo se di poco, essa è molto, molto difficile da visualizzare perché contiene così tanti nuovi problemi e nuovi benefici che la complessa interazione tra ciò che funziona e ciò che non funziona è molto difficile da prevedere'; attenuamento della guerra, abolizione della schiavitù, fine della tortura e della pena di morte, suffragio universale, le liberal-democrazie, diritti civili, matrimoni dello stesso sesso e il riconoscimento dei diritti degli animali, sono tutti esempi di progresso protopico, nel senso che erano stati raggiunti un passo alla volta, un futuro protopico non era solo concreto, era anche praticabile." [74]

I sogni in genere ci rivelano prepotentemente ciò che sentiamo nella vita reale, ma i problemi rimandati o rimpiccioliti per comodità, però, sarebbero ritornati subconsciamente per come erano, nella loro impellenza e gravità.

Gli incubi forse avrebbero riguardato le questioni più preoccupanti, tanto che rivelandosi al risveglio, di giorno o di notte, provocavano in noi disappunto e turbamento.

Come il mio incubo fatto su dodici tipi di città, che nella sua stranezza, disumanità e ingiustizia, temevo rappresentasse nel profondo la meravigliosa iper-tecnologica "gabbia urbana" in cui avremmo vissuto, privandoci dell'incomodo di procurarci del necessario a cui provvedeva la casa stessa, come per molte altre tecnologie, che, d'altra parte, ci avrebbero tolto anche il più semplice piacere di vivere.

---

74 thevision.com.

Pensavo a quanto lavoro era stato fatto per arrivare fino lì, e mi scandalizzavo
allo stesso tempo del fatto che non ricordavo da quanto tempo non stringessi la
mano ad un altro essere umano.
Che la "mia" attuale potesse essere una tra le altre dodici soluzioni urbane sognate?

"Secondo R. K. Merton[75] le profezie si auto-adempivano quando ci aspettavamo una
cosa e ci comportavamo conseguentemente a questa aspettativa rendendola reale; il
nostro agire era influenzato dagli orizzonti di attesa che coltivavamo; era importante
immaginare i futuri peggiori, perché immaginandoli ci davamo da fare per evitarli,
inoltre, nessun futuro desiderato o immaginato si sarebbe realizzato mai tale e quale; ci
sarebbero state disillusioni, naturalmente, in ogni caso il futuro si sarebbe realizzato
dall'intersezione di infiniti progetti, speranze e molteplici attori, d'altra parte, se si
agisse solo per paura, sarebbe una cosa un po' triste e bisognerebbe affiancare immagini
di futuri migliori, anche questo influenzerebbe il nostro agire potendo far sì che un
futuro migliore si manifestasse (Jedlowski, Deriu, Bosi, Pellegrino); in ogni società, si
svilupperebbero le 'egemonie' di certi discorsi piuttosto di altri, un discorso egemonico
direbbe che l'unico sistema economico plausibile sarebbe questo, quello di mercato
capitalistico, e tutti i 'futuri possibili' che avrebbero a che fare con questo sarebbero
possibili, gli altri sarebbero 'contro-egemonici' con altre versioni; come il progresso non
sarebbe una cosa unica che si esprimerebbe in processi economici, educativi e sanitari, in
realtà ci sarebbero possibili 'progressi': in diversi ambiti della vita potevamo valutare cosa
sarebbe meglio per noi ed eventualmente 'provocarlo' (Pierre-André Taguieff); l'utopia
sarebbe qualcosa di prezioso se fosse usata bene, se l'intendessimo come
qualcosa che deve essere 'letteralmente' realizzato ci si condannerebbe al fallimento,
perché un'utopia sarebbe uno stato futuro, immaginato, ma immaginato da qualcuno,
quindi necessariamente una proiezione parziale, una certa idea di bene e di idillio, e se
però altri avessero altre idee di bene e di idillio si genererebbe un totalitarismo che li
escluderebbe tutti; l'utopia sarebbe una rappresentazione fantastica e tale andrebbe
considerata, ci farebbe agire ma bisognerebbe stare attenti a non confondere
l'utopia con una meta, piuttosto una 'stella polare'; ci aiuterebbe a orientarci per andare
in una certa direzione, se la si trattasse come una meta allora sarebbe irraggiungibile,
cadendo nel problema dell'interpretazione letteralista; l'utopia sarebbe preziosa, inoltre,
perché immaginarla sarebbe un esercizio e una grande educazione al 'possibile',
pensarla, fornirebbe l'energia per capire cosa fare ora per andare verso la giusta
direzione; all'opposto dell'utopia, la distopia e la nostalgia; la nostalgia del passato
idealizzato nella memoria avrebbe avuto come effetto l'ascesa dei nazionalismi e dei
populismi, la nostalgia invece sarebbe emancipatrice quando rammenterebbe un
desiderio, sapendo che le condizioni passate si sarebbero perse, desiderando meglio." [76]

In quel sogno, come anche nel futuro reale credevo si potesse prospettare, pensavo
che nella nostra società non ci sarebbe stata mai abbastanza umanità e giustizia, un
pensiero sgradevole e pessimista quanto banale sulla condizione umana, dettato con
tutta probabilità dalle condizioni di salute in cui mi trovavo.

---

75 (1910–2003) sociologo USA della corrente funzionalista, conosciuto per l'uso scientifico del termine "serendipity".
76 futurimagazine.it.

O forse si trattava solo di un attimo di lucidità in cui il ricordo di quando, tanto tempo prima, era stato proprio per effetto di quella rete di organizzata e solidale relazione umana, in realtà, primo nucleo sociale della periferia in seguito all'esodo, che avremmo per sempre modificato il modo di "sentire" gli altri, accentuando la nostra empatia nei confronti del prossimo in un sistema collettivo fortemente partecipativo.

Capitolo 3

3.7§ (Reddito di cittadinanza, lavoro e tempo libero)

Il perno attorno il quale girava la struttura della nostra comunità era la tendenza a crearci attorno persone il più appagate e felici possibile, tanto da averne un ritorno. Concorrere a creare tale sensazione gratificante con servizi tecnologici e precise norme di comportamento valide per tutti, affinate col tempo, avrebbero diminuito e persino evitato che si fossero verificati strappi nel tessuto sociale, annoverati tra fenomeni di delinquenza, violenza, disordine pubblico e danni al patrimonio, per effetto dell'acuirsi di condizioni d'ansia, solitudine e psicosi di varia natura che a loro volta, con effetto a ricaduta, avrebbero influito sul carattere delle persone rendendole meno soggette a vizi e difetti comportamentali tali da arrivare al limite dell'incuria e igiene personali, trascuratezza e negligenza, con pulsioni, nevrosi e dipendenze come era avvenuto in passato, ma ora pericolosi per il nostro fragile equilibrio sanitario.

"Molti parlavano di futuro identificando il proprio Paese con l'umanità dimenticando che esistevano comunità molto diverse per storia e cultura, Paesi ipertecnologici come l'ex-Giappone e comunità allo stadio neolitico, Paesi che progredivano e altri che regredivano, quelli che si industrializzavano e altri all'opposto; il futuro di ogni singola comunità dipendeva dalla qualità e lungimiranza delle élites di quel Paese e il reddito di cittadinanza incondizionato, che pur essendo percepito come un'ingiustizia dai settori produttivi della società, nei successivi decenni sarebbe stato normale nei Paesi più avanzati; altra ipotesi era quella di una 'tassa sui robot' che gravava su chi utilizzava sistemi di automazione, per rendere più conveniente l'impiego di lavoratori salariati, diminuendo alcuni comportamenti devianti; nella terza rivoluzione industriale, il reddito di cittadinanza avrebbe completato il passaggio del cittadino produttore a consumatore: fondamentalmente saremmo stati pagati per consumare, per sorreggere industria e mercato specie nel caso la situazione fosse dovuta precipitare; oltre al crollo dei consumi, di fronte a uno scenario di disoccupazione di massa, sarebbe divenuto concreto il rischio di una caduta dei 'governi moderati' al servizio dei poteri forti, sostituiti da governi sociali nazionali e populisti; in altri frangenti storici, il capitale avrebbe accettato compromessi, la creazione di impieghi nel settore pubblico era stato un modo per sostenere i consumi e mantenere l'ordine pubblico, la differenza era che il reddito di cittadinanza sarebbe costato meno e, inoltre, non avrebbe incentivato il parassitismo perché non necessariamente cumulativo, consentendo al settore privato di impiegare saltuariamente i cittadini, cosa impossibile se fossero stati dirottati negli uffici pubblici o beneficiari di un sussidio classico. Il reddito di cittadinanza non era il sussidio di disoccupazione, e in Italia non era mai stato sistemicamente istituito, nonostante l'UE ci avesse chiesto di farlo dal 1992; il reddito di cittadinanza in senso stretto, dato anche ai lavoratori nelle buste paga, sarebbe figurato come tassazione negativa o sgravio fiscale, ecco perché sarebbe stato un vantaggio

anche per gli imprenditori privati, una quota di tasse sarebbe finita nelle tasche dei
lavoratori, dipendenti o autonomi, che poi sarebbero stati consumatori diretti di beni e
servizi, o risparmiatori; una tale operazione avrebbe dovuto, comunque, essere
accompagnata dalla ristrutturazione della spesa pubblica; chi percepiva il reddito di
cittadinanza non lo perdeva quando trovava un impiego e, poiché la somma percepita
era modesta, la ricerca del lavoro continuava; immaginare la 'fine del lavoro' sarebbe
sembrata utopia, eppure in passato le ore lavorative erano di meno pur con il 'mito del
lavoro' sorto nel XX secolo, potremmo dire con le socialdemocrazie, e sarebbe stato un
paradigma molto meno antico di quanto si credeva parlando però di lavoro non alienato.
La speranza era che i cittadini di un Paese avessero continuato a lavorare, magari
facendo ciò che davvero avrebbero amato fare; secondo certe stime, l'Italia avrebbe
delocalizzato tra il 40% e il 50% delle produzioni, ciò significava che, nel nostro Paese,
molta della disoccupazione attuale non sarebbe dovuta all'automazione ma alla
deindustrializzazione; il discorso del 'reddito di cittadinanza' avrebbe avuto senso
soltanto se prima si fosse operato il rimpatrio delle aziende oltre confine e dei cervelli
emigrati al loro seguito, solo in caso di rimpatrio dei capitali fissi e mobili si sarebbe
avuta la forza effettiva per attuare tale politica, altrimenti le parole del governo e
dell'opposizione sarebbero restate soltanto slogan elettorali; l'idea di fondo era che il
progresso tecnico-scientifico fosse stato un 'bene comune' e quindi sarebbe dovuto
andare a vantaggio di tutti o perlomeno del maggior numero, se fosse andato a
vantaggio di un segmento ridotto della società ci sarebbe stato un problema nel sistema,
sarebbe stato assurdo in un mondo che progrediva a ritmi vertiginosi che vi fossero stati
degli strati della popolazione che vedevano peggiorare la propria condizione, come stava
accadendo da alcuni decenni nel mondo occidentale; qualunque fosse stata la soluzione
adottata, non si sarebbero dovuti mortificare le eccellenze o favorire i parassitismi." [77]

Tutto questo non avrebbe fatto di me qualcuno di diverso da quello che ero anni fa,
ma sicuramente avrebbe aiutato a far emergere predisposizioni ed innate capacità
che un tempo, forse, non avrei nemmeno immaginato potessero appartenermi.
Ora le mie sensazioni, differentemente da chi era inserito nel sistema attuale dalla
nascita, erano diverse, e talvolta determinavamo un certo "rigetto", cosa del tutto
normale per una persona che aveva vissuto una vita più lunga, con molteplici,
diverse e più profonde sollecitazioni ambientali esterne, sicuramente più dura e
priva delle comodità di cui i miei concittadini avevano avuto invece la fortuna
di godere ogni giorno della loro esistenza.
Noi "fondatori", e ammetto che era piacevole sentirsi chiamare così, se non altro
per il rispetto dovuto ai più anziani, con le nostre giustificate paure, avevamo
creato la "grande periferia", ed era stara lei che avrebbe modellato il carattere di
tutti con nuove e diverse buone abitudini, mentre a noi avrebbe dato il carattere
forte di chi aveva fatto quella scelta coraggiosa, nonostante il riaffiorare di vecchi
atteggiamenti dovuti ad altrettanto antiquate modalità di adattamento, una sindrome
da stress post-benessere traumatico.

77 futurimagazine.it.

Questo difficile adattamento rendeva problematico inserire socialmente qualche anziano, come avevamo visto nel mio caso, cosa questa che in genere non costituiva la norma, anzi l'eccezione, per il fatto che con l'allungarsi delle nostre vite avevamo avuto anche tutto il tempo per adattarci a quelle inaspettate condizioni di privilegio; per brevi periodi di tempo, come consigliava il mio medico, mi sarei sottoposto a sedute di tele-psicanalisi di rieducazione adattativo-cognitiva in bio-feedback che mi avrebbero presto restituito alle condizioni normali; per la generalizzata pace sociale che offriva il sistema in cui mi trovavo, potevo benissimo immaginare l'entità dei mezzi d'intervento pubblico che si sarebbero liberati dal circolo economico vizioso nel quale ci saremmo continuati a trovare nelle normali condizioni del passato.

Se avessero potuto diminuire il numero elevatissimo di nosocomi, ospedali piccoli e grandi in eccesso, carceri, tribunali e cause giudiziarie, forze dell'ordine, eserciti, psicologi, psichiatri e relativi reparti, ma con gli stessi progressi nei livelli di autostima, bassa delinquenza, incidenza di malattie e conflitti sociali, nonché aumenti della vita media mai visti prima, avremmo avuto infinite possibilità benefiche di utilizzo di risorse in eccesso, specialmente nel caso in cui fossero state veicolate in settori aventi come fine, appunto, il miglioramento della natura e la qualità del capitale umano.

> "Era tornata da molto in auge quell'utopia tipica della contestazione anni '70-'80, quella della società buona e giusta che poi sarebbe stata fraterna; era in fondo il progetto che l'umanità perseguiva continuamente nella condizione di ingiustizia in cui giaceva da sempre, creava movimenti di salvezza e generava le rivoluzioni realizzando il processo di liberazione, 'il progetto dell'intera storia umana'; il concetto stesso di giustizia si prestava più di altri ad essere annoverato tra quelli che contraddistinguevano una società perfetta, puramente immaginaria, il vagheggiamento di un'utopia; una società scettica di fronte a verità e progresso si era illuminata con alcune semplici norme come vere e incontrovertibili, rendendole salde nella propria coscienza storica: non uccidere e/o non fare schiavo il tuo simile per un'umanità che vi si era travagliata per secoli."

Non avrei mai detto fosse stato un sistema, come nell'utopia di Platone, dove si stabiliva una soglia di beni posseduti dagli individui che ritornavano alla comunità cittadina, o una soglia minima per i cittadini contro la troppa ricchezza o la povertà, ma ci assomigliava; sin dagli inizi avevamo imparato quanto fosse stata importante una certa redistribuzione della ricchezza secondo dignità e diritto della persona. C'era stato l'affievolirsi, in senso positivo e più costruttivo dell'utopia in Europa, per effetto della caduta degli Stati che la componevano, tutto questo insieme alla caduta della distopia comunista di altri Stati che aveva fatto sì che si fosse creato lo spazio per l'avvicinamento all'utopia della società buona e giusta e che stesse per essere raggiunto.

"Con il giusto salario finiva lo sfruttamento, preservando la norma, l'etica e la società su cui quest'ultima si basava, con l'affermazione dell'individuo, del suo arbitrio e la soddisfazione di sé; con queste garanzie il futuro nell'utopia di una società di giustizia si apriva in un segno di speranza; lavoro e tempo libero dovevano realizzarsi in libertà, dando spazio al tempo disponibile per essere e vivere, coessere e convivere, per l'amore, la famiglia, le amicizie e gli affetti, come per la cultura, il sapere e l'arte, le attività elettive, la religione, le associazioni e l'impegno sociale e politico, lo sport e il gioco, le innumerevoli cose che corrispondevano alle molteplici attitudini e al bisogno espansivo della persona, e molto vasto era questo campo.
Questa liberazione, il passaggio del lavoro da un ambito all'altro, dall'industria ai servizi, al lavoro di relazione e di creatività, comportava grossi problemi: espansione dei nuovi ambiti, reimpiego o anche riformazione, riaddestramento con periodi di disoccupazione almeno frizionale; grossi scompensi potevano intervenire, che solo una società più giusta e fraterna, un più alto grado di utopia potevano compensare."

Se la società contemporanea era fondata sul lavoro cosa ne sarebbe stato delle persone nell'epoca del post-lavoro?
Si sarebbe potuto vivere anche senza di questo?
Senza una regolamentazione per le macchine l'uomo avrebbe reinventato se stesso evitando scenari inquietanti per la nostra specie?
L'idea che il significato della vita dell'uomo stesse solo nel suo lavoro avrebbe fatto perdere di significato la sua utilità diventando una nullità e per giunta sostituibili? Saremmo stati relegati in spazi gestiti da macchine che avrebbero compiuto il lavoro per noi?

"A pensarci bene già i cittadini greci, soprattutto i filosofi, di lavoro in senso stretto ne facevano poco, a quello ci pensavano gli schiavi e per noi avrebbero potuto farlo le macchine se avessimo voluto vivere vite più degne di essere vissute; se avessimo voluto evitare il rischio esistenziale di una civiltà umana in una società post-lavoro, o uno scenario distopico, avremmo dovuto iniziare a immaginare che la realizzazione della persona umana avrebbe potuto prescindere dal suo ruolo di unità produttiva o di risorsa umana; questo non voleva dire deregolamentazioni del mercato del lavoro, ma significava iniziare a considerare lavoro anche quello che non consideravamo tale; la formazione a cui disoccupati o cassintegrati partecipavano per un ricollocamento era spesso disertata perché il lavoratore, anche se retribuito, non la considerava tradizionale attività produttiva salariata; si trattava di avviare un processo di ridefinizione del concetto di lavoro: la formazione universitaria e post-universitaria avrebbe dovuto essere retribuita, come l'attività di volontariato a favore di categorie svantaggiate: rifugiati, disabili e persone anziane non autosufficienti, cura dei familiari e il lavoro intellettuale; l'operosità

avrebbe dovuto sostituire il tradizionale concetto di lavoro; almeno inizialmente
avrebbero detto che per realizzare tutto ciò non ci sarebbero state risorse, era chiaro
infatti che questo ragionamento si fondava sull'idea di un reddito universale di base, che
non avesse impedito redditi integrativi da altre attività, ma assicurava a tutti un reddito
garantito superiore a quello di sussistenza; questo discorso avrebbe avuto senso a livello
teorico, non sul piano pratico, la sua realizzazione era del tutto prematura, non solo per
le risorse, ma proprio perché la società post-lavoro richiedeva ancora tempo e la
transizione sarebbe durata ancora anni basandosi sull'idea che l'automazione avanzata
sarebbe stata in grado di aumentare la ricchezza mondiale più rapidamente che mai nella
storia. I redditi da lavoro azzerati avrebbero aumentato esponenzialmente quelli da
Capitale e per evitare che questo scenario avesse favorito solo chi disponeva di
capitali, la politica avrebbe redistribuito il reddito, non attraverso una regolamentazione
punitiva, o avremmo danneggiato lavoratori a cui la 'platform economy' aveva dato un
reddito che il lavoro non tradizionale non era in grado ancora di fornire, la politica
avrebbe elaborato soluzioni nuove per la redistribuzione della ricchezza prodotta in modi
nuovi per favorire la transizione verso una società post-lavoro." [78]

Per quanto riguardava economia e produzione, comunque, senza intaccare la
piena sostenibilità, avevamo raggiunto un livello in cui l'approvvigionamento di
qualsiasi bene era accessibile ovunque e per chiunque, visto anche il livello dei
prezzi; avremmo potuto dire che produrre sarebbe stata una grande necessità
che avrebbe richiesto altrettanto grandi e specifiche abilità del passato.
Allora però, grazie al progresso e ad opportune scelte politiche, avevamo tutti
quello di cui avevamo bisogno in un ambito di economia auto-sostentante.

"In altro modo non sarebbe stata possibile nessuna liberazione: l'azione della tecnologia
era di tipo mediale, non principiale, una volta che lo Stato fosse demolito dal gigantismo
delle sue strutture oppressive, eliminato l'esercito, lo spionaggio, ridotta la polizia, i
ministeri, le agenzie e gli uffici, e poi ristrutturati, la comunità si sarebbe ritrovata come un
corpo fraterno nell'autogoverno assembleare, con i suoi organi sussidiari e le sue
deleghe; da questo l'impianto di una società fraterna, quello di una polis e l'intessersi di
rapporti tra tutti i suoi membri nella comunità e nell'insieme planetario delle comunità
politiche; tutto ciò era anche frutto di una coscienza nuova, non più chiusa in sé,
individualistico-egoistica, ma aperta a tutti; coscienza affettivamente espansa nello
stato alto e sublime e nello slancio in cui poneva l'amore, fiduciosa nel fratello, nel
futuro suo e mio per il quale operavamo insieme, nel futuro dell'umanità e nella
soluzione dei suoi problemi in cui tutti eravamo impegnati." [79]

Ci sarebbero stati sempre lavori adatti all'uomo, comunque, sia per la sua creatività
nella programmazione dove le macchine sarebbero state d'aiuto, sia per l'estrosità
e fantasia in campo commerciale-pubblicitario o in campo manuale, ritornando
alla rivoluzione industriale che ci aveva liberato dai lavori più umilianti.

---

78 futurimagazine.it.
79 L'utopia: rifondazione di un'idea e di una storia Di Arrigo Colombo, 1997.

Questa volta, però, si sarebbe trattato di spingere bottoni per resettare un complesso sistema operativo, o cercare una "falla", anche qui in un complesso sistema, perlopiù consistente in un cavo elettrico difettoso inaccessibile ai droidi riparatori o in un luogo non ottimale per l'uso di nanotecnologie autoriparanti; sarebbero stati in forte aumento i programmatori software di blocco delle pubblicità nei browser, così come altre forme di protezione del cliente in balia di forze che cercavano informazioni personali, per la privacy e contro i Big Data, nonché tutte le forme d'espressione in arte che avessero riproposto virtualmente modelli originali e verosimili di realtà alternative, nella nostra di realtà, o invece, opere di scrittori e artisti che avessero destato interesse e creato un loro mercato.

Le macchine avrebbero potuto rubarci tutto ma non la nostra anima.

Le pubbliche relazioni e la capacità di vendere erano doti che non avrebbero mai conosciuto crisi così come il formare sulle tecnologie.

"La Commissione Europea nel 2013 sottolineava che il 27% circa delle nuove posizioni lavorative risultavano scoperte per l'assenza di candidati qualificati e che nel 2020 l'Europa avrebbe avuto bisogno di almeno 900.000 professionisti del digitale ripensando i sistemi di istruzione e puntando sull'apprendimento permanente, introducendo nuovi diritti sociali per accompagnare adeguatamente l'evoluzione del mondo del lavoro (Commissione Europea, 2017); il Pew Research Center con la Elon University descriveva ipotetici scenari configurabili nel 2026, tra le affermazioni più interessanti quella dell'imprenditrice J. Zickerman per la quale 'il problema del lavoro nel futuro non riguardava la formazione ma la diminuzione del lavoro stesso', mentre J. Grudin della Microsoft, più ottimista, affermava: 'saranno le persone a creare il lavoro del futuro'; il sociologo D. De Masi sottolineava che se passasse una crisi economica la disoccupazione non sarebbe necessariamente un suo effetto, non era detto infatti che quest'ultima cesserebbe o diminuirebbe; quando si riuscivano a produrre sempre più beni e servizi con meno lavoro umano era necessario adottare criteri nuovi per redistribuire in modo equo il lavoro e la ricchezza basati sulla valorizzazione del tempo liberato, in un modello di società non più monopolizzato dal lavoro ma dalla vita nella sua interezza; un concreto investimento nella scolarizzazione, ricerca e sviluppo, lotta all'overtime, costante monitoraggio delle 'skills' dei disoccupati per orientarli in funzione dei nuovi posti creati, l'introduzione di un reddito di cittadinanza, riduzione dell'orario di lavoro o una più corretta ripartizione, tenendo conto degli esperimenti in Francia e Germania, disincentivando secondi lavori o il lavoro nero; non bisognava dimenticare che i miglioramenti di produttività ottenuti tramite l'innovazione tecnologica che potevano tradursi in un aumento della produzione dovevano convertirsi necessariamente in altre tipologie di investimento: in maggior ricerca e sviluppo, in miglior comunicazione, pubblicità, distribuzione, qualità del servizio al cliente e così via, trasferendo risorse ad altri settori produttivi (ricerca, servizi professionali, trasporti e logistica, software e design) e generando anche in tali settori nuovi posti di lavoro. Al fine di evitare che l'innovazione tecnologica generasse effetti distorsivi sul mercato del lavoro, ma che anzi creasse e diffondesse nuove figure professionali rendendo il sistema produttivo più competitivo nel suo complesso, era necessario incentivare gli investimenti in ricerca e sviluppo volti all'ammodernamento tecnologico delle imprese nell'ottica della cosiddetta 'Industria 4.0'." [80]

---

80 futurimagazine.it.

Capitolo 3

3.8§ (Un giorno qualunque nella "città di luce")

Quale fosse, a un certo punto, il modo di passare la giornata, lavorando o nel tempo libero che fosse, cadde nel vago dei miei ricordi; credo volessero che esprimessimo noi stessi nella maniera migliore che pensavamo, cosa non difficile da stabilire per molti giovani, meno per noi anziani con attitudini già radicate e settoriali: ciascuno seguiva la propria vocazione produttiva, concettuale o meno, attuale o passata, mentre i giovani nati e cresciuti, ormai, nelle bianche e lucide città ipertecnologiche non avevano spesso volontà o necessità di saggiare le proprie capacità in qualsiasi ambito, con le tradizioni lavorative familiari che non li avrebbero certo ostacolati, anzi, incoraggiati, e con il facile accesso al sapere e gli evoluti modi d'insegnare li avrebbero resi capaci in ogni campo; gli anziani, alle prese con un "digital divide" incolmabile, per alcuni "di ritorno", come per l'analfabetismo, non avevano la stessa elasticità nell'accedere a nuovi strumenti e quindi all'intero scibile umano, rendendoli più inclini ad attività tradizionali, sia pratico-intellettuali nelle più varie forme, dall'artigianato all'arte, che solo intellettuali, anch'esse varie, dall'insegnante al poeta, tutti dignitosi modi d'esprimersi dell'intelletto; tra questi, lo scrivere, era a mio parere capace di dare risultati immediati e non mediati, almeno non da troppi strumenti; tastiera o pennello si equivalevano ma l'immediata completezza scaturita dal pensiero nel creare 'costrutti' nella forma e nel contenuto, paragonati a quelli figurativi, anche nell'esemplarità della tecnica e ad una eccellente resa qualitativa artistica, ad esempio, non credevo lo fossero altrettanto; pensavo ci sarebbero state di certo eccezioni che solo l'arte figurativa poteva esprimere e viceversa.
Riuscivo appena ad immaginare il pensiero di chi si apprestava ad esprimersi attraverso l'arte figurativa non essendo capace di immedesimarmi completamente. In luogo di un codice alfabetico avrebbero utilizzato un codice di segni e simboli che avevano da sempre avuto significato ed effetto nel descrivere stati d'animo, ma in società più avanzate come la nostra, specie per l'artista, ricorrere a nuovi elementi codificati per rispondere a nuovi modi di sentire in rapida evoluzione, sarebbe stato ancora più difficile, l'animo umano ancora per molto tempo, avrebbe ritenuto certo più valido, che forme e contenuti fossero espressi in maniera verbale o scritta, in modo immediato, senza vaghe e "variopinte" interpretazioni, specie in un contesto tendente fortemente ad una concezione artistica e comunicativa che cercava un solido appiglio tecnocratico-simbolico, almeno tale da rallentare il fluido ed impetuoso vortice della modernità da cui erano sempre più sopraffatti.

In quel contesto sarebbero sopravvenuti limiti nel rendere al meglio le complesse, dicotomiche emozioni che ci appartenevano e che avrebbero complicato il lavoro per l'artista, dovendo inventare simboli che avessero compreso i precedenti, magari estendendone il significato anche attraverso tecniche più efficaci e incisive, capaci di cogliere emozioni, come per le tecniche poetiche e di scrittura, o in altri modi, nel caso la tecnocrazia avesse avuto pratiche derive simbolistiche; in ogni modo allora pensavo che l'arte figurativa stesse alla scrittura, spesso, anche se sembrerebbe banale, come la stampa a caratteri fissi stesse a quella a caratteri mobili; stavamo vivendo, infatti, in un mondo dove:

"Il nostro era un obiettivo forse così ambizioso che era facile confondere con l'utopia e si trattava di indicare un orizzonte all'interno del quale strutturare l'agire delle successive generazioni, verso un futuro diverso dalla mera proiezione del presente, che promuovesse un cambiamento autentico e non di facciata; il primo passo era la responsabilizzazione personale: non delegare alla tecnica il destino del nostro mondo, ma impegnarsi per realizzarlo in prima persona; nessun discorso sul futuro era possibile senza questa prima, essenziale presa di coscienza; progettare scenari futuri attraverso il design: questo era ciò che proponeva l'approccio del design fiction declinato ai futures studies; come sosteneva la sociologa W. Griswold (2005), i 'device', i manufatti e artefatti non erano altro che oggetti culturali di una data società, 'un significato condiviso incorporato in una forma' nei quali gli utenti proiettavano dei valori; il design fiction esplora quindi scenari possibili, probabili, plausibili, attraverso l'invenzione, progettazione e, in alcuni casi, anche prototipazione di oggetti che avrebbero potuto esistere in un vicino o lontano futuro; Sterling specificatamente definiva la tecnica di design fiction come 'l'uso deliberato di prototipi, segni, eventi, elementi che appartengono allo sviluppo della finzione narrativa e della messinscena visiva per sospendere l'incredulità sul cambiamento'; indispensabile stabilire un patto spettatore/lettore con la 'sospensione dell'incredulità' per rendere credibile e plausibile un oggetto prodotto per quel mondo finzionale, che sarebbe stato coerente e portatore di una serie di significati." [81]

Anche la scrittura, infatti, o meglio il pensiero che starebbe dietro essa, a mio parere, avrebbe potuto necessitare di una tecnica più efficace, ma in sé sarebbe rimasta sempre la maniera più diretta d'esprimere l'emozione di un momento nei minimi particolari.
Preferivo contemplare argomenti con la velocità che la mente permetteva, e comunicare concetti in molteplici vie, ampliando, aggiungendo o premettendo al contesto e arricchirlo, collegandolo a un pensiero precedente.
Non ero un "artista", per questo stavo scrivendo le semplici memorie di un semplice agricoltore-impiegato, ormai ultracentenario, durante il disfacimento delle distopie e gli imperi del passato in una delle "città di luce" di questo futuro.

---

81 futurimagazine.it.

Non riuscivo a capire come si potesse esprimere con immediatezza un'emozione per un'artista di arte figurativa senza che questa perdesse la sua freschezza, lucidità e totalità al termine dell'opera, forse il segreto stava proprio nel dubbio e nella descrizione con la quale cercavo d'esprimerlo: la rappresentazione figurativa nasce a posteriori, sintesi di un'emozione, immanente per definizione tardiva, purtroppo subito già superata senza il tempo di essere riconosciuta come compiuta in quella frenetica società in evoluzione, ma non per questo meno dignitosa, almeno per me. Evidentemente mi sbagliavo, o meglio, progettualità, design e tecnologia progredivano, forse i simboli avevano semplicemente prevalso, nel bene o nel male, forse che a pagarne il prezzo sarebbe stato il pensiero critico e il vero progresso?

> "Se secoli fa poteva essere la speculazione sull'aspetto di Dio e la sua rappresentazione nell'arte il limite dove s'infrangeva la ratio dell'intelletto, in recenti periodi della mia esistenza avevamo avuto lo stesso dilemma nelle scienze fisiche e naturali; non sapevamo se esisteva un limite intrinseco legato alla realtà o allo sforzo interpretativo umano a ridosso dell'inconoscibilità e dell'impossibilità descrittiva della realtà, sia pur con altri strumenti non potevamo, insomma, accorgerci di essere all'interno di una 'singolarità' [82] che si esprimeva in modo non riconoscibile dal nostro intelletto solo osservandone gli eventuali segni, effetti della sua presenza sulla realtà, a meno di un 'atto di fede'; d'altra parte l'arte aveva migliaia di anni di esperienza nel rappresentare l'irrappresentabile: se la singolarità fosse stata nell'orizzonte della percezione umana, se la trascendenza la comprendesse come ipotesi o surrogato, l'arte l'avrebbe già rappresentata (N. Lupieri)." [83]

Saremmo diventati tutti artisti e pensatori? Come scrittori avrebbero immaginato, avremmo trascorso il tempo davanti a schermi di computer perdendo la voglia di vivere? Per quanto i medici avessero potuto fare per il bene della mia salute, purtroppo, le capacità della mia mente si erano affievolite, e a volte pensavo se alla luce di tutti quei cambiamenti fosse stato meglio mantenere una certa lucidità fino alla fine o rimanere in quella condizione di alternato offuscamento della memoria e della realtà percepita al momento, forse passando serenamente i miei ultimi giorni in una beata inconsapevolezza, spegnendomi; era difficile da dire.
Sapevo che il nuovo virus era stato sconfitto ormai da tempo, ma se qualcuno mi avesse detto quale fosse stata la data di quel momento storico e chi fosse stato l'autore della scoperta, a volte, non avrei saputo dare una risposta.
Nei momenti di lucidità ascoltavo persone dire che con tutta probabilità ci stavamo avvicinando ad un momento evolutivo della nostra società ed economia, detto di singolarità, e nei momenti in cui non ero lucido avrei giurato che quella non fosse stata nemmeno la prima volta in tanti anni di sfrenato sviluppo, confuso, forse, da un lontanissimo passato di cui non abbiamo memoria.

82 Cfr. 3.8§
83 futurimagazine.it.

"L'utopia era la fine della Storia, la stasi, il termine del mutamento, una volta costruito un sistema perfetto il presente si sarebbe fermato con sguardo nostalgico al passato, a una mitica 'Età dell'oro'; l'unica 'utopia' che avrebbe resistito così tanto, strisciante e immanente, onnipervasiva e attuale, era quella promessa praticata dal liberalismo, la 'grande narrazione' del capitalismo (Harvey, 2002), l'unica che poteva stimolare distopie e antiutopie perché alfiere del 'disincantamento del mondo' (Weber, 2005) e del pensiero prospettico (Carroll, 2009); se gli algoritmi di 'deep learning' fossero diventati estremamente avanzati avrebbero potuto essere in grado di prevedere in modo affidabile non solo le tendenze generali su ciò che saremmo stati, abitudini di spesa, scelte di dettaglio come la macchina che avremmo comprato, dove avremmo mandato i figli a scuola o dove avremmo scelto di andare in vacanza; immaginate se vi fosse stato detto quale sarebbe stato il vostro prossimo grosso acquisto, sicuramente potreste pensare che questo non avrebbe alcun effetto sulla vostra (apparente) libertà, e altrettanto sicuramente sareste sicuri di poter cambiare idea, soprattutto perché la previsione vi era stata rivelata; ma se la previsione fosse fatta nei minimi dettagli e rivelasse non solo una scelta, ma l'intera storia futura della vostra vita che si estenderebbe davanti a voi? Immaginate inoltre che chi avesse fatto la previsione sapesse come prendere in considerazione l'effetto che la vostra conoscenza della sua previsione avrebbe avuto su quello che avreste deciso, questa ipotesi non porterebbe a dire che imbattersi in simili previsioni avrebbe un effetto profondo e destabilizzante sulla nostra esperienza?" (84)

Solo tardivamente capii cosa significasse il termine "singolarità", evocando paure inspiegabili, come per quelli come me che non ne fossero affascinati per aspetti puramente scientifici, era come se i nodi della Storia fossero venuti al pettine e non si potesse sfuggire, pensavo qualunque fossero stati i fatti precedenti che ci avevano condotti a quel momento storico, molto probabilmente, saremmo arrivati allo stesso punto, forse per altri motivi, diversi dagli eccezionali episodi che avevano segnato il nostro passato e avrebbero dato un'accelerazione al nostro sviluppo, ma saremmo arrivati alla stessa meta, nemmeno artefici del nostro destino, come ingoiati da un buco nero spazio-tempo nell'universo; tutt'intorno a me, come nei luoghi che frequentavo, avevo notato l'assenza dei simboli religiosi con i quali ero cresciuto, probabile segno del momento verso una certa propensione verso una laicità inclusiva della nostra società per natura multireligiosa, ma non avevo mai fatto caso prima alla loro completa sparizione e in maniera molto più strana di ogni luogo di culto. Non ero stato mai un credente che avesse testimoniato la propria fede con la propria condotta di vita rettamente, ancora meno partecipando assiduamente a celebrazioni Liturgiche; mi era stato fatto notare come i luoghi sacri non avessero avuto più, col tempo, la magnificenza e il rispetto di una volta, come ci fosse una tendenza al loro isolamento e alla lenta ma inesorabile segregazione dei pochi fedeli rimasti; persino documenti scritti, come il mio che custodivo gelosamente, nessuna traccia materiale, di ciò che stava accadendo, come vietato se non nella sua forma digitale, effimera, <u>modificabile, se non eliminabile.</u>

84 futurimagazine.it.

Con cosa avrebbero sostituito Dio? Mi chiedevo.

"La fascinazione della singolarità tecnologica di una grande entità intelligente per un futuro de-responsabilizzato, fondendosi con le menti umane e prendendosi cura del vivente sarebbe restata forte e radicata, da ideale neoscientista sarebbe diventata una 'nova religio', il 'Singolaritanesimo', che avrebbe potuto configurarsi come religione di tipo messianico e con analogie con le grandi monoteiste e forse si sarebbe stati in grado di poter 'conoscere la mente di Dio' (Hawking); una lenta rivoluzione aveva modificato i costumi religiosi di una parte dell'umanità e aveva progressivamente prodotto intere generazioni di persone che professavano ateismo e/o agnosticismo in un numero così elevato e in crescita come mai nella storia dell'uomo; la scolarizzazione, il progresso tecnologico, la demistificazione della miracolistica e la sostituzione con la scienza medica ed esatta avevano scalzato e svuotato d'interesse l'appartenenza a una religione. Il messaggio religioso stava rischiando di essere sostituito da quello di religioni 'di ritorno' d'ispirazione pseudoscientista in cui i grandi temi trovavano declinazioni diverse nella forma ma non nella sostanza." [85]

"It shall be a question which no single cybernetics machine has been able to answer."

He turned to face the machine. "Is there a God?"

The mighty voice answered without hesitation, without the clicking of a single relay.

"Yes, now there is a God."

"Sarà una domanda alla quale nessuna macchina cibernetica è stata in grado di rispondere."

Si voltò verso la macchina. "Esiste un Dio?"

La voce potente rispose senza esitazione, senza il clic di un solo relè.

"Sì, ora c'è un Dio".

(Fredric Brown, 1954)

---

85 futurimagazine.it.

Capitolo 3

3.9§ (Oltre l'orizzonte dell'avvenire)

C'era qualcos'altro che mancava, ovunque mi girassi, ed erano i riferimenti al passare del tempo, orologi, calendari e il suono di campane delle ormai inesistenti chiese.

"Che la Storia avanzasse linearmente, attraverso piccole conquiste, compromessi e concessioni, non sempre si sarebbe dimostrato vero; a volte, il fatto di non distinguere per ciò che erano, successi e segnali inattesi, avrebbe portato rischi che invece del progresso avrebbero implicato disastri; bastava pensare che molte utopie letterarie sarebbero state allora vietate o rimosse dalle biblioteche; la narrazione distopica sarebbe stata legittima con un'azione politica radicale percepita come ingiusta, ma il proliferare di tali narrazioni avrebbe potuto incoraggiare eccessive semplificazioni delle complesse fonti di disaccordo politico civile e democratico;[86] la congettura, poi strutturata meglio con leggi, secondo la quale in futuro, lo sviluppo tecnologico, sarebbe giunto a dare una spinta alla biologia, con modifiche tali alla neurobiologia umana (transumanesimo) da renderla capace di realizzare una macchina più intelligente di sé, ultimo suo manufatto (I. J. Good, 1965) che ci avrebbe condotti a una fatale singolarità tecnologica. Così l'universo si sarebbe 'risvegliato' nell'autocoscienza, un 'regno dei cieli' aperto ai convertiti; la nostra società sarebbero mutata: politica, economia, calcolo predittivo, anticipo su scelte umane, forza lavoro, bot risponditori, tecnologie mediche e longevità avrebbero portato squilibri nel welfare; la questione era se ci fossimo mai accorti che ci saremmo trovati di fronte una singolarità tecnologica che non comprendevamo né potevamo comprovare; un normale sviluppo era prevedibile, ma per l'imprevedibile la sola osservazione degli effetti non era sufficiente; la singolarità rischiava quindi di diventare 'atto di fede'; nella fisica non era possibile osservare una singolarità per limiti intrinseci alla natura, Penrose e Hawking (1996) avevano reso famoso il 'buco nero', come 'singolarità dello spazio-tempo', ma il concetto di singolarità apparteneva alla matematica, fisica e alla scienza sociale e naturale, una regione del sapere dove ci si imbatteva in quantità infinite o infinitesime, in spazi a curvatura infinita, salti di specie e imprevedibilità nelle interazioni tra gruppi. Se si manifestasse una singolarità non avrebbe una forma precisa e prevista e potremmo non essere in grado di gestire la transizione da una pre-singolarità a una post-singolarità, perché essa potrebbe essere molto diluita nel tempo, non riconoscibile una volta sorta dall'orizzonte della conoscenza e, al limitare di quello, l'orizzonte degli eventi, per definizione inconoscibile, parte di un tutto, con sommatoria delle sue parti superiore alla somma delle parti stesse; l'unificazione delle teorie avrebbe portato a una Grande Teoria del Tutto (GUT), ancora senza risultati condivisi; stringhe e LQG (gravità quantistica a loop), le teorie più promettenti, erano antitetiche, con una matematica tutta loro, ancora da validare."

Stava davvero per finire il succedersi degli eventi? E come sarebbe successo poi? Avevo veramente 150 anni come credevo, o 1500 e forse più? Mi chiedevo.

---

86 futurimagazine.it.

Il pensiero andò immediatamente al sentimento d'empatia e solidarietà che ci aveva salvati e condotti fin lì.

Speravo solamente, vedendo persone infelici e bambini tristi e senza la voglia di giocare, o le immagini prive di emozioni sui media dalla mia "prigione dorata", che non avessero potuto fare anche a meno anche dei sentimenti, perché avrei preferito essere un folle, come mi sentivo in effetti in quel momento, pur di accettare che a quel punto fosse venuta meno la presenza dell'amore che aveva salvato le nostre esistenze; avrei potuto continuare a vivere chissà quanto tempo ancora, ma ogni giorno passato su quel mondo "impazzito", al culmine della sua veloce espansione, avrebbe comportato per me un'esistenza, a quelle condizioni, quasi inutile da vivere. Sarei diventato una bizzarria della natura, migliorato, e chissà con quale genere di organismo vivente o sostanza chimica avrebbero manipolato il DNA delle mie cellule tanto da modificarne l'attività, il ruolo o la specializzazione, allungandone la vita o cambiandone le capacità rigenerative.

Sarei riuscito a superare l'orizzonte degli eventi, ad essere un inconsciamente ignaro giovane superstite in una nuova civiltà, evoluto, ma con la stratificata coscienza colma di problemi insoluti e lo spirito di un "Matusalemme" che si reincarnava in vite senza ricordi di belle emozioni, perché avrei dovuto sottostare a tutto questo?

"Così generazione dopo generazione l'astronave va verso la meta, segnando la strada con spoglie dall'aspetto di rubino, con i dormienti dai sogni felici fino alla Nuova Terra dove i risvegliati fonderanno una nuova Babilonia ed una nuova Gerusalemme, una nuova Atene ed una nuova Roma, una nuova Mosca ed una nuova New York e naturalmente una nuova Berlino, una nuova Saigon, una nuova Città del Capo. E saranno felici."

La quarta città: Città astronave (Superstudio, Le Dodici Città Ideali, 1971)

"Penso che la cosa più misericordiosa al mondo sia l'incapacità della mente umana di mettere in relazione i suoi molti contenuti. Viviamo su una placida isola d'ignoranza in mezzo a neri mari d'infinito e non era previsto che ce ne spingessimo troppo lontano. Le scienze, che finora hanno proseguito ognuna per la sua strada, non ci hanno arrecato troppo danno: ma la ricomposizione del quadro d'insieme ci aprirà, un giorno, visioni così terrificanti della realtà e del posto che noi occupiamo in essa, che o impazziremo per la rivelazione o fuggiremo dalla luce mortale nella pace e nella sicurezza di un nuovo Medioevo." (H.P. Lovecraft, 1928)

Allora, era proprio così che sarebbe finita, anzi, sempre finita così e anche sempre iniziata, saremmo stati patriarchi o loro figli, gli Adamo, Noè, e giù fino a Giacobbe, testardamente attaccati al nostro vecchio mondo, tanto da resistere fino alla sua nuova genesi, o fino a quando una determinata ricombinazione genetica (Jupiter Ascending, L. e L. Wachowski, 2015) si fosse verificata permettendoci di ritornare tra gli altri in un eterno divenire, quando dalla nostra innumerevole progenie (Methuselah's Children, R. A. Heinlein, 1958) sparsa per tutta la Terra, avremmo ridato vita al genere umano.

> "La specie umana, l'homo-sapiens, entrerà ancora una volta in uno stadio di
> trasformazione radicale e, con le sue stesse mani, diventerà oggetto dei più complessi
> metodi di selezione artificiale e allenamento psico-fisico.
> L'essere umano medio s'innalzerà ai livelli di Aristotele, Goethe e Marx.
> E al di sopra di questi limiti, nuove vette si innalzeranno."
>
> (Letteratura e rivoluzione, Lev Trotzkij, 1924)

Cosa avrei dovuto fare se non restare lì, immobile, mentre tutto cambiava e allo stesso tempo sembrava stare in uno stato di sospensione; senza movimento apparente, contro le leggi della relatività, scivolavo lentamente nella singolarità come non avrei potuto accorgermi che dell'acqua si stava riscaldando in cucina se non avessi osservato aumentare al microscopio il moto browniano delle sue particelle.

In quel frangente non mi sarei potuto fidare della sensazione.

Vista la dilatazione temporale, un pentolino con acqua e una fiamma, tra l'altro immobile, quasi dipinta come ciò che mi circondava, non necessariamente avrebbe significato che si stesse riscaldando, e crederlo sarebbe stato in effetti solo un atto di fede.

Forse mi sarei accorto di quello che stava succedendo solo quando l'acqua sarebbe bollita?

Nella speranza di non fare la fine della famosa ranocchia o che la risposta a tutto questo non fosse stata solo un semplice "42", [87] un saluto, e... alla prossima civiltà!

---

87 La risposta alla domanda fondamentale sulla vita, l'universo e tutto quanto, è un concetto espresso nella serie
di romanzi di fantascienza umoristica di D. Adams, "Guida galattica per gli autostoppisti"; in queste storie,
per cercare la risposta, viene costruito un supercomputer chiamato Pensiero Profondo che, dopo un'elaborazione
durata sette milioni e mezzo di anni, fornisce come responso un semplice "42", tra lo stupore di tutti.

Appendice

Superstudio

Le Dodici Città Ideali, 1971

Come progetto concettuale e anticonformista, le "dodici città ideali" formavano una serie di "controutopie con un brief catartico"; ognuna delle 12 storie immaginate da Gian Piero Frassinelli utilizza una narrazione accompagnata da disegni e collage per descrivere la fisionomia di una città, estrapolando i concetti dell'urbanistica moderna: "suddivisione in zone"; "industrializzazione"; "esigenze degli utenti" e "celle di abitazione".

L'orrore delle visioni risultanti aveva lo scopo di indirizzare tutti a una consapevolezza dell'alienazione e dell'assurdità del mondo.

Contemporaneo alla pubblicazione di Italo Calvino, Le Città invisibili, questo progetto radicale ha dato un diverso impulso all'urbanistica, che è stata quindi demistificata e profondamente scossa dalle sue certezze.[88]

(Aurelien Vernant)

"La prima città_Città 2000 t. Su prati verdeggianti, colline assolate, montagne selvose, si estende eguale e perfetta la città; sottili, altissime lame di edifici continui intersecantisi tra di loro in maglie rigorosamente quadrate della misura di 3999 metri. Gli edifici, o meglio l'unico ininterrotto edificio è costituito da celle cubiche aventi il lato di 2,25 metri; queste celle sono disposte l'una sull'altra in un unico ordine fino ad un'altezza di 1333 metri sul livello del mare così che l'altezza relativa dell'edificio varia in relazione all'altitudine del terreno su cui sorge. Ogni cella ha quindi due pareti opposte confinanti con l'esterno; le pareti di ogni cella sono di materiale opaco ma permeabile all'aria, rigide ma soffici. La parete orientata a Nord (o se questa è confinante con l'esterno, quella orientata ad Ovest) è capace di emettere immagini tridimensionali, suoni ed odori. La parete opposta è occupata da un sedile capace di aderire perfettamente a qualsiasi corpo umano fino ad avvolgerlo completamente; in questo sedile sono incorporati apparati capaci di soddisfare le necessità fisiologiche (alimentari, escretorie e sessuali). La sostanza membranosa costituente questo apparato quando non è in funzione si ritira assieme ai suoi accessori ricostituendo la parete. Il pavimento è un simulatore di materia e può riprodurre in tutti i loro parametri sensoriali un gran numero di materie vive. È, però il soffitto la parte essenziale della cella; esso è costituito da un unico schermo ricettore di impulsi cerebrali. In ogni cella alloggia un individuo i cui impulsi cerebrali sono continuamente captati dal pannello e ritrasmessi all'analizzatore elettronico unico, le cui complesse apparecchiature sono raccolte al sommo dell'edificio sotto una volta continua semicilindrica; l'analizzatore seleziona, compara e media i desideri dei singoli programmando attimo per attimo la vita di tutta la città mediante la parete emittente, il pavimento simulante e le azioni della parete attrezzata; in tal modo tutti i cittadini sono sempre nelle stesse condizioni di eguaglianza. Qui la morte non esiste più. Capita a volte che qualcuno si lasci prendere da assurdi pensieri di ribellione contro la vita

---

88 frac-centre.fr.

perfetta ed eterna che gli viene concessa. La prima volta l'analizzatore ignora il crimine, ma se esso si ripete la città decide di rifiutare lo spazio vitale a colui che se ne mostra tanto indegno. Il pannello del soffitto si abbassa con una forza di duemila tonnellate fino a congiungersi al pavimento. È a questo punto che nella meravigliosa economia della città si determina la vita; il pannello risale fino alla sua posizione originaria e nello stesso tempo tutti gli individui che occupano celle la cui distanza è di 999 metri rispetto alla cella vuota cedono un ovulo od un gruppo di spermatozoi che vengono trasportati attraverso appositi canali in una folle gara verso il sedile rimasto vuoto; qui un ovulo è fecondato ed il sedile si trasforma in utero proteggendo per nove mesi, fino all'alba del suo felice destino, il nuovo figlio della città.

La seconda città_Città coclea temporale:
La città è un'enorme vite senza fine, esternamente un cilindro di 4,5 km di diametro, che ruota lentamente compiendo un giro ogni anno. Simile ad un'astronave la città avanza nella litosfera alla velocità angolare di 2'28"/sec.; la velocità perimetrale è 3584 mm/h. La sua estremità inferiore, rivolta verso il centro della terra, è costituita da un apparato escavatore, una specie di turbina a lame che ruotando sgretola la roccia avviando i materiali verso il centro del cilindro da dove attraverso un condotto vengono fatti salire all'esterno. Al di sopra della turbina sono gli apparati propulsori, la centrale atomica con un'autonomia di 10.000 anni, gli impianti automatici che servono la città e gli elaboratori elettronici che la governano. La sua estremità superiore si accresce gradualmente in modo da restare costantemente al livello del suolo esterno; l'accrescimento è realizzato con la costruzione continua di nuovi settori della città tramite un cantiere automatico posto come un ponte tra il centro ed il perimetro; in esso vengono utilizzati come materiale da costruzione detriti litoidi che provengono dallo scavo sul fondo. La città è composta di cellule abitative disposte in cerchi concentrici in doppia fila; la parete di ogni cellula rivolta verso il centro del cilindro misura 280 cm; anche la profondità di ogni cellula è di 280 cm; tra due cerchi contigui di cellule corre una via di 280 cm di larghezza; una serie di 1440 strade radiali larghe al minimo 14 spanne collegano tra loro le strade circolari. Ogni cella ha una sola apertura, una porta che dà verso la strada circolare contigua, le altre tre pareti, confinanti con altre celle, sono totalmente opache ed afone. Il dislivello fra 2 piani sulla stessa verticale è di 330 cm.

La terza città_New York of Brains:
Nel punto più bruciato, sconvolto, fuso di quello spazio grigio che una volta era New York, e precisamente dove fu il Central Park, circa all'altezza dell'81a strada sorge la città. Quando gli altri si resero conto che l'esplosione aveva contaminato tutti gli abitanti di New York e che i loro corpi marcivano e si disgregavano senza rimedi si decise di costruire la nuova città. Essa è un cubo lungo, largo e alto 55 metri rivestito di formelle di quarzo di 25 x 25 cm, su ogni una delle quali è ricavata una lente del diametro di 23 cm. Questo rivestimento ha la funzione di condensare la luce sullo strato fotosensibile retrostante che la trasforma in energia per il funzionamento della città. Il cubo è pieno senza soluzione di continuità di contenitori cubici di 25 cm di lato, fatti di uno speciale polimero trasparente di stabilità indefinita; l'interno di ogni contenitore ha una cavità sferica piena di liquido fisiologico in cui vive un cervello; nello spessore delle pareti dei contenitori sono ricavati i condotti attraverso i quali viene rinnovato continuamente il liquido fisiologico esterno e quello che sostituisce la circolazione sanguigna; sistemi di elettrodi innestati nei vari punti delle masse cerebrali consentono la comunicazione diretta tra i cervelli. Al centro della città si apre una cavità lunga, larga, alta 10 metri e 13 cm, il cui pavimento è allo stesso livello del suolo su cui sorge il grande cubo; un corridoio largo 1 metro alto 2 metri e lungo 17 metri e 78 cm che collega la cavità centrale all'esterno. La cavità centrale è in gran parte occupata dagli apparecchi rigeneratori e filtranti delle soluzioni fisiologiche; il filtraggio è particolarmente accurato, elimina tutte le tossine impedendo i processi di necrosi e invecchiamento. Nella città vivono 10.000.456 cervelli; nella tenue luce rossa del corridoio e della cavità centrale è possibile vederli, attraverso le pareti trasparenti, pulsare lentamente, sprofondati in meditazioni interminabili o concentrati in muti, indefiniti colloqui. Staccati definitivamente dalle percezioni esteriori possono sublimare i loro pensieri per un tempo lungo come la vita del sole, liberi di raggiungere le mete supreme della saggezza e della follia; di conseguire forse la conoscenza assoluta. Sopravviveranno all'umanità, ne riconosceranno il cammino verso la distruzione ma nulla potranno fare, né per accelerarlo né per ritardarlo.
E saranno finalmente soli.

La quarta città_Città astronave:
Se la città è un luogo dove un gruppo di uomini nasce, vive, muore; se la città è una madre che cura e protegge i suoi figli, fornisce tutto ciò di cui hanno bisogno e decide come essi devono essere felici;
se la città è tutto questo indipendentemente dalle sue dimensioni fisiche e demografiche, allora anche l'astronave, che da secoli segue la rotta precisa verso il pianeta di una stella lontana migliaia di anni luce, è una città. L'astronave è una grande ruota rossa del diametro di 50 metri costituita: da un anello esterno con dimensioni radiali di 3 metri e dimensione assiale di 6, da un nucleo sferico centrale del diametro di 8 metri, e da un collegamento diametrale cilindrico, tra l'anello esterno ed il nucleo, del diametro di 2 metri.

Il nucleo centrale contiene il cervello elettronico che programmato alla partenza condurrà la nave alla lontana destinazione, gli organi propulsori e tutti gli impianti necessari alla vita della nave e dell'equipaggio. L'anello esterno è diviso in 160 cabine disposte in doppio ordine, cioè l'anello è spartito in 80 settori di due cabine sovrapposte ciascuno. In ogni cabina dorme uno dei 156 membri dell'equipaggio, nella cabina superiore un uomo, in quella inferiore una donna. Tutto l'insieme delle cabine scorre lentamente rispetto alla carenatura esterna in modo da completare un giro in 80 anni. I membri dell'equipaggio dormono senza interruzione dalla nascita alla morte chiusi nelle loro cabine ed avviluppati dai cavi e dai condotti che regolano la loro esistenza; i loro centri cerebrali sono collegati tramite elettrodi ad un 'generatore di sogni'. Questo apparecchio si basa su un doppio nastro perforato su cui è registrato il sogno di due vite complementari; nel suo movimento ogni coppia di cabine percorre il nastro facendo recepire ai suoi abitanti il sogno nella sua continua evoluzione; tutti i passeggeri vivono lo stesso sogno in tempi diversi. L'ottantesimo settore dell'anello perimetrale non è chiuso, due aperture larghe come la parete esterna della coppia di cabine danno nel vuoto cosmico. Questo settore è in corrispondenza dell'attacco di un'estremità del condotto diametrale all'anello. Quando la coppia di cabine nel suo lento movimento supera il settantanovesimo settore la parete esterna comincia a coincidere con l'apertura; appena si determina una fessura l'aria sfuggendo da essa annulla la pressione della cabina ma prima ancora che per asfissia i passeggeri muoiono per emorragia totale; non più compensati dalla pressione esterna tutti i vasi sanguigni si rompono, il sangue trasuda attraverso tutta l'epidermide e quasi subito gela. La fessura continua ad allargarsi e contemporaneamente i cavi ed i condotti che avevano tenuto in vita i passeggeri, si staccano dal corpo che, liberi, fluttuano lentamente spinti dalla debole forza centrifuga fuori dell'apertura nello spazio esterno. Poi il lento movimento delle cabine determina il restringersi progressivo dell'apertura fino a chiusura completa. È in questo momento che dalla parte opposta dell'anello, al settore 40, nel punto dove si attacca l'altra estremità del condotto diametrale, il sogno stimola i sessi di una coppia; due ovuli vengono fecondati da due spermatozoi sotto un controllo che impedisce ogni possibilità di errore. All'interno delle cabine vuote si espandono due 'uteri meccanici' che ricevono i due ovuli fecondati, quello maschile di sopra e quello femminile di sotto. Nove mesi dopo gli uteri si ritirano liberando i feti che nel loro sviluppo hanno già inglobato i terminali dei cavi e dei condotti vitali. Così generazione dopo generazione l'astronave va verso la meta, segnando la strada con spoglie dall'aspetto di rubino, con i dormienti dai sogni felici fino alla Nuova Terra dove i risvegliati fonderanno una nuova Babilonia ed una nuova Gerusalemme, una nuova Atene ed una nuova Roma, una nuova Mosca ed una nuova New York e naturalmente una nuova Berlino, una nuova Saigon, una nuova Città del Capo. E saranno felici.

La quinta città_La città delle semisfere:
Quell'abbagliante piano di cristallo tra i boschi e le verdi colline è la città. Il piano è un quadrato di 183 stadi di lato ma avvicinandosi ci si rende conto che esso è formato dalle lastre di copertura di 10.044.900 sarcofaghi di materiale cristallino lunghi 1 tesa, larghi 1/3 di tesa e profondi 1/3 di tesa. Anche le pareti di separazione tra i sarcofaghi sono in materiale trasparente; il fondo viceversa è in materiale bianco e lucido. Dentro ogni sarcofago giace un individuo immobile, a occhi chiusi. Esso respira aria condizionata che viene continuamente rinnovata nel sarcofago e viene nutrito direttamente dal sangue, infatti il suo sistema sanguigno è collegato con apparecchi depuratori e rigeneratori che con l'eliminazione delle tossine e con opportuni dosaggi di ormoni bloccano l'invecchiamento. Una serie di elettrodi applicati al cranio comandano un apparecchio sensorio esterno a forma semisferica del diametro di 1/6 di tesa; questa semisfera di metallo argenteo è in grado di spostarsi e stazionare in aria e a terra grazie ad un sistema propulsivo che non emette né gas né rumore ed ha un'autonomia illimitata; si potrebbe pensare che le centinaia di migliaia di sfere che continuamente sciamano o sono sospese sulla città o nei suoi dintorni siano mosse per telecinesi. Nella parte piatta le semisfere contengono gli organi sensori, vista, udito, gusto, odorato, tatto; le sensazioni che essi raccolgono vengono trasmesse direttamente al cervello dell'individuo che comanda la semisfera. A volte si possono osservare delle semisfere poggiate sul sarcofago del loro padrone proprio in corrispondenza della testa, è questa la posizione della 'meditazione profonda'; altre volte, specie nelle giornate di sole, si osservano parecchie semisfere unite due a due per la parte piana, è questa la posizione dell'amore sublime'; queste unioni spirituali naturalmente non hanno il potere di creare la vita, ma ciò non è necessario in un luogo dove non passa mai la morte.

La sesta città_The magnificent and fabulous Barnum jr.'s city:
La città è sotto quell'enorme tendone da circo a righe rosse e blu, anzi si può dire che il tendone stesso, sostenuto dalle centinaia di palloni che lo sovrastano, tutto quello che c'è sotto, lo sterminato parcheggio che lo circonda ed anche le bancherelle, i suoni da banda di circo e le luci colorate ed ammiccanti, siano la città. Il tendone, tenuto sospeso dalla trazione tra gli aerostati e le migliaia di cavi che ne ancorano il perimetro a terra, ha il diametro di 3 chilometri e 406 metri; al centro di esso un enorme cilindro di 1600 metri di diametro e 91 metri di altezza fatto di lamiere chiodate e dipinto di vernice argentata; in questo

cilindro è racchiusa una città in scala 5 volte minore della realtà. Si tratta di una città di circa due milioni di abitanti con tutte le caratteristiche di una città moderna che contiene le riproduzioni di tutti i maggiori monumenti del mondo, dall'Empire State Building alla Tour Eiffel, dal Colosseo (ricostruito nell'aspetto originario) al Sunset Bd. Ecco come potrete visitare questa favolosa città: giunti sul luogo e parcheggiata la macchina vi recherete alla biglietteria dove acquisterete il biglietto pagando mezzo dollaro per ogni minuto di visita alla città. Poi verserete una cauzione per eventuali danni che potreste provocare durante la visita, pari ad 1 dollaro per ogni minuto di visita ma che comunque non potrà essere inferiore ai 900 dollari. Riceverete a questo punto la 'chiave della città'; essa in realtà è una scheda elettronica che contiene i vostri dati ed il tempo della visita; vi incanalerete con gli altri visitatori verso il cervello elettronico e giunti ad un 'posto di scelta' inserirete la chiave nella fessura apposita; vedrete la spia luminosa davanti a voi passare dal rosso al verde, a questo punto potrete spiegare al 'cervello' chi volete incarnare; se volete un personaggio celebre, vivente o meno, non avete che da farne il nome. Speriamo vivamente che il vostro 'eroe' sia nell'elenco dei 100.000 personaggi disponibili, altrimenti dovrete cambiare scelta. (N.B.) La nostra organizzazione non è un veglione in maschera quindi non chiedete personaggi antichi; l'elenco comprende solo personaggi viventi nel 1915 (per la visita in un personaggio celebre la tariffa è di 1 dollaro al minuto). Se siete modesti e preferite un personaggio comune ditene le caratteristiche al "cervello": subito apparirà sullo schermo il tipo che avete scelto. Effettuata la vostra scelta attendete lo squillo del campanello e ritirate la vostra 'chiave': essa reca ora impresso anche il tipo di personaggio da voi scelto. Recatevi quindi alla zona dei box e trovatene uno libero, infilate la vostra "chiave" nel cruscotto che vi troverete davanti. Entro 90 sec le guide che sono sopra di voi vi porteranno una tuta che resterà appesa ad esse tramite i cavi che partono dalle giunture e dal casco; infilatevela e chiudete le cerniere, (il casco si fissa facendolo ruotare di mezzo giro da sinistra a destra). Quando sarete pronti premete il pulsante verde che si trova sulla tuta all'altezza del petto; il pavimento su cui siete scomparirà con un sistema a diaframma e vi troverete su una piastra circolare di 2 metri e 25 centimetri di diametro. La piastra è coperta da uno strato di sferette d'acciaio che vi permetteranno, restando sul posto, qualsiasi movimento di gambe, potrete camminare, correre, fare giravolte ed anche spaccate se vi riesce. Mentre osserverete queste meraviglie dai bordi della piastra salirà un cilindro di plexiglass che si arresterà quando sarà giunto ad un'altezza pari al diametro della piastra. A questo punto è meglio che chiudiate gli occhi per qualche secondo per evitare capogiri, quando li riaprirete vi troverete nella città, ricordatevi che da questo momento ogni movimento del vostro corpo è trasmesso tramite la tuta, che è un modernissimo telepantografo, al pupazzo robot che voi avete scelto e che agisce nella città secondo i vostri impulsi; le sensazioni visive, olfattive, uditive, tattili, gustative che i suoi detectors elettronici proveranno, saranno fedelmente trasmesse ai vostri centri nervosi. [...] Ricordatevi che potrete fare tutto quello che volete, tanto nessuno vi riconoscerà, non abbiate paura dei poliziotti, è gente che pensa a divertirsi come voi, se qualcuno volesse fare il moralista ricordatevi che avete con voi una buona pistola. È tutto. Non perdete tempo, amico, correte a 'Barnum Jr.'s City', comprate un biglietto ed entrate nella città più libera e divertente del mondo, ne vedrete delle belle e potrete realizzare ogni vostro desiderio.

La settima città_Città nastro a produzione continua:
La città cammina; si snoda come un maestoso serpente attraverso territori sempre diversi portando a spasso i suoi otto milioni di persone tra pianure valli e colline, dai monti alle rive dei mari, generazione dopo generazione. La testa della città è la Grande Fabbrica larga 6 chilometri e 440 metri, come la città che in continuazione produce, spessa 400 metri ed alta al centro 91 metri. La Grande Fabbrica sfrutta il terreno ed il sottosuolo su cui si muove e da esso ricava meravigliosamente tutto quanto occorre alla costruzione della città; la Grande Fabbrica divora brandelli di inutile natura e minerali informi dal suo fronte anteriore ed emette sezioni di città completamente formata e pronta per essere usata dal suo fronte posteriore. La Grande Fabbrica si muove in avanti ad una velocità di 37 cm/h. L'urbanistica della città è caratterizzata da una scacchiera di strade perpendicolari e parallele alla Grande Fabbrica; le strade separano isolati quadrati di 239 metri di lato e sono larghe 27 metri. Le strade perpendicolari sono numerate progressivamente a partire dall'asse centrale della città aggiungendo al numero la sigla D od S a seconda che si trovino a destra od a sinistra dell'asse guardando la Grande Fabbrica; le strade parallele invece sono denominate con il nome del mese e dell'anno della loro produzione; infatti la Grande Fabbrica produce una serie di isolati (compresi i segmenti di strade perpendicolari interposti) in 27 giorni e la strada parallela ad essi adiacente in 3 giorni; dato che la produzione di strada è automatizzata completamente, in questi tre giorni la Grande Fabbrica è chiusa. Questo intervallo festivo nell'incessante operosità della città è detto 'month end' o familiarmente 'street holiday'. La principale aspirazione di ogni cittadino è trasferirsi sempre più spesso in una casa nuova perché le case vengono continuamente rinnovate e dotate delle sempre più perfezionate comodità che il Consiglio di Amministrazione della città inventa per la gioia dei cittadini. Pensate che i maggiorenti della città, le Grandi Famiglie, cui i guadagni lo permettono, si trasferiscono mensilmente nelle case appena costruite seguendo il ritmo di produzione

della Grande Fabbrica. Gli altri cittadini cercano di fare il possibile, solo i più svogliati aspettano il quarto anno per cambiare casa. Fortunatamente non è possibile abitare una casa per oltre quattro anni dalla sua costruzione; dopo questo periodo infatti gli oggetti, gli accessori e le stesse strutture degli edifici si disgregano, diventano inutilizzabili e presto sopravvengono i crolli. Solo i rifiuti della società, individui folli o tarati, osano vagare tra le rovine, i detriti e le immondezze che la città si lascia dietro contendendole ai topi ed agli altri parassiti. È proprio per evitare che i cittadini si riducano in tali deplorevoli condizioni che fino dalla più tenera età viene loro inculcato il concetto che la più grande aspirazione di ognuno deve essere sempre una nuova casa, è per questo che anche giornali, TV e tutti gli altri mezzi di comunicazione reclamizzano continuamente le meravigliose novità delle nuove case, le innovazioni tecniche, le inedite comodità. Cosa c'è di più bello e rassicurante dello spettacolo delle famiglie che giornalmente risalgono le strade perpendicolari sui pulmini gialli, messi a disposizione dal Consiglio di Amministrazione, in direzione della Grande Fabbrica, verso le loro nuove case?
Cosa c'è di più stimolante della continua gara tra tutti i cittadini per abitare nelle parallele con data più recente? Quale giorno è più felice di quello del trasferimento alla nuova casa quando il vostro Direttore vi concede un giorno di permesso straordinario e vi fa le sue congratulazioni? Quale ora è più bella di quella in cui entrate nella nuova casa e scoprite le vostre nuove cose, le nuove attrezzature, i nuovi vestiti e tutto quanto è stato preparato per voi dalla Grande Fabbrica? Ammirate la città dall'alto, la grande testa nera impennacchiata dal fumo di migliaia di ciminiere, con il suo corpo ordinato lungo otto miglia con al centro la cresta grandiosa dei suoi grattacieli fiancheggiati dai grandi edifici popolari e con le distese di ville con giardino verso i bordi; con il suo interminabile strascico di detriti che testimoniano il cammino percorso. Guardate le lunghe file di automezzi che arrivano ad essa vuoti e ne ripartono carichi per la maggior prosperità del nostro grande Paese e per le sempre migliori fortune dei nostri beneamati azionisti. Guardate la città perfetta che, autonoma in tutti i propri bisogni, produce nelle sue Piccole Fabbriche, più di qualsiasi altra città, prodotti da esportare.
L'ottava città_La città cono a gradoni:
La città sorge al centro di una grande pianura, circondata da un canale largo 183 metri. E' formata da 500 piani circolari sovrapposti ognuno dei quali ha un diametro minore di 10 metri rispetto a quello sottostante; ogni piano è alto 2,5 metri; quindi l'altezza totale è di 1250 metri mentre il diametro del piano più basso è di 5 chilometri. Nel muro di circonferenza di ogni piano si aprono porte di 60 x 215 centimetri; al piano terreno si hanno 6500 porte, ad ogni piano successivo le porte diminuiscono di 13; il 1500° piano ha solo 13 porte e sopra questo piano, al centro della terrazza di 10 metri di diametro, sorge una cupola di metallo argenteo di forma emisferica con raggio di 2,5 mt. Il totale delle porte sui muri perimetrali della città è di 1.628.250; ognuna delle porte immette in un vano formato dal muro esterno, da un muro interno concentrico al muro esterno e da due muri radiali; la distanza tra i due muri concentrici è di 5 metri; la distanza massima tra i due muri radiali e l'altezza sono di 2,25 metri; nei muri radiali si aprono porte di 60 x 215 metri che collegano ogni vano con i due contigui. Tutta la città è costruita con materiale ceramico bianco, vetrificato, inalterabile ed inattaccabile. I piani non sono in alcun modo collegati tra loro; nessuna membratura architettonica fornisce appiglio per arrampicarsi; i terrazzi che formano i gradoni tra un piano e l'altro non hanno parapetto. In ogni vano, al centro della parete che fronteggia la porta esterna, sono praticate due aperture circolari, quella più bassa di 20 centimetri di diametro è una specie di finestra che si apre verso l'interno, oscuro e silenzioso, del cono che è un'unica cavità priva di divisioni orizzontali e verticali. La seconda apertura, posta sopra la prima, ha il diametro di 10 centimetri ed è il terminale di un condotto; in essa vengono posti i bambini appena nati. Alcuni secondi dopo che il bambino è stato introdotto nell'apertura, essa, che fino ad allora era restata sempre aperta, si chiude mediante un sistema a diaframma; quando si riapre, dopo alcune ore, il piccolo ha inserito nel cervello un "coordinatore". Tutti gli abitanti della città hanno nel cervello un "coordinatore" che si rivela all'esterno solo per una piccola placca metallica circolare al sommo del cranio. Il "coordinatore" trasmette ordini tramite impulsi cerebrali ad uno o più abitanti (ma non più di 5). Teoricamente, con uno sforzo di volontà, è possibile rifiutarsi di eseguire gli ordini impartiti dagli abitanti del piano superiore, ma il senso di colpa che deriva da tale ribellione è così forte e provoca sofferenze psichiche così intense che pochi riescono a sopportare a lungo. Con questo sistema, cioè ordinando agli abitanti dei piani inferiori le cose di cui hanno bisogno, gli abitanti si procurano tutto quello che serve loro; ogni desiderio passa da "coordinatore" a "coordinatore" fino ai piani più bassi e quasi sempre fino al piano terreno dove gli abitanti coltivano la terra, lavorano e costruiscono oggetti per soddisfare le richieste degli abitanti dei piani superiori. Due volte al giorno, ad ore fisse, tutti gli abitanti della città, infilando la testa nelle aperture che immettono nello spazio centrale possono recepire tramite il "coordinatore" una programmazione di sogni che viene emessa dall'uomo che vive nella cupola in cima alla città. Nessuno sa come viva l'uomo che abita la cupola, ma tutti pensano che debba essere felice perché non ordina mai nulla, non ha mai bisogno di nulla. Si dice che la cupola possieda un meccanismo che può esaudire

immediatamente ogni suo desiderio e che anzi i sogni bellissimi che trasmette non siano altro che brani delta sua vita reale. L'aspirazione più alta di ogni abitante della città è di salire ai piani superiori per diminuire il carico di ordini ricevuti tramite il "coordinatore". Tutto il tempo libero di ogni abitante è praticamente dedicato ad ideare ed eseguire piani per raggiungere questo risultato. Naturalmente gli abitanti dei piani superiori tentano di sventare queste scalate con ogni mezzo ed i cadaveri che si ammucchiano qua e la testimoniano l'accanimento di queste lotte. Anzi proprio formare mucchi di cadaveri è il sistema più comune di tentare la scalata (naturalmente in questa gara gli individui che hanno famiglia e vogliono portarla con se sono i più svantaggiati). Capita anche che qualche abitante per varie cause, ubriachezza, malattia od anche distrazione cada dal proprio piano nel sottostante. Gli abitanti degli ultimi piani che sono caricati da pochissimi ordini e specialmente quelli dell'ultimo piano che non ne ricevono affatto cercano in continuazione di entrare nella cupola che è apparentemente priva di ogni apertura. Si dice che toccando un punto particolare della sua superficie si apra per pochi secondi uno spicchio permettendo al fortunato di entrare, ma nessuno è mai uscito dalla cupola per raccontarlo agli altri. La cosa misteriosa è che fine facciano gli abitanti precedenti della cupola, cioè quelli spodestati: sul terrazzo che circonda la cupola non è mai stato trovano nessun cadavere.

La nona città_La città macchina abitata:
La città è una macchina, una macchina così grande che neanche i suoi abitanti hanno idea delle sue dimensioni; i suoi condotti, le serie di ingranaggi, le cinghie, le bielle si perdono a destra e a sinistra, in alto ed in basso, davanti e dietro rispetto a qualsiasi punto la si guardi, nella penombra indistinta, grigia e nebbiosa, che riempie la caverna che essa occupa e di cui nessuno è mai riuscito a scorgere le pareti. In alto un enorme sistema di lenti concentra un fascio di luce solare in un punto della macchina ed è questo che trasforma in grigia penombra quella che altrimenti sarebbe perenne oscurità. Gli abitanti vivono nella macchina, trascinati senza sosta da nastri trasportatori, da scivoli e condotti pneumatici dalla nascita alla morte. La macchina provvede a tutto; lungo gli innumerevoli percorsi che si intersecano, si uniscono e si dividono secondo gli incomprensibili programmi della macchina, gli abitanti trovano il cibo e la paura, il sonno e la gioia, il sesso e la speranza, la morte e l'ira, a volte anche la ribellione; ma gli abitanti sanno bene che uscendo dai percorsi obbligati stabiliti dalla macchina si finisce stritolati dagli ingranaggi. La macchina è autosufficiente, prende dall'esterno solo i raggi solari, l'aria e l'acqua ricca di sali minerali del sottosuolo, provvede ai bisogni dei suoi abitanti elaborando e sintetizzando sostanze che furono messe al principio dentro essa; ricrea al suo interno il ciclo vitale dalle colture vegetali e gli allevamenti animali, anzi, la perfezione del meccanismo fa si che gli incrementi energetici e materiali apportati da luce acqua ed aria si trasformino in eccedenze; ogni residuo, tutto ciò che muore, viene trasformato e la quota di esso che non serve al ciclo della macchina viene emesso all'esterno. La macchina produce concime.

La decima città_La città dell'ordine:
La città che stiamo esaminando non ha apparentemente niente di strano, ha vie, piazze, giardini, case nuove e vecchie, è insomma una città come le altre, potrebbe assomigliare alla vostra; solo che è governata dallo stesso sindaco da 45 anni. La ragione di una così lunga permanenza al potere è semplice: il sindaco ha avuto un'idea eccezionale, invece di sforzarsi come fanno tutti di adeguare la città agli abitanti ha pensato di adeguare gli abitanti alla città. Ora, dopo 45 anni le cose cominciano a funzionare veramente bene; i cittadini, che passano col rosso, danneggiano le proprietà comuni, si lamentano del ritardo dell'autobus o della mancanza di acqua nelle ore in cui serve, eccetera... sono sempre meno; infatti non appena qualche cittadino commette un'infrazione o si lamenta per qualche cosa contro i pubblici poteri non viene punito o rassicurato che le sue lamentele verranno prese in considerazione, viene invece invitato al municipio per una settimana e convinto. Quando il cittadino torna a casa è profondamente cambiato: preciso, ligio ai regolamenti, tranquillo, sempre sorridente, svolge il proprio dovere con coscienza. In 45 anni quasi tutti i cittadini hanno visitato il municipio e quindi ora sono quasi tutti cittadini modello. Ogni tanto succede qualche grave incidente; si sa, con il traffico e la vita intensa di oggi è inevitabile. Allora può capitare di vedere che i cittadini modello hanno nella testa un complesso meccanismo miniaturizzato e nel torace e nell'addome, al disotto dei fasci muscolari, tante palline di polistirolo espanso al posto delle interiora. Nessuno sa nulla di questo perché tutte le persone che assistono allo scempio sono premurosamente accompagnate dai vigili urbani al municipio per rimettersi dallo shock. I consiglieri comunali che erano anziani, sono tutti morti in questi 45 anni; il sindaco li ha immortalati con splendide statue di plastica a dimensione e colori naturali che li raffigurano seduti attorno al tavolo del Consiglio nella posa che era loro caratteristica; i consiglieri di maggioranza con le loro espressioni ironiche, soddisfatte o sorridenti; quelli di opposizione aggrondati o sdegnosi, l'estremista addirittura mezzo sollevato dalla sedia e con l'indice puntato. Il sindaco è molto contento di come vanno le cose, ora comincia ad avere grandi ambizioni per la sua città, sta pensando di abbellirla con grandi edifici pubblici, con monumentali modifiche urbanistiche, sicuro che tutti saranno d'accordo. Ieri però

purtroppo è caduto, si è aperto e ha perso tutti i pallini. Glieli stanno rimettendo.

L'undicesima città_La città delle case splendide: La città si disinteressa del paesaggio perché rappresenta già in sé tutto quello che piace agli abitanti. Essa è certo la città più bella del mondo perché i suoi abitanti tendono tutti in ogni momento della loro esistenza all'unico scopo di possedere la casa più bella. La città pone tutti i suoi abitanti sullo stesso piano di partenza, cioè concede ad ogni nucleo familiare lo stesso spazio per la casa. Infatti la città è costituita da una rete di strade ortogonali larghe 10 metri che delimitano isolati di 6 m di lato; ognuno di questi isolati di 36 mq è occupato da una casa unifamiliare. La limitatezza dello spazio a disposizione di ogni casa, ha lo scopo di costringere i cittadini a riversare tutti i loro sforzi nell'arricchimento estetico dell'esterno della loro abitazione, evitando ogni tentazione di comodità e di mollezza che porterebbe, inevitabilmente, a sopire l'anelito che deve ininterrottamente sospingere i cittadini verso l'edificazione di una casa sempre più bella, in continua gara con i vicini e gli amici. Ogni casa della città è costituita da un'unica stanza di dimensioni interne di 5 x 5 m e alta 3 m con pareti in cemento armato dello spessore di 50 cm; la copertura è di vetro trasparente con al centro una plafoniera per illuminazione; il pavimento è di plastica imbottita con al centro una piastra calorifera; le pareti della stanza sono dipinte di verdino. Una tenda dello stesso colore, in plastica, nasconde i servizi igienici a destra della porta d'ingresso; a sinistra della porta un armadio metallico dipinto di verdino e con serratura di sicurezza contiene i vestiti; non ci sono altre suppellettili; dal muro di fronte alla porta escono due rubinetti, uno per l'acqua, l'altro per il plasma nutritivo a base di clorella, integrato con vitamine e sali minerali, che costituisce l'unico alimento dei cittadini. Sopra i rubinetti, sull'interruttore della luce elettrica e sulla manopola di regolazione della piastra radiante, sono posti contatori di erogazione collegati con il cervello elettronico centrale della città che si occupa della retribuzione dei cittadini. Tutti i cittadini infatti lavorano negli opifici della città che producono ponteggi metallici, pannelli di plastica serigrafati, oggetti di abbigliamento ed ornamento ed altri articoli di prima necessità. Alla fine del mese ogni cittadino riceve buoni acquisto calcolati in base al proprio stipendio decurtato delle spese di consumo di acqua, luce, riscaldamento e cibo; con questi buoni acquisto egli compra i materiali che gli occorrono per proseguire l'abbellimento della sua casa; lavoro al quale ogni cittadino dedica tutto il tempo libero dal lavoro. Abbiamo lasciato per ultimo la descrizione dell'aspetto delle case proprio per avere più agio di descriverlo. I muri perimetrali in cemento armato delle case sono la base di torri a traliccio metallico che portano pannelli serigrafati riproducenti qualsiasi cosa a colori vivaci; la scelta del soggetto da riprodurre sulla propria casa è affidata al gusto dei cittadini, certo il soggetto più comune sono i grandi edifici storici, non mancano alberi, animali, opere di pittura o scultura eccetera. Non c'è limite all'altezza di queste torri all'infuori dell'alto costo dei materiali. Le famiglie più prestigiose abitano in torri alte fino a 200 metri e lungo le quali si susseguono soggetti diversi. Le torri che superano i 90 m, non potendo essere più sostenute solo dal traliccio, contengono all'interno un pallone di plastica trasparente gonfiato ad elio che contribuisce al sostentamento della costruzione. Tutti i buoni acquisto che non vengono spesi in materiale da costruzione vengono utilizzati per acquisto di vestiti ed ornamenti personali; gli abitanti, che nelle case vivono nudi, per le strade sono abbigliati con vesti policrome, sfarzose e di tutte le fogge.

La dodicesima città_La città del libro:

Il libro che tutti i cittadini portano appeso al collo mediante una catena è lo spirito della città. Esso porta scritto sulla facciata sinistra di ogni pagina le norme morali e su quella destra i comportamenti pratici su cui è basata la vita dei cittadini. La città è costituita da una serie di edifici paralleli alti 10 m larghi 30 m lunghi 10 km distaccati tra loro 3 m. All'interno di ogni edificio corre una galleria larga 10 m alta 9 m, lunga come l'edificio. Ogni 30 m gallerie trasversali più piccole (3 x 3 m) collegano le gallerie longitudinali e le esterne di divisione tra gli edifici. Le strade esterne sono erbate. Le gallerie longitudinali sono completamente oscure ma ogni cittadino è dotato di dispositivi oculari a raggi infrarossi con cui può vedere al buio perfettamente. I volumi costruiti tra le gallerie longitudinali e le strade esterne sono occupati dalle abitazioni tutte di identico tipo con corridoio centrale ed ambienti sulla destra e sulla sinistra; ogni casa quindi ha metà stanze che affacciano sulle strade esterne e metà nelle gallerie longitudinali. Il Libro che regola la vita dei cittadini è fatto in modo che le pagine sinistre (quelle dell'etica) possono essere lette solo alla luce esterna mentre quelle destre (del comportamento) solo al buio con dispositivi infrarossi. In ogni situazione il cittadino è tenuto a osservare la norma corrispondente che può leggere nel Libro. L'etica del Libro corrisponde a quella cristiana incrementata dai princìpi legislativi e costituzionali; le norme di comportamento sono il risultato delle tendenze comportamentali proprie delle culture occidentali liberate dalle remore moralistiche che ne impedivano il libero sviluppo. Ogni cittadino è libero di vivere alla luce od al buio e di spostarsi tra l'una e l'altro; praticamente tutta la vita si svolge nelle gallerie e nelle stanze delle case ad esse prospicienti; al piano terreno delle case sono posti i negozi e gli uffici; tutti hanno due ingressi, uno dalla galleria e l'altro dalla strada esterna.
Libro pag. 2. La legge è uguale per tutti.
Libro pag.3. La legge è proporzionale alla potenza dell'individuo.

Libro pag. 6. Lo stato è al servizio del cittadino.
Libro pag. 7. Il cittadino è al servizio dello stato.
Libro pag. 28. Non uccidere se non per legittima difesa.
Libro pag. 29. Uccidi per legittimo attacco e getta il cadavere nelle apposite aperture.
Nota alla pag. 29.I marciapiedi delle gallerie longitudinali sono sopraelevati rispetto alla strada di 70 cm ed al di sotto di essi si aprono i condotti per l'eliminazione dei cadaveri che trasportano i corpi agli inceneritori a mezzo di nastri trasportatori.[89]

---

[89] raccordi.blogspot.com.

Fonti e bibliografia

Premessa
computerhistory.org/blog.
internazionale.it.

Introduzione
corriere.it.
avvenire.it.
lindro.it.
investireoggi.it.
repubblica.it.
businessinsider.com.

Capitolo 1

1.1§ (Il virus e il contenimento)
ilpost.it.
ildolomiti.it.

1.2§ (Un "qualunque" 29 aprile)
Repubblica.it, 29 aprile 2020, D. Mastrogiacomo

1.3§ (La vittoria del "bene comune")
futurimagazine.it.
vita.it.
firstonline.info.
Pandemia e Resurrezione di G. Sapelli, Guerini e Associati/goware, 2020.

1.4§ (Cambiamenti e decrescita)
libertas.sm.
asvis.it.
gamberorosso.it.
businessinsider.com.

1.5§ (Alcune situazioni ad alto rischio)
insideover.com.
jurist.org.
internazionale.it.

1.6§ (Il lockdown)
avvenire.it.
lindro.it.
altalex.com.
ilrasoiodioccam-micromega.blogautore.espresso.repubblica.it.

1.7§ (Una nuova concezione urbanistica)
salviamoilpaesaggio.it.
elledecor.com.

1.8§ (La situazione economica e finanziaria)
lincontro.news.
linkiesta.it.
ilrasoiodioccam-micromega.blogautore.espresso.repubblica.it.
medium.com/@marioxmancini.

1.9§ (I Big Data e il "Manifesto")
avvenire.it.
Editoriale di maggio 2020, arivista.org.

1.10§ (Il "Movimento" e il nuovo sistema sociale)
open.online.
csvlombardia.it.

meteoweb.eu.

Capitolo 2

2.1§ (Le nuove città e i fondi economico-finanziari)
businessinsider.com.

2.2§ (L'agricoltura delle città)
avvenire.it.
valori.it.
economiasolidale.net.
rainews.it.
repubblica.it.

2.3§ (Un nuovo inizio)

2.4§ (Il vaccino)
corriere.it.
lescienze.it.
marionegri.it.
osservatoriomalattierare.it.

2.5§ (La "guerra dei vaccini")
open.online.
startmag.it.
ilfoglio.it.
cbsn.ws/2TfWGDi @CBSNews Fed Chair Powell: The US won... interest rates.
tgcom24.mediaset.it.
sbilanciamoci.info.
it.insideover.com.
webcache.googleusercontent.com/searchwww.aifo.it.

2.6§ (L'utopia e l'ideale)

avvenire.it.
A. Gramsci, Quaderni del carcere.
Apocalisse e post-umano: il crepuscolo della modernità, P. Barcellona, F. Ciaramelli, R. Fai, Ed. Dedalo, 2007.
libertandreapapi.it.
Davide Biffi, www.arivista.org.
Elisa Mauri, www.arivista.org.

2.7§ (Lavoro ed economia sostenibile)

open.online.
orizzontescuola.it.
futurimagazine.it.
ispionline.it.

2.8§ (Le accuse alla Cina)

agi.it.
epochtimes.it.
futuroprossimo.it.
ispionline.it.

2.9§ (La caduta degli Stati-nazione)

gariwo.net.
formiche.net.
Che fine ha fatto lo stato-nazione? J. Butler, G. C. Spivak, Meltemi Editore srl.
Un mondo senza stati è un mondo senza guerre (EURAC book 60), 2013.
Società civile e democrazia radicale, L. Cini, Firenze University Press, 2012.
fondazionesancarlo.it.
La società civile postnazionale, Debora Spini, Meltemi Editore, 2006.
Y. Soysal, Limits of Citizenship. Migrants and Postnational Membersh…, 1994.
Stiamo andando verso una cittadinanza post-nazionale? - A. LeGloannec, 2002
Sfera pubblica e costellazione post-nazionale.., Scuccimarra, Sociologia, 2016.

researchgate.net., EURACbook60.

altreconomia.it..

2.10§ (Geopolitica, ecologia e dissenso)

Y. N. Harari, intervista alla BBC del 16/03/20.

gariwo.net.

it.qwe.wiki.

repository.lboro.ac.uk.

eurasia-rivista.com.

altreconomia.it.

futurimagazine.it.

ilfattoquotidiano.it.

Capitolo 3

3.1§ (Il futuro dell'uomo e la cittadinanza planetaria)

futurimagazine.it.

baripedia.org.

3.2§ (Smart-city e infrastrutture)

peacelink.it.

digilander.libero.it.

Sicurello, R. (2016), Educazione alla cittadinanza: significati, linee di ricerca, finalità e pratiche didattiche.

iguzzini.com.

SENSEable City–MIT Laboratory, Morello, Biderman, Rojas, Ratti.

SMART PEOPLE/SMART CITIES, core.ac.uk.

3.3§ (Digital-cities e nuovo umanesimo)

SMART PEOPLE/SMART CITIES, core.ac.uk.

SENSEable City–MIT Laboratory, Morello, Biderman, Rojas, Ratti.

3.4§ (Investimenti e scenari di fabbisogno)

Fonte OCDE Statistic, 2008.

World Population Prospects - United Nations, 2014.

SMART PEOPLE/SMART CITIES, core.ac.uk.

3.5§ (Adattamenti sanitari, costruttivi, ambientali e commerciali)

iltascabile.com.

businessinsider.com.

3.6§ (Incubi e realtà)

Superstudio, inst. La moglie di Lot, Biennale Venezia, 1978 (Appendice).

thevision.com.

futurimagazine.it.

3.7§ (Reddito di cittadinanza, lavoro e tempo libero)

futurimagazine.it.

L'utopia: rifondazione di un'idea e di una storia Di Arrigo Colombo, 1997.

3.8§ (Un giorno qualunque nella "città di luce")

futurimagazine.it.

3.9§ (Oltre l'orizzonte dell'avvenire)

futurimagazine.it.

Appendice

Superstudio, inst. La moglie di Lot, Biennale Venezia, 1978, frac-centre.fr.